Partizipation damals und heute

Forschungen und Berichte des Braunschweigischen Landesmuseums

Neue Folge

Band 4

Partizipation damals und heute

Kulturelles Erbe und Identität in historischen und jüdischen Museen und Gedächtniseinrichtungen

Herausgegeben von
Bettina Gierke, Heike Pöppelmann und
Hansjörg Pötzsch

Im Auftrag des Braunschweigischen Landesmuseums

DE GRUYTER
OLDENBOURG

ISBN 978-3-11-134642-7
e-ISBN (PDF) 978-3-11-149461-6
e-ISBN (EPUB) 978-3-11-149577-4
DOI https://doi.org/10.1515/9783111494616

Library of Congress Control Number: 2025942959

Bibliografische Information der Deutschen Nationalbibliothek
Die Deutsche Nationalbibliothek verzeichnet diese Publikation in der Deutschen Nationalbibliografie; detaillierte bibliografische Daten sind im Internet über http://dnb.dnb.de abrufbar.

Einbandabbildung: Die Hornburger Synagoge in der Dauerausstellung des Braunschweigischen Landesmuseum in Hinter Aegidien. Braunschweigisches Landesmuseum, Anja Pröhle.
Satz: bsix information exchange GmbH, Braunschweig
Druck und Bindung: CPI books GmbH, Leck

www.degruyterbrill.com
Fragen zur allgemeinen Produktsicherheit:
productsafety@degruyterbrill.com

MIX
Papier | Fördert gute Waldnutzung
FSC www.fsc.org FSC® C083411

Inhaltsverzeichnis

Heike Pöppelmann
Vorwort — 1

Bettina Gierke
Einleitung — 5

Dimensionen des partizipativen Sammlungsaufbaus

Markus Walz
Partizipation im Museum: Definition und Abgrenzung, Ausprägungen in Vergangenheit und Gegenwart — 13

Felicitas Heimann-Jelinek
Deponierte Ansammlungen oder partizipative Sammlungen? — 29

Nina Lucia Groß und Tilman Walther
Der Freiraum im Museum für Kunst und Gewerbe in Hamburg
Über Wollen und Können von musealer Öffnung und die Grenzen nachhaltiger Beziehungsarbeit in projektbasierten Arbeitsfeldern — **39**

Partizipativer Sammlungsaufbau in der Gegenwart

Eva Haverkamp-Rott, Astrid Riedler-Pohlers, and Susanne Weigand
Patrimonialization and Cooperation
Jewish Cultural Heritage in Regensburg — **53**

Christina Ludwig
Imagine all the people – Livin' life in a new „museum".
Einblicke in die Diskussionen um ein „Jüdisches Museum" in Dresden/Sachsen — **67**

Tamar Lewinsky
Herausforderungen, Chancen und Grenzen partizipativer Sammlungsprojekte am Jüdischen Museum Berlin — 81

Anika Reichwald
Ein ‚Heimatmuseum' für Weltbürger*innen? — 93
Communities, partizipative Beiträge und das Jüdische Museum Hohenems — **93**

Nadine Panteleon
„Das ist unser *HEIMAT*Museum" – Partizipation und Identifikation durch Bürgerbeteiligung im Börde-Museum — 109

Patizipativer Sammlungsaufbau in der Vergangenheit

Isobel Muir
Jewish members of Britain's National Art Collections Fund, 1903–1930 — 127

Hansjörg Pötzsch
Passion – Partizipation – Profession. Karl Steinacker, bürgerliches Engagement und das Vaterländische Museum zu Braunschweig (heute: Braunschweigisches Landesmuseum) — 141

Christopher Galler
Das Bomann-Museum Celle als Resultat einer lokalen Bürgerbewegung — 157

Claudia Selheim
Zuwendungen: Schenkungen und Stiftungen jüdischer Provenienz am Beispiel des Germanischen Nationalmuseums — 171

Gabriele Köster
Magdeburg: Eine Stadt sucht ein Museum — 185

Kathrin Pieren
The Jewish Museum of Westphalia – An Institution Rooted in Civil Society — 205

Jonathan Voges
Engagement und Erinnern. Die Gedenkstätte KZ-Außenlager Schillstraße und das Schill-Denkmal von 1837 bis heute — 219

Liste der Beiträger:innen — 231

Personenregister — 233

Heike Pöppelmann

Vorwort

Viele Museen sind im geschichtsverrückten späten 19. Jahrhundert durch Vereine und durch das Engagement Ehrenamtlicher gegründet wurden.[1] Inwieweit prägt ihre Sammelleidenschaft bis heute das Konzept der betreffenden Museen? Welche Rolle spielten Frauen jener Zeit? Und wie steht es um die Beteiligung von Jüdinnen und Juden? Wer konnte aktiv werden und wer ist dabei ausgeschlossen gewesen? Welche Machtverhältnisse werden dadurch bis heute reproduziert? Wie beeinflussen diese Sammlungen die heutige Ausrichtung des Museums und die gegenwärtige Sammlungsstrategie? Wie gehen wir mit dem Erbe des Sammelns um: als Lust oder als Last? Was bedeutet Nachhaltigkeit für uns, wenn wir an unsere teils übervollen Depots denken, gefüllt mit Objekten, durch die uns Menschen ihre Geschichte anvertraut haben?

Seit zwanzig Jahren hat das Thema Partizipation im Museum Hochkonjunktur und die Museumsarbeit zunehmend verändert. Nina Simons Publikation „The Participatory Museum" von 2010 war für die bis heute andauernde Auseinandersetzung richtungsweisend.[2] 2017 stellte Anja Piontek in der Einleitung ihrer Dissertation „Museum und Partizipation. Theorie und Praxis kooperativer Ausstellungspraxis und Beteiligungsangebote" pointiert die Frage, ob wir am Beginn eines partizipativen Zeitalters stehen? Am Ende ihrer Einführung fragte sie nicht weniger treffend: „Was passiert wirklich, wenn Museen Menschen aus der Bevölkerung beteiligen?"[3]

Seither fanden zahlreiche Tagungen zu Partizipation und kultureller Teilhabe statt, und eine wachsende Zahl von Publikationen beleuchtet das Thema. In der Praxis wurden Projekte erprobt oder als Bestandteil der alltäglichen Museumsarbeit etabliert – von der Zuarbeit bis zur Co-Kuratierung. Jüngst erschienen ist das Werk von Julia Büchel „Repräsentation – Partizipation – Zugänglichkeit. Theorie und Praxis gesellschaftlicher Einbindung in Museen und Ausstellungen".[4]

Warum noch eine Tagung zum Thema?

Bettina Gierke und Hansjörg Pötzsch entwickelten die Idee zu dieser Tagung durch die intensive Auseinandersetzung des Braunschweigischen Landesmuseums mit der Sammlung „Judaika". Zwischen 2016 und 2021 waren zwei

1 Vgl. Heesen: Theorien des Museums zur Einführung, S. 71 f.
2 Vgl. Simone: The Particpatory Museum.
3 Piontek: Museum und Partizipation.
4 Vgl. Büchel: Repräsentation – Partizipation – Zugänglichkeit.

https://doi.org/10.1515/9783111494616-001

Wissenschaftlerinnen, Felicitas Heimann-Jelinek und Lea Weik, im Rahmen von Forschungsprojekten mit der Erschließung und Erforschung der Objekte betraut. Die Ergebnisse flossen in das Konzept der 2021 eröffneten Dauerausstellung „Ein Teil von uns. Deutsch-jüdische Geschichte aus Niedersachsen" ein, die im Landesmuseum Hinter Aegidien zu sehen ist.[5] Beide Wissenschaftlerinnen haben die Ausstellung in engem Austausch mit dem Team des Landesmuseums konzipiert. Im Zuge der Provenienzforschung stieß Hansjörg Pötzsch zum Team. In Szene gesetzt mit hoher Sensibilität für Thema und Raum – es handelt sich ursprünglich um den Tanzsaal eines ehemaligen evangelischen Vereinshauses – wurde die Ausstellung durch den Wiener Architekten Martin Kohlbauer. Vor dem Hintergrund der Museumsgeschichte des Braunschweigischen Landesmuseums – 1891 als „Vaterländisches Museum" durch die Initiative männlicher Bürger[6] begründet –, spiegeln sich in dessen Entstehung die klassischen Muster vieler Institutionen der Museumsgründungswelle um 1900. Die aktive Beteiligung jüdischer Bürgerinnen und Bürger am Aufbau der Sammlung bis 1933 wurde erst durch die Forschungsprojekte offenkundig. Heute wissen wir, dass ein Großteil der Objekte durch die Sammlungsarbeit der jüdischen Gemeinschaft im Freistaat Braunschweig entstanden ist.[7] Die kontinuierliche Digitalisierung der Bestände, deren Provenienzforschung und die damit verbundene notwendige Auseinandersetzung mit bisherigen Sammlungskonzepten und -strategien sind die Perspektive, die Bettina Gierke als Leiterin der Abteilung Sammlung und Forschung am Landesmuseum in das Konzept der Tagung einbrachte.

Blick in die Vergangenheit – Perspektiven für die Zukunft

Obwohl die Gründungsphase vieler Museen und Sammlungen aus bürgerlicher Initiative hervorging, bleibt diese oft eine Randnotiz in der Forschung. Dabei standen Museen von Beginn an im Austausch mit ihrem Publikum. Anja Piontek betont die aktive Rolle der Bürger*innen im Museumsgeschehen zur Hochphase der Museumsgründungen: vom Beitrag einzelner Objekte bis hin zu

5 Vgl. Jelinek/Pöppelmann (Hrsg.): Ein Teil von uns.

6 Vgl. Pöppelmann: Wie gelangte das Gemälde „Gambenkonzert" in die Sammlung des Braunschweigischen Landesmuseums?, S. 7 (mit Anm. 3 u. 4).

7 Pötzsch, Woher stammen die Objekte, in: Jelinek/Pöppelmann(Hrsg.), Ein Teil von uns, S. 33–35.

umfassender Zusammenarbeit. Noch heute gehören Sammelaktionen – vor allem zur Alltagskultur der Gegenwart – zu den gängigsten Formen der Partizipation.[8] Das Aktivitätsspektrum reichte von *contributory-*, *collaborative-* und *co-creative-Projects* nach Nina Simon, bzw. von Zu- über Mit- bis zur Zusammenarbeit nach der Definition von Piontek.

Die aktive Sammlungstätigkeit während der Gründungsphase des „Vaterländischen Museums" und unter der Leitung des ersten Direktors Karl Steinacker (1910–1935) prägt das Selbstverständnis des Braunschweigischen Landesmuseums bis heute. Hansjörg Pötzsch widmet dieser Frühphase und der Person Steinackers einen eigenen Beitrag.

Mit Blick auf die Zukunft ist uns bei der Neukonzeption des derzeit geschlossenen Vieweghauses am Burgplatz – das als Hauptstandort umfassend saniert und als „grünes Museum" neu eingerichtet wird – wichtig, die Partizipation aus der Gründungszeit des regionalen Heimatmuseums hervorzuheben. Wie steht diese frühe Form der partizipativen Sammlungsentstehung im Verhältnis zu unserem heutigen Verständnis von Partizipation?

Damals wie heute geht es darum, ein breiteres und vielfältigeres Publikum anzusprechen. Während Museen im 19. und frühen 20. Jahrhundert vor dem Hintergrund der Industrialisierung neue Zielgruppen erschließen wollten, stehen wir heute vor Herausforderungen wie dem demografischen Wandel, veränderten Freizeitgewohnheiten und einer zunehmend individualisierten Gesellschaft. Nur fünf bis zehn Prozent der Bevölkerung zählen zu den regelmäßigen Museumsbesuchern. Partizipation zielt heute darauf ab, Museen zu demokratisieren, lebensnahe und relevante Themen emotional zu erschließen, *Communities* gezielter anzusprechen und Bindungen zu schaffen.

An der Tagung und an der Publikation haben sich Referent*innen und Diskutierende aus Deutschland, Österreich, Israel, Großbritannien und den USA beteiligt. Sie vertreten kulturhistorische Einrichtungen, jüdische Museen, Kunstmuseen, Gedenkstätten sowie Forschungseinrichtungen und teilen ihre Erfahrungen mit den Auswirkungen von Partizipation auf ihre Institutionen – oft mit Fokus auf die eigene Geschichte.

Mein herzlicher Dank gilt Bettina Gierke und Hansjörg Pötzsch für ihre Idee, das Konzept und die Organisation der Tagung, der Deutschen Forschungsgemeinschaft für die finanzielle Unterstützung und der Verwaltung und den freiwilligen Helfern, die uns tatkräftig unterstützt haben.

Ich freue mich sehr, dass der Band zur Tagung bei De Gruyter erscheint. Dafür gebührt Bettina Gierke und besonders ihrer freundlichen Hartnäckigkeit gegenüber allen Beteiligten ein außerordentlich großer Dank.

---

8 Vgl. Piontek: Museum und Partizipation, S. 97.

Bibliografie

Büchel, Julia: Repräsentation – Partizipation – Zugänglichkeit. Theorie und Praxis gesellschaftlicher Einbindung in Museen und Ausstellungen, Bielefeld 2022.

Heesen, Anke te: Theorien des Museums zur Einführung, Hamburg ^{2}2013.

Jelinek, Felicitas/Pöppelmann, Heike (Hrsg.): Ein Teil von uns. Deutsch-jüdische Geschichten aus Niedersachsen, Göttingen 2023.

Piontek, Anja: Museum und Partizipation. Theorie und Praxis kooperativer Ausstellungspraxis und Beteiligungsangebote, Bielefeld 2017.

Pöppelmann, Heike: Wie gelangte das Gemälde „Gambenkonzert“ in die Sammlung des Braunschweigischen Landesmuseums?; in: Jochen Luckhardt: 24 Gestalten und ein Hund. Das „Gambenkonzert“ – eine Bildgeschichte in sechs Kapiteln (Kleine Reihe des Braunschweigischen Landesmuseums; 12), Wendeburg 2022.

Hansjörg Pötzsch, Woher stammen die Objekte?, in: Jelinek/Pöppelmann, Ein Teil von uns, S. 33–35.

Simon, Nina: The Participatory Museum, Santa Cruz 2010, https://www.participatorymuseum.org/read/ (20.12.2024).

Bettina Gierke

Einleitung

Der vorliegende Sammelband ist aus der Tagung „Partizipation und Engagement: Der Einfluss aktiver Bevölkerungsbeteiligung auf Kultur- und Gedächtniseinrichtungen" hervorgegangen, die am 17. und 18. April 2023 im Braunschweigischen Landesmuseum stattgefunden hat. Im Fokus standen Museen, Kultur- und Gedächtnisinstitutionen, die jüdische Sammlungen aufweisen oder sich zu Beginn des 20. Jahrhunderts aus einem bürgerlichen Engagement heraus gebildet haben. Ohne das aktive Mitwirken von Bürger*innen an solchen Institutionen wären die hier vorgestellten Sammlungen nicht entstanden. Der Sammelband betrachtet die Verbindung und die Beziehungen zwischen den gedächtniswahrenden Institutionen und den sich engagierenden Personen oder Gruppen.

Die hier vorgestellten Museen und Gedächtnisinstitutionen setzen auf eine aktive Beteiligung ihrer *Communities*, um ihre Sammlungen zu erweitern. Wie unterschiedlich diese Beteiligung ausgestaltet werden kann, zeigen die Beispiele aus der heutigen musealen Praxis jüdischer Museen und Gedächtniseinrichtungen und der Blick in die historischen Prozesse während der Gründung sogenannter Vaterländischer Museen.

Die Professionalisierung der Museumsarbeit seit Beginn des 20. Jahrhunderts ist ein Hauptgrund für die unterschiedlichen Strategien, die heute eingesetzt werden, um öffentliches Engagement zu fördern. Vaterländische Museen gründeten sich meist aus dem Engagement einer kleinen, homogenen Gruppe gut situierter Bürger*innen, die ihre eigene gesellschaftliche Geschichte und ihre eigenen Errungenschaften erhalten und präsentieren wollten. Daraus sind komplexe Institutionen geworden, die sich weit geöffnet und nun den Anspruch an sich selbst haben, die gesamt-gesellschaftliche Geschichte ihrer Region abzubilden. Dies kann nur mit einer aktiven Beteiligung der breiten Öffentlichkeit erfolgen.

Um diese komplexe Thematik zu beleuchten, ist der vorliegende Band in drei große Themenbereiche gegliedert. Im ersten Teil, „Dimensionen des partizipativen Sammlungsaufbaus", gibt **Markus Walz** mit seinem Beitrag „Partizipation im Museum: Definition und Abgrenzung, Ausprägungen in Vergangenheit und Gegenwart" eine grundlegende Einführung in die Thematik. Er behandelt insbesondere museologische Fragestellungen, etwa die Herausforderung, partizipative Ansätze mit dem demokratischen Auftrag der Museen in Einklang zu bringen. Walz analysiert dabei historische Problemstellungen, wie sie etwa Anfang des 20. Jahrhunderts in Vaterländischen Museen auftraten. Er macht deut-

https://doi.org/10.1515/9783111494616-002

lich, dass diese Museen lange primär auf die Identitätsbildung fokussiert waren, wodurch sich ein enger Rahmen ergab, der kaum Raum für Diversität und breite gesellschaftliche Beteiligung ließ. Walz zeigt zudem anhand kurzer Fallbeispiele, in welcher Art und Weise Partizipation in Museen unterschiedliche Ausprägungen gefunden hat.

Anschließend widmet sich **Felicitas Heimann-Jelinek** in ihrem Beitrag „Deponierte Ansammlungen oder partizipative Sammlungen?“ der Verantwortung der Museen gegenüber den beteiligten Personen. Anhand der jüdischen Sammlung des Braunschweigischen Landesmuseums und insbesondere des Beispiels der Schenkung von Sophie Kutner beleuchtet sie die Frage, ob und wie Museen aus individuellen Schicksalen auf breitere historische Kontexte schließen können. Heimann-Jelinek plädiert dafür, Sophie Kutner nicht lediglich als Schenkerin oder Deponentin wahrzunehmen, sondern als aktiv Beitragende zu einer historischen Erzählung, die durch das Museum der Öffentlichkeit zugänglich gemacht werden sollte. Dieser Beitrag sensibilisiert besonders für die ethische Verantwortung der Museen gegenüber ihren *Communities*.

Den Abschluss des ersten Teils bilden **Nina Lucia Groß** und **Tilman Walther** mit ihrem Beitrag „Der Freiraum im Museum für Kunst und Gewerbe in Hamburg. Über Wollen und Können von musealer Öffnung und die Grenzen nachhaltiger Beziehungsarbeit in projektbasierten Arbeitsfeldern“. Anhand konkreter Erfahrungen aus Hamburg diskutieren sie institutionelle und strukturelle Herausforderungen, die sich aus umfassender partizipativer Museumsarbeit ergeben. Sie betonen dabei, dass Partizipation nicht kurzfristig gedacht werden darf, sondern langfristig und nachhaltig angelegt sein muss, um erfolgreich zu sein. Projekte mit befristeten Laufzeiten sind wenig geeignet, um dauerhaftes Vertrauen zwischen Öffentlichkeit und Museum aufzubauen und zu festigen. Vielmehr bedarf es kontinuierlicher Arbeit und eines kontinuierlichen Dialogs, um museale Partizipation erfolgreich umzusetzen.

Der zweite Teil des Buches, „Partizipativer Sammlungsaufbau in der Gegenwart“, beginnt mit dem Beitrag der Gruppe um **Eva Haverkamp-Rott, Astrid Riedler-Pohlers und Susanne Weigand** mit dem Titel „Patrimonialization and Cooperation: Jewish Cultural Heritage in Regensburg“. Haverkamp-Rott ist Professorin an der Ludwig-Maximilians-Universität München. Sie und ihr Team berichten in ihrem Essay über ein Projekt mit der heutigen jüdischen Gemeinde in Regensburg. Ziel ist es, diese *Community* aktiv an der musealen Präsentation historischer Artefakte der mittelalterlichen jüdischen Gemeinde zu beteiligen. Eine besondere Herausforderung liegt dabei in der Tatsache, dass zwischen der heutigen und der historischen jüdischen Gemeinde kaum direkte Anknüpfungspunkte bestehen. Dennoch liegt der Fokus des Projekts darauf, das Narrativ über jüdische Geschichte in Regensburg in die Hände der heutigen Gemeinde zu legen.

Christina Ludwig beschreibt in ihrem Beitrag „Imagine all the people – Livin' Life in a new ‚museum'. Einblicke in die Diskussionen um ein ‚Jüdisches Museum' in Dresden/Sachsen" den Entscheidungsprozess um die mögliche Gründung eines neuen jüdischen Museums in Sachsen. Als Leiterin des Stadtmuseums Dresden erläutert sie eine Intervention in der bestehenden Dauerausstellung, die jüdisches Leben stärker sichtbar machen soll. Dabei stellt sie die Vielzahl an Perspektiven innerhalb der jüdischen *Communities* dar, deren Anliegen oft gegensätzlich erscheinen, aber gleichberechtigt Berücksichtigung finden müssen.

Tamar Lewinsky berichtet in ihrem Beitrag „Herausforderungen, Chancen und Grenzen partizipativer Sammlungsprojekte am Jüdischen Museum Berlin" von ihrer Arbeit am Jüdischen Museum Berlin. Ihr Fokus liegt auf partizipativen Sammlungsprojekten und der Frage, wie ein jüdisches Museum solche Prozesse erfolgreich gestalten kann. Anhand zweier konkreter Projekte knüpft sie inhaltlich an den Beitrag von Heimann-Jelinek an und diskutiert die Grenzen und Potenziale dieser Praxis.

Anika Reichwald stellt in ihrem Beitrag „Ein ‚Heimatmuseum' für Weltbürger*innen? *Communities*, partizipative Beiträge und das Jüdische Museum Hohenems" die internationale *Community*-Arbeit des Museums in Hohenems vor. Sie zeigt, wie Partizipation mit globalen Beteiligungsstrukturen funktionieren kann und wie Offenheit und Diskussionsfreude das Museum nachhaltig bereichern.

Den Abschluss des zweiten Teils bildet **Nadine Panteleon** mit ihrem Beitrag „Das ist unser *HEIMAT*Museum – Partizipation und Identifikation durch Bürgerbeteiligung im Börde-Museum". Sie zeigt, wie ein Heimatmuseum sich mithilfe seiner Zielgruppe neu ausrichtet, Schwerpunkte definiert und diese im Dialog mit der Gemeinschaft umsetzt.

Im dritten Teil des Buches, „Partizipativer Sammlungsaufbau in der Vergangenheit", wird ein Einblick in historische partizipative Museumsarbeit gegeben. **Isobel Muir** beginnt diesen Abschnitt mit ihrem Beitrag „Jewish Members of Britain's National Art Collections Fund, 1903–1930". Sie stellt die jüdischen Fördermitglieder vor, die sich aktiv für den Ankauf von Kunstwerken für die National Gallery in London engagierten. Dabei beleuchtet sie die Hürden, mit denen sie konfrontiert waren, und die Strategien, die sie entwickelten, um diese zu überwinden. Ihr Beitrag bietet einen faszinierenden Einblick in den Kunst-Philanthropismus im Großbritannien der Jahrhundertwende.

Hansjörg Pötzsch widmet sich in seinem Beitrag „Passion – Partizipation – Profession. Karl Steinacker, bürgerliches Engagement und das Vaterländische

Museum zu Braunschweig (heute: Braunschweigisches Landesmuseum)“ der Person Karl Steinacker. Anhand seiner Biografie wird deutlich, wie ein ursprünglich bürgerlich initiiertes und zunächst laienhaft geführtes Museum durch die Professionalisierung der Leitungsspitze neue erweiternde und bereichernde Impulse erhielt und so im Rahmen seiner Möglichkeiten modernen Anforderungen angepasst wurde.

Christopher Galler beschreibt in seinem Beitrag „Das Bomann-Museum Celle als Resultat einer lokalen Bürgerbewegung“ die maßgebliche Rolle eines einzelnen engagierten Bürgers bei der Gründung des Museums und unterstreicht so die Bedeutung individueller Initiative im musealen Kontext.

Claudia Selheim untersucht in ihrem Beitrag „Zuwendungen: Schenkungen und Stiftungen jüdischer Provenienz am Beispiel des Germanischen Nationalmuseums“ die bedeutenden Beiträge jüdischer Mitbürger*innen zur Sammlungsgeschichte dieses Hauses.

Gabriele Köster zeichnet in „Magdeburg: Eine Stadt sucht ein Museum“ die Gründungsgeschichte des Kulturhistorischen Museums Magdeburg nach und zeigt dabei, wie kommunales Engagement in eine museale Institution mündete.

Kathrin Pieren führt uns in ihrem Beitrag „The Jewish Museum of Westphalia – An Institution Rooted in Civil Society“ in die Gründungsgeschichte eines jüdischen Museums der 1970er Jahre, das aus dem Wunsch heraus entstand, jüdisches Leben in Westfalen sichtbar zu machen. Im Gegensatz zu den Vaterländischen Museen des frühen 20. Jahrhunderts war hier die Motivation eine andere: Der Impuls kam aus einem gesellschaftlichen Bewusstsein für historische Verantwortung und dem Wunsch nach Sichtbarkeit jüdischer Geschichte.

Den Abschluss dieses Teils bildet **Jonathan Voges** mit seinem Beitrag „Engagement und Erinnern. Die Gedenkstätte KZ-Außenlager Schillstraße und das Schill-Denkmal von 1837 bis heute“. Er beleuchtet die Entwicklung dieser Gedächtnisinstitution und das bürgerschaftliche Engagement, das über Jahrzehnte hinweg die Erinnerungskultur an diesem Ort geprägt hat.

Die Beiträge des Sammelbandes sollen Anregungen und Ideen für die eigene partizipative Sammlungsarbeit geben. Sie dokumentieren, welche Eckpunkte bei der sammlungserweiternden *Community*-Arbeit zu beachten sind. Es zeigt sich eine große Bandbreite unterschiedlicher Strategien, die eingesetzt werden können, um eine aktive Beteiligung der Öffentlichkeit zu generieren. Das bedeutet natürlich im Umkehrschluss, dass die hier aufgeführten Beispiele keine Blaupausen sind. Jede Institution wird einen eigenen Umgang mit partizipativer Sammlungsarbeit finden müssen, der zum einen abgestimmt ist auf die beteiligte(n) Gruppe(n) und zum anderen auf die eigenen musealen oder institutionellen Bedarfe und Möglichkeiten.

Dimensionen des partizipativen Sammlungsaufbaus

Markus Walz

Partizipation im Museum

Definition und Abgrenzung, Ausprägungen in Vergangenheit und Gegenwart

Partizipation hat im Museumswesen Konjunktur: Wie sich die kulturpolitischen Paradigmen von „Kultur für alle“ über „Kultur von allen“ zu „Kultur mit allen“ weiterentwickelten, so trafen die Kulturinstitutionen nacheinander auf die Erwartung von Publikumsorientierung, *Audience Development*, Kultureller Bildung und Partizipation.[1] Der 2022 eingeführte zweite Teil der Museumsdefinition des Internationalen Museumsrats (ICOM), der die Museen im unbestimmten Plural beschreibt, nennt explizit die Partizipation von *Communitys* („unter der Beteiligung von Gemeinschaften“).

Begriffsbestimmung von Partizipation

Partizipation wird als Museumsmanagement-Werkzeug definiert, das die Beteiligung Externer an den Entscheidungen und an der Weiterentwicklung der Institution Museum oder deren Eigentümer-Körperschaft zulässt.[2] Richard Sandell greift weiter aus, wenn er Partizipation als die Gelegenheiten eines Individuums, am (von anderer Seite initiierten) Prozess kultureller Produktion teilzunehmen, definiert.[3] Anja Piontek schärft die Definition, indem sie sie von (unerbetenen) Interventionen durch Dritte, von Agitation der Museumsgäste durch die Museumsverantwortlichen und von Interaktionsangeboten mit vorgeformtem Ergebnis, etwa *Hands-on*-Ausstellungselementen, abgrenzt.[4]

Zur Rechtfertigung dieser Definitionen wird auf universelle Maximen verwiesen wie etwa auf Artikel 27 der „Allgemeinen Erklärung der Menschenrechte“ – „Jeder Mensch hat das Recht, am kulturellen Leben der Gemeinschaft frei teilzunehmen“[5] – von 1948 oder auf Artikel 15 des „Internationalen Pakts über wirtschaftliche, soziale und kulturelle Rechte“ von 1966, in dem das „Recht eines

1 Mandel: Die partizipative Kultureinrichtung, S. 197.
2 Vgl. Varine: Participation, S. 487.
3 Vgl. Sandell: Museums as Agents of Social Inclusion, S. 410.
4 Vgl. Piontek: Museum und Partizipation, S. 85–91.
5 Artikel 27 Ziffer 1 Allgemeine Erklärung der Menschenrechte.

https://doi.org/10.1515/9783111494616-003

Abb. 1: Partizipatorische Kunst bietet dem Publikum knappere Handlungsspielräume: In der Ausstellung des Grassi-Museums für Völkerkunde, Leipzig, zum Kunstprojekt „Berge versetzen" des Künstlerkollektivs PARA (2022) können Museumsgäste an einem Verkaufsautomaten Multiples mit dem Titel „Skrupel" kaufen. Der Erlös soll – dem Narrativ des Kunstprojekts zufolge – der Wiedergutmachung der Mitnahme eines Steins vom Kilimandscharo im Jahr 1889 dienen.

jeden, am kulturellen Leben teilzunehmen"[6], festgehalten ist. Beide Formeln berechtigen zu etwas, ohne zu etwas zu verpflichten; sie lassen offen, ob die bloße Inanspruchnahme von Angeboten für eine Partizipation hinreichend ist.

„Konventionelle Modelle der Partizipation [...] gehen davon aus, [...] dass in einer egalitären Gesellschaft die Stimme jedes Einzelnen gleiches Gewicht hat. [...] Interessanterweise beruht das Modell des ‚Kurators' zum Beispiel auf der Praxis, Entscheidungen zu treffen, und somit Wahlmöglichkeiten auszuschließen."[7] Folglich fällt die Beteiligung an partizipatorischer Kunst magerer aus: Künstlerinnen und Künstler laden Dritte dazu ein, ihren Entwurf zu realisieren, wodurch das Werk in einem performativen Prozess entsteht. Das diesem Prozess implizite Machtgefälle signalisieren Begriffe wie „Adressierte" oder „performativ Rezipierende" statt „Beteiligte".[8]

6 Artikel 15 Absatz 1 Internationaler Pakt über wirtschaftliche, soziale und kulturelle Rechte.
7 Miessen: Albtraum Partizipation, S. 17.
8 Feldhoff: Zwischen Spiel und Politik, Bd. 1, S. 34.

Partizipation erscheint als freiwillig eingeräumte Analogie zu gesetzlich vorgesehenen Beteiligungsformen (Petition, Bürgerantrag, Bürgerentscheid; betriebliche Mitbestimmung). Sie kommt von außerhalb: Wer Führungsverantwortung trägt oder weisungsgebunden Aufgaben übernimmt, gehört nicht zu den erwünscht mitwirkenden Externen.

Vier Partizipationstypen stehen Museen je nach den örtlichen und strukturellen Gegebenheiten zur Verfügung:

- Kontribution: Museumsexterne dürfen zu einem von der Institution gesteuerten Prozess Dinge, Aktivitäten oder Ideen beitragen;
- Kollaboration: Museumsexterne dürfen aktiv an einem von der Institution angestoßenen und gesteuerten Projekt mitwirken;
- Ko-Kreation: Mitglieder einer sozialen Gruppe erarbeiten gemeinsam mit Museumsfachleuten ein Projekt, von der Definition der Projektziele bis zur Fertigstellung;
- Gastprojekte (*hosted*): Die Institution stellt Räumlichkeiten und Ressourcen für ein Projekt bereit, das von einer gesellschaftlichen Gruppe oder von Museumsgästen eigenverantwortlich entwickelt und realisiert wird.[9]

Abgrenzungen: Selbstverwaltung, Zeitspende, *Outreach*, *Audience Development*, Inklusion

Der Grundsatz, dass Partizipation nur von Dritten ausgeübt werden kann, schließt Menschen aus, die sich in einer selbst geschaffenen Organisation engagieren: Sie werden eins mit der die Mitwirkung erfahrenden Institution, sodass niemand partizipiert. Vor der Expansion der hauptberuflichen Kommunalverwaltung im späten 19. Jahrhundert trugen Bürger wesentliche Arbeitslasten der kommunalen Einrichtungen als Bürgerpflichten, nicht aus Mitwirkungsbereitschaft. Die rheinische Städteordnung von 1856 sah beispielsweise vor, dass die Leitung kommunaler Einrichtungen von Kollegien übernommen wird, in denen Beamte und Bürger zusammenwirken (§ 54). Jeder Bürger war dazu verpflichtet, eine „unbesoldete Stelle in der Gemeinde-Verwaltung oder -Vertretung anzunehmen“ und wenigstens drei Jahre lang auszuüben (§ 79).[10] In der Gegenwart hat sich dieses Ehrenamt (im strikten, notfalls erzwingbaren Sinn) zumeist

9 Vgl. Simon: The Participatory Museum, S. 187–188.
10 Städte-Ordnung für die Rheinprovinz vom 15. Mai 1856, S. 399–421.

Abb. 2: Ko-Kreation verändert Ausstellungen: Das Schwule Museum, Berlin, zeigt 2024 die gemeinsam mit einer Gruppe Berliner Sexarbeiterinnen erarbeitete Wechselausstellung „With Legs Wide Open. Ein Hurenritt durch die Geschichte". Exponattexte in der Ich-Form suggerieren, unmittelbar die Sicht von Sexarbeiterinnen zu vermitteln.

darauf zurückgezogen, dass gewählte Vertreterinnen und Vertreter der Bürgerschaft Ziele festlegen, das Budget bestimmen und die Ergebnisse kontrollieren. Es gibt aber weiterhin Durchgriffsrechte; in Nordrhein-Westfalen etwa darf sich der Rat bestimmte laufende Geschäfte oder Einzelfallentscheidungen vorbehalten.[11]

Analog dazu lässt sich Vereinstätigkeit von Partizipation abgrenzen. Anstelle der Gemeinschaft aller Bürgerinnen und Bürger, die die handelnden Personen verpflichtet, findet sich eine prinzipiell beitrittsoffene Gemeinschaft, die ihr Vorhaben gemeinschaftlich oder durch ausgewählte, stellvertretend handelnde Mitglieder durchführt. Gelegenheiten zur Partizipation Externer sind denkbar, doch können alle Mitwirkungswilligen dem Verein beitreten, sich in den Vorstand wählen lassen und dort entscheiden, welche Mitglieder welche Aufgaben übernehmen.

Partizipation ist nicht deckungsgleich mit Zeitspenden (dem Ehrenamt im breiteren Sinn der unentgeltlichen Mitarbeit), weil sie soeben von der Mitarbeit

11 Vgl. § 41 Absatz 3 Gemeindeordnung NRW.

in Vereinen und einleitend vom Engagement als Teil der Organisation, also als „interne Kraft“, unterschieden wurde.

Die Management-Grundhaltung *Outreach* will die Institution und deren Produkte so verändern, dass Gruppen erreicht werden, die die Angebote der Institution bisher nicht eigeninitiativ wahrnehmen; als auf *Outreach* vorgreifende ältere Museumsleistung wird die aufsuchende Kulturarbeit (z. B. in Form von Museumskoffern oder mobilen Ausstellungen) benannt.[12] *Audience Development* ist aus dieser Perspektive ein nachgeordnetes *Marketing*-Instrument, das museumsferne Gruppen adressiert und zur Inanspruchnahme von Leistungen motivieren soll. Bei beidem kann Partizipation nützen, es besteht aber kein direkter Zusammenhang.

Das einschlägige Fachlexikon setzt *Outreach* und *Audience Development* gleich, fügt außerdem Nutzensteigerungen aus Museumsleistungen für das bisherige (Stamm-) Publikum hinzu.[13] Gelegentlich werden Partizipation und Inklusion miteinander verwechselt: Menschen mit Beeinträchtigungen haben den gesetzlichen Anspruch darauf, öffentlich-rechtliche Einrichtungen, also auch solche Museen, barrierearm nutzen zu können; Mitwirkung ist davon klar zu unterscheiden.

Partizipation in der Museumsgeschichte

Auch wenn die Entwicklung „einer eigenen bürgerlichen, d. h. nicht-dynastischen Geschichtserzählung“[14] das 19. Jahrhundert charakterisiert, laden frühe Geschichtsmuseen („Altertümermuseen“) nicht zur Mitarbeit ein: Den ersten, staatlich-obrigkeitlichen Einrichtungen, etwa in Bonn (1820) oder Speyer (1826), folgen städtische Museen, die in kommunaler Selbstverwaltung funktionieren. Erst in der zweiten Hälfte des 19. Jahrhunderts mehren sich die Museen, in denen Privatpersonen agieren, ohne Delegierte zu sein. Vereinsmuseen sind typisch für kleinere Städte, die den Unterhalt einer kommunalen Einrichtung nicht schultern können. Über freiwillige Unterstützung (Partizipation) in einzelnen Fällen ist nahezu nichts zu erfahren.

Das ausgehende 19., frühe 20. Jahrhundert sieht die Zunahme hauptberuflichen, akademisch qualifizierten Museumspersonals, während sich die Amateurforschung in kooperierende Vereine zurückzieht. Im ländlichen Raum sprießen die Heimatmuseen als Nebenaufgabe der Volksschullehrer, die Schulkinder

12 Vgl. Scharf/Wunderlich/Heisig: Museen und Outreach, S. 13, 17, 58.
13 Vgl. Eidelman: Développement des publics, S. 180.
14 Hartung: Kleine deutsche Museumsgeschichte, S. 43.

und Erwachsene zur Mitarbeit animieren, ohne dass kollektive Entscheidungssituationen entstünden.

Explizite Partizipation enthält erst das ab 1967 in Frankreich entwickelte *Écomusée*. Als wesentliche Elemente gelten der Bezug auf ein bestimmtes Territorium (im Sinn einer umgrenzbaren Wohnbevölkerung) und die postulierte Entscheidungsgewalt dieser Bevölkerung über die Ausrichtung der (thematischen) Museumsarbeit;[15] die Bevölkerung soll Dinge nach deren Gegenwartsrelevanz beurteilen und für die Museumsarbeit heranziehen.[16] Die Realisierbarkeit solch umfassender Partizipation beweisen die Erfahrungen aus *Écomusées* nicht.[17] Anknüpfungen in Deutschland bleiben experimentelle Projekte: Die Stadtteilkulturarbeit in Frankfurt am Main greift in den 1970er-Jahren Ideen des *Écomusée* befristet auf.[18] Das Kreuzberg-Museum in Berlin berichtet über zwei Projekte (2000/2003), in denen über hundert Laien aus der nächsten Nachbarschaft jeweils eine Ausstellung zur türkischen Immigration und zur lokalen Nachkriegsgeschichte konzipierten und realisierten.[19]

Abb. 3: In der Informationsausstellung zum geplanten Umbau lädt das Musée des beaux arts, Arras, Nordfrankreich, die Museumsgäste 2022 ein, ihre persönliche Vision für das zukünftige Museum mitzuteilen.

15 Vgl. Delarge: Les écomusées, S. 144.
16 Vgl. Davallon: Le don du patrimoine, S. 126, 136.
17 Vgl. Gorgus: Eigentlich kein Museum, S. 113–114.
18 Vgl. Feidel-Mertz/Wolzogen: Das aktive Publikum.
19 Vgl. Düspohl: Das Museum als sozialer Faktor.

Das britische Modell *Open Museum* aus den 1990er-Jahren soll breiteste Bevölkerungskreise, auch Randgruppen und bislang Museumsabstinente, dazu motivieren, Museumsleistungen in Anspruch zu nehmen und sich aktiv an der Museumsarbeit zu beteiligen. Ein Musterprojekt aus Glasgow beispielsweise regt eine Frauen-Selbsthilfegruppe an, sich mit der Textilsammlung des Museums auseinanderzusetzen; die Initiative erarbeitet eine Präsentation in ihren eigenen Räumen, nicht im Museum.[20]

Optionen zur Partizipation im Museumsmanagement

Da eine Organisation ohne Entschluss-Ebene kaum vorstellbar ist, kann Partizipation Führungsaufgaben nur ergänzen. Fachlich anspruchsvolle Museen haben wissenschaftliche Beiräte; noch ausbaufähig erscheint die Mitwirkungsmöglichkeit der Museumsgäste, analog zu Interessenvertretungen der Lernenden und deren Eltern im Bildungswesen oder zu Fahrgastbeiräten vieler Verkehrsbetriebe. Auf konzeptueller Ebene lassen sich etliche Situationen für Partizipation ausdenken: Ein Senior, der mit den Fachleuten eines Industriemuseums seinen früheren Arbeitsalltag diskutiert, bringt seine Zeitzeugen-Expertise ein; Personen aus bestimmten gesellschaftlichen Gruppen tragen deren Auffassung zu einer multiperspektivischen, polyvokalen Sicht auf einen Sachverhalt bei.

Nicht schlüssig erscheint der Verweis auf Freundeskreise und Fördervereine als Partizipation.[21] Die meisten derartigen Vereine handeln selbstlos und unterstützen Ziele des Museumseigentümers. Manche verfolgen jedoch eigene, mit den Vorstellungen des Eigentümers nicht kompatible Vorstellungen und unterlaufen dadurch bei öffentlich-rechtlichen Museen demokratische Machtverhältnisse; andere finanzieren Wünsche der Museumsfachleute und damit eine expertokratische Struktur.[22]

20 Vgl. A Catalyst for Change.
21 Vgl. Varine: Participation, S. 487.
22 Vgl. Walz: Fördervereine von Museen.

Optionen zur Partizipation in den fünf (sechs) Kernaufgaben des Museums

Die weit verbreitete Museumsdefinition des ICOM zählt fünf zentrale Handlungsfelder der Museumsarbeit auf; sie heißen in der aktuellen Übersetzung „Erforschen“, „Sammeln“, „Bewahren“, „Interpretieren“ und „Ausstellen“. Die „Standards für Museen“ fügen „Dokumentieren“ als sechste Kernaufgabe hinzu.[23]

Partizipative Forschungsarbeit ist grundsätzlich denkbar. Das Schlagwort *Citizen Science* bedienen vornehmlich Projekte von Naturmuseen. Die beschreibenden Naturwissenschaften sind seit jeher auf Amateurforschung angewiesen, die das Vorkommen von Naturphänomenen beobachtet und protokolliert; das ist sowohl in festen Strukturen als auch in einer einmaligen oder befristeten Beteiligungsform realisierbar.

Eine verbreitete Form der Mitwirkung von außen bietet das Herschenken privater Dinge. Viele Lokal- und Regionalmuseen des 19. Jahrhunderts veröffentlichten sogenannte Sammelaufrufe in Zeitungen. So erklärte der Herforder Verein für Heimatkunde 1882: „Wir hoffen aber auch, daß diejenigen Einwohner unserer Stadt, welche im Besitz von denkwürdigen Gegenständen aller Art sich befinden, dieselben gern uns anvertrauen werden, damit jedermann sich dieser Schätze erfreuen könne.“[24] Anstelle von Auswahlkriterien oder von einem Sammlungskonzept übertrug dieser beispielhaft zitierte Verein die Erwerbsentscheidung auf potenzielle Schenker. Da vor Einführung des Bürgerlichen Gesetzbuchs (1900) die wenigsten Vereine die Rechtsfähigkeit erlangten, ergibt sich eine Handlungskette: Bürger liefern etwas im Museum ab, das der Verein kritiklos annimmt; aufgrund einer entsprechenden Vereinbarung entsteht dabei ohne einen Entschluss der Stadt deren Eigentumsrecht.

23 Vgl. Deutscher Museumsbund u. a. (Hrsg.): Leitfaden Standards für Museen, S. 30.
24 Stork: Hundert Jahre Herforder Verein, S. 15.

Abb. 4: Das damalige Heimatmuseum Schlettau (Erzgebirge) zeigte 2011 in der Dauerausstellung eine Käfersammlung mit explizitem Dank an zwei Schüler, die diesen Bestand vervollständigt hatten.

Abb. 5: Im Haus der Geschichte Österreich, Wien, können die Ausstellungsgäste aus bereitliegenden Text-Bild-Karten ihre Favoriten auswählen und anbringen; dafür müssen sie andere Karten, die vorherige Gäste ausgesucht hatten, abhängen.

Diese unwägbare Sammlungsqualität gerät mit der Installation hauptberuflichen, fachwissenschaftlich geschulten Personals in die Kritik. In einer Rückschau auf die 1930er-Jahre heißt es: „Kaum eine Woche verging in diesen Jahren, in der nicht irgendjemand irgendetwas brachte, von dem er glaubte, es habe einen exklusiven Wert und trage wesentlich zur Vervollkommnung unserer Bestände bei. [...] [Man] trug [...] bei Haushaltsauflösungen und Erbschaften alles, auf das man verzichten sollte und konnte, ins Museum, in der Erwartung, es demnächst dort ausgestellt zu sehen. So wurde uns vieles gebracht, und Schränke und Vitrinen füllten sich immer mehr. Manches war ein echter Gewinn, anderes hätte man lieber nie gesehen."[25]

Der museologische Diskurs zum partizipativen Sammeln konzentriert sich auf die Gegenwartssammlung mit der These, dass die Mitmenschen Expertinnen, Experten ihrer Alltagskultur seien. Ein Strang dieses Diskurses führt zur Überlegung, dass die „Schwarmintelligenz" eine abgewogene, vielfältige Doku-

25 Szczech: Das Oberhessische Museum, S. 136.

mentation des betreffenden Phänomens in der Sammlung bewirken kann („Rapid Response Collecting“).

Seit etlichen Jahren hat es sich bewährt, die Benutzerinnen und Benutzer von Online-Katalogen um Verbesserungsvorschläge zu bitten. Das betrifft sowohl übersehene Fehler aus der Dateneingabe als auch wertvolles Spezialwissen, das Nutzerinnen und Nutzer bei der Recherche in unvollkommenen Dokumentardaten bereitwillig einbringen. Neben solchen reaktiven Formaten trägt auch die Bitte um aktive Partizipation Früchte, etwa bei Fotosammlungen mit rudimentärer Dokumentation, zu denen Zeitzeuginnen und Zeitzeugen die Identifizierung abgebildeter Personen oder von Alltagssituationen beitragen.

Bei der präventiven Konservierung und der Restaurierung ergeben sich wegen der Regelmäßigkeit vieler Aufgaben und der anspruchsvollen Tätigkeit nur begrenzte Partizipationsgelegenheiten. Häufiger finden sich Projekte handwerklicher Instandsetzung historischer Gegenstände mit all den Spannungen, die sich zwischen der Restaurierung und einer „Amateurrenovierung“ auftun.

Viele Publikationen verkürzen Partizipation auf Ausstellungen, genauer: auf Ausstellungen zur Gegenwart und jüngsten Geschichte oder auf heutige, subjektive Blicke in die Vergangenheit.[26] Bekannt ist „Frankfurt Jetzt!“, die Kombination aufsuchender Museumsarbeit („Stadtlabor“) mit einer Wechselausstellungsfläche im Museum. Die Mitwirkungswilligen kommen zu Vorbereitungsworkshops zusammen, die im „Zusammenspiel von subjektiver Stadterfahrung und intersubjektiver Stadtbeschreibung“ eine Ausstellung ausarbeiten.[27]

Den weitesten Schritt beim Einbau partizipativer Elemente geht die Vermittlung (Interpretation): Personale Bildungsarbeit wird stets dialogisch gedacht, die Erziehungswissenschaft befasst sich schon lange mit (schulischer) Partizipation. Nun steht im Rahmen partizipativer Aktionsforschung die Frage im Raum, wie Museumsgäste nicht nur in die Reflexion und Weiterentwicklung der Vermittlungsarbeit, sondern schon in die Ausarbeitung des fachlichen Problems als Ausgangspunkt angewandter Forschung eingebunden werden können.[28]

Optionen zur Partizipation im Museum als Agora

Im Fachdiskurs wird seit Jahren verlangt, „das Museum als Ort der Aushandlung und Partizipation zu verstehen, an dem Konflikte ausgetragen, verhandelt

26 Vgl. Gesser u. a.: Das partizipative Museum, S. 11.
27 Gesser: Heimat Museum, S. 252.
28 Vgl. Doppelbauer: Museum der Vermittlung, S. 118.

und sichtbar gemacht werden können. Museen sind aufgefordert, zu gesellschaftlich wirksamen, demokratischen Orten zu werden, die Mitgestaltung einfordern und fördern und sich für Prozesse des Lernens und Verlernens öffnen."[29] Viele Anregungen bleiben theoretisch oder visionär, wie die Idee vom Museum als Agora, auf der Bürgerinnen und Bürger gesellschaftliche Fragen erörtern.[30] Realisierungen besitzen oft wenig Museumsspezifik, wie beispielsweise der Einsatz des Museums für Naturkunde, Berlin, „als Forum, Gastgeberin und helfende Hand" für die Bewegung „Fridays for Future" durch Gesprächsrunden mit wissenschaftlichem Museumspersonal in Veranstaltungsräumen des Museums.[31] Anhand eines Kunstprojekts, das Menschen mit Migrationsvergangenheit Workshops einer befristeten „School of Integration" in der Manchester Art Gallery anbietet, wird diskutiert, was diese Einladung zur Raumaneignung bedeutet, wenn Museen tendenziell Ordnungen stabilisieren.[32]

Kritischer Ausblick

Die Reflexionen über das Konzept *Écomusée* klingen resigniert wegen mangelnder Mitwirkungsbereitschaft der regionalen Bevölkerung. Ähnliche Schlüsse zieht Julia Büchel anhand ihrer Entwicklungstypologie vom herkömmlichen Museum über das interaktive Museum 2.0, das entweder als ‚Dritter Ort' oder als *Edutainment*-Angebot gestaltete Museum 3.0 bis zum „Museum 4.0", weil nach dem Museum 2.0 die Aufmerksamkeit für Interaktion zwischen den Museumsgästen und dialogische Angebote abnimmt.[33] François Mairesse zeigt anhand von Publikationsmengen, dass das Interesse der Museumsfachleute an breiter gesellschaftlicher Teilhabe parallel zum Aufkommen und Schwinden sozioökonomischer Krisen schwankt[34] – also bald wieder gehen könnte.

Partizipation ist nicht aus sich heraus gut. Gelegentlich fehlt der Bezug zum Grundauftrag des betreffenden Museums und dadurch eine Vorstellung, welche Handlungsoptionen akzeptabel sind. Ein Vereinsmuseum, das etwa Verständnis für BDSM mehren möchte, wird keinen religiösen Fundamentalismus hinzubitten; von den Öffentlichen Händen finanzierte Museen müssen sich davor hüten, Personen mit Mitteilungs- oder Gestaltungsdrang zu ermuntern, ihre Partikular-

29 Mammana/Oswald: Das resonante Museum, S. 17.
30 Vgl. Parmentier: Agora.
31 Rössig/Jäger/Parbel: Museum als Austauschforum, S. 60.
32 Vgl. Stahl: Tagungsbericht.
33 Vgl. Büchel: Repräsentation – Partizipation – Zugänglichkeit, S. 78.
34 Vgl. Mairesse: L'économique et/ou le social, S. 140.

interessen auf Kosten der Allgemeinheit durchzusetzen. Ferner bedarf es besonderer Sorgfalt, um sicherzustellen, dass „Interessen der weniger artikulations- und protestwilligen bildungsfernen Schichten“[35] berücksichtigt werden und Minderheiten weder ausgegrenzt noch als ‚das Ganze‘ ausgegeben werden.

Vielfach bleibt die Intention von Partizipationsangeboten dunkel. Es könnte eine funktionalistische Sicht (verstreutes Wissen bündeln, um die Entscheidungsqualität zu erhöhen) oder eine neoliberale Haltung zugrunde liegen (Betroffene entscheiden am zutreffendsten, welche Option den größten Netto-Nutzen hat), vielleicht aber auch ein emanzipatorischer Ansatz, der „Empowerment“ für Benachteiligte bewegen und dadurch bestehende Machtverhältnisse verändern will.[36]

Nicht jedes Partizipationsangebot ist frei von dekorativ wirkender „Alibi-Partizipation“ oder von „Particitainment“, das scheinbare Mitwirkung an Entscheidungen effektvoll inszeniert, ohne dies einzulösen.[37] Noch bitterer ist Evelyn Fränzls Eindruck, dass Partizipationsangebote einerseits von Sektoren ablenken, in denen Partizipation nicht erwünscht ist, und andererseits ökonomische, soziale und kulturelle Ressourcen voraussetzen, sodass Benachteiligte nicht partizipieren, nicht profitieren können:[38] Man kann die Teilung von Macht und Autorität verkündigen und zugleich zementieren.

Bibliografie

A Catalyst for Change. The Social Impact of the Open Museum, Leicester 2002.

Benighaus, Christina/Wachinger, Gisela/Renn, Ortwin: Bürgerbeteiligung. Konzepte und Lösungswege für die Praxis, Frankfurt a. M. 2016.

Büchel, Julia: Repräsentation – Partizipation – Zugänglichkeit. Theorie und Praxis gesellschaftlicher Einbindung in Museen und Ausstellungen, Bielefeld 2022.

Davallon, Jean: Le don du patrimoine. Une approche communicationnelle de la patrimonialisation (Communication, médiation et construits sociaux), Paris 2006.

Delarge, Alexandre: Les écomusées: retour à la définition et évolution, in: Publics et musées 17/18 (2000), S. 139–155.

Deutscher Museumsbund/ICOM Deutschland/Konferenz der Museumsberatungsstellen in den Ländern (Hrsg.): Leitfaden Standards für Museen, Berlin 2023.

Doppelbauer, Angelika: Museum der Vermittlung. Kulturvermittlung in Geschichte und Gegenwart, Wien 2019.

---

35 Steiger: Der partizipative Staat, S. 41.

36 Vgl. Benighaus/Wachinger/Renn: Bürgerbeteiligung, S. 64–68 („Grundkonzepte der Partizipation“).

37 Selle: „Particitainment“, S. 3.

38 Fränzl: Eine gesellschaftliche Außenperspektive auf Partizipation, S. 12.

Düspohl, Martin: Das Museum als sozialer Faktor, in: Aus Politik und Zeitgeschichte 57 (2007), 49, S. 33–38.
Eidelman, Jacqueline: Développement des publics, in: François Mairesse (Hrsg.): Dictionnaire de muséologie, Paris 2022, S. 180–184.
Feidel-Mertz, Hildegard/Wolzogen, Wolf-Heinrich von: Das aktive Publikum, in: Hessische Blätter für Volks- und Kulturforschung. Neue Folge 10 (1980), S. 38–61.
Feldhoff, Silke: Zwischen Spiel und Politik. Partizipation als Strategie und Praxis in der bildenden Kunst, Berlin 2009 (Universität der Künste, Dissertation).
Fränzl, Evelyn: Eine gesellschaftspolitische Außenperspektive auf Partizipation im Museum, in: Neues Museum. Die österreichische Museumszeitschrift 21 (2021), 1/2, S. 8–15.
Gesser, Susanne u. a.: Das partizipative Museum, in: dies. u. a. (Hrsg.): Das partizipative Museum. Zwischen Teilhabe und User Generated Content. Neue Anforderungen an kulturhistorische Ausstellungen, Bielefeld 2012, S. 10–15.
Gesser, Susanne: Heimat Museum. Das (Groß-) Stadtmuseum mit der Stadtgesellschaft gemeinsam gestalten, in: Jahrbuch für Kulturpolitik 17 (2019/20), S. 251–256.
Gorgus, Nina: Eigentlich kein Museum: das Écomusée in Frankreich. Ein Rückblick oder auch ein Ausblick auf das partizipative Museum?, in: Susanne Gesser u. a. (Hrsg.): Das partizipative Museum. Zwischen Teilhabe und User Generated Content. Neue Anforderungen an kulturhistorische Ausstellungen, Bielefeld 2012, S. 109–118.
Hartung, Olaf: Kleine deutsche Museumsgeschichte. Von der Aufklärung bis zum frühen 20. Jahrhundert, Köln 2010.
Mairesse, François: L'économique et/ou le social? Quel rôle futur pour le musée?, in: Anne Barrère/François Mairesse (Hrsg.): L'inclusion sociale. Les enjeux de la culture et de l'éducation, Paris 2015, S. 117–143.
Mammana, Diana/Oswald, Margarethe von: Das resonante Museum, in: dies. (Hrsg.): Das resonante Museum. Berliner Gespräche über mentale Gesundheit, Köln 2023, S. 15–28.
Mandel, Birgit: Die partizipative Kultureinrichtung, in: Tom Braun/Kirsten Witt (Hrsg.): Illusion Partizipation – Zukunft Partizipation. (Wie) macht Kulturelle Bildung unsere Gesellschaft jugendgerechter? (Kulturelle Bildung; 54), München 2017, S. 197–206.
Miessen, Markus: Albtraum Partizipation, Berlin 2012.
Parmentier, Michael: Agora. Die Zukunft des Museums, in: Standbein Spielbein. Museumspädagogik aktuell 41 (2008), S. 34–40.
Piontek, Anja: Museum und Partizipation. Theorie und Praxis kooperativer Ausstellungsprojekte und Beteiligungsangebote, Bielefeld 2017.
Rössig, Wiebke/Jäger, Klaus/Parbel, Lucia: Museum als Austauschforum. Aktivisti und Wissenschaft im Dialog, in: Museumskunde 86 (2021), 1, S. 56–62.
Sandell, Richard: Museums as Agents of Social Inclusion, in: Museum Management and Curatorship 17 (1998), S. 401–418.
Scharf, Ivana/Wunderlich, Dagmar/Heisig, Julia: Museen und Outreach. Outreach als strategisches Diversity-Instrument, Münster 2018.
Selle, Klaus: „Particitainment“ oder: Beteiligen wir uns zu Tode?, in: Planung neu denken online (2011), 3, https://archiv.planung-neu-denken.de/images/stories/pnd/dokumente/3_2011/pndonline_3-2011_ebook.pdf (06.06.2024).
Simon, Nina: The Participatory Museum, Santa Cruz, CA 2010.
Städte-Ordnung für die Rheinprovinz vom 15. Mai 1856, in: Quellen zum modernen Gemeindeverfassungsrecht in Deutschland (Schriften des Deutschen Instituts für Urbanistik; 45), Stuttgart 1975, S. 399–421.

Stahl, Jocelyne: Tagungsbericht „Das radikaldemokratische Museum (revisited)“, in: H-Soz-Kult, 31.05.2024, https://www.hsozkult.de/conferencereport/id/fdkn-144193 (06.06.2024).

Steiger, Dominik: Der partizipative Staat. Beteiligung natürlicher Personen an der Ausübung von Staatsgewalt im Verfassungs-, Verwaltungs- und Prozessrecht (Das Öffentliche Recht: Habilitationen; 4), Berlin 2023.

Stork, Karl: Hundert Jahre Herforder Verein für Heimatkunde 1882–1982. Erschienen als: Herforder Jahrbuch. Beiträge zur Geschichte des Stifts, der Stadt und des Kreises Herford 23 (1982).

Szczech, Hans: Das Oberhessische Museum vor einem halben Jahrhundert: Erinnerungen und Erfahrungen, Vergleiche und Ausblicke, in: Mitteilungen des Oberhessischen Geschichtsvereins Gießen 65 (1980), S. 115–145.

Varine, Hugues de: Participation, in: François Mairesse (Hrsg.): Dictionnaire de muséologie, Paris 2022, S. 487–490.

Walz, Markus: Fördervereine von Museen: sieben Aktionsfelder, sechs offene Fragen, in: Andrea Hausmann/Antonia Liegel (Hrsg.): Handbuch Förder- und Freundeskreise in der Kultur. Rahmenbedingungen, Akteure und Management, Bielefeld 2018, S. 141–159.

Felicitas Heimann-Jelinek

Deponierte Ansammlungen oder partizipative Sammlungen?

Der Titel der Tagung „Partizipation und Engagement damals und heute. Der Einfluss aktiver Bevölkerungsbeteiligung auf Kultur- und Gedächtniseinrichtungen" konnte unterschiedlich verstanden werden. Was für eine Form der Partizipation und was für eine Art des Engagements ist gemeint? Nina Simon hat in ihrer einflussreichen Veröffentlichung „The participatory Museum" Möglichkeiten gesellschaftlicher Teilhabe und gesellschaftlichen Engagements benannt: Mitarbeit, Zusammenarbeit, gemeinsame Kuratierung und Moderation.[1] Ihre Fest- und Fragestellungen zielen wesentlich auf Strategien der Einbindung spezifischer Gemeinden und ihrer Mitglieder sowie der Besucherinvolvierung ab, um Kultureinrichtungen eine breitere gesellschaftliche Relevanz zu geben. So wesentlich dieses und weitere Werke[2] zu kooperativen Projekten in und Beteiligungsangeboten an Kultur- und Gedächtniseinrichtungen in der Forcierung einer Weiterentwicklung zeitgemäßer, vor allem auch demokratischer musealer und kuratorischer Praxis war und nach wie vor ist, so wichtig scheint manches Mal ein Blick zurück in die Vergangenheit der Museumsgründungen und den Aufbau ihrer Sammlungen. Damit soll weniger auf die Initiatoren und Gründer staatlicher, städtischer oder regionaler visionärer Identifikationsräume-Räume abgezielt werden; auch nicht auf das finanzielle oder politische Engagement von Bürgerinnen und Bürger für solche Initiativen und Gründungen. Vielmehr soll ein Blick auf jene geworfen werden, die den Akteuren des Sammelns, Bewahrens, Ausstellens und Interpretierens das Material dafür lieferten und die damit aktiv zur Sicherung des kulturellen Erbes beitrugen. Die Aufmerksamkeit soll daher im Folgenden auf eine individuelle Involvierung in Sammlungsgeschichte und damit auch auf die Teilnahme an einer Museumsgestaltung gelenkt werden, die durchaus als Bevölkerungsbeteiligung benannt werden kann. An einer Einzelgeschichte soll dargestellt werden, dass es eine gesellschaftliche Partizipation gibt, die in der Überzeugung der sich Involvierenden liegt, dass Objekte, die sie einem Museum überlassen, eine gesellschaftlich relevante Botschaft bergen. Sie deponieren ihre Geschichte vermittelst eines Objekts oder eines Objektensembles im Museum in der Hoffnung, sie, ihre Geschichte, möge

1 Vgl. Simon: The Participatory Museum.
2 Vgl. z. B. Gesser u. a. (Hrsg.): Das partizipative Museum; McSweeney/Kavanagh (Hrsg.): Museum Participation; Gesser/Gorgus/Jannelli (Hrsg.): Das subjektive Museum.

https://doi.org/10.1515/9783111494616-004

hier nicht nur aufbewahrt, sondern auch tradiert und in Erinnerung gehalten werden. Doch unzählige dieser einzelnen Objekte vieler einzelner Stifterinnen und Stifter verschwinden in den Lagerungsstätten der Museen, fristen ihr Dasein im Depot der Geschichte – und mit ihnen ihre Geschichten. Das liegt daran, dass das Objekt im Museum im Allgemeinen als repräsentativer Garant der Visualisierung von jener Geschichte – Kunst-, Natur-, oder Kulturgeschichte – angenommen wird, die das jeweilige Museum disziplinär vertritt. Und das Objekt, das „ausstellungstauglich" ist, soll ein möglichst aussagekräftiges, eindrückliches, gleichzeitig leicht zu lesendes und auratisches sein.

Doch wurde das Objekt – soweit es kein „hochkulturelles" war – nicht nur in der Frühzeit des jeweiligen (Sparten-)Museums auch als ausgemusterter Überrest von Geschichte, als ein Produkt, das keiner mehr zum täglichen Leben braucht, also eigentlich als ein Abfallprodukt betrachtet. Unter diesem zugespitzten Blickwinkel wird das Museum zur stetig anwachsenden Deponie von Geschichte, ein immer größer werdender Müllplatz materieller Dekontextualisierungen. In den noch jungen Jüdischen Museen mag man die Sammlungen noch überspitzter und provokanter als „Sondermüll"-Deponien bezeichnen. Jeder und jede, die in einem Jüdischen Museum arbeiten, kennen das Problem von geschenkten Familien-Memorabilia, Familien-Archiven, ja gar ganzer Haushalte, die als Belege für Exklusion, Migrations-, Flucht-, Vernichtungs- und Überlebensgeschichten, aber auch für Inklusion, Gemeinschafts-, Erfolgs-, gar Karrieregeschichten im Museum deponiert werden, weil die Deponenten ihre Geschichten nicht dem Vergessen und der tatsächlichen Mülldeponie anheimfallen lassen wollen.

Hinter dem Titel dieses Beitrags versteckt sich allerdings weniger das generelle Problem des Museums als Deponie als das des Deponierens der eigenen Geschichte; d. h. es soll nach den Deponierern gefragt werden, nach jenen, die – gefragt oder ungefragt – zur Deponie beitragen, nach den Schenkern oder Stiftern, die dem Museum die ihnen wichtig erscheinenden Gegenstände aus ihrer Arbeit, ihrem Dorf, ihrer Familie, ihren Erfahrungen, ihrem Leben, kurz, aus ihrer Geschichte überlassen, damit diese Geschichte im Museum deponiert und – hoffentlich – auch exponiert wird. Die Meisten, die deponieren, glauben an die Exponat-Tauglichkeit der Objekte, die sie dem Museum überlassen. Aber kann das Deponat der eigenen Geschichte, d. h. einer persönlichen Geschichte, Aussagekraft für eine allgemeine Geschichte haben? Die Objekte, die im Museum deponiert werden, sollen erinnern, sie sollen an die Deponierer erinnern, sie sollen uns, die „Konsumenten", erinnern. Das birgt Mehrdimensionalität: Erinnerungen sind keine zuverlässigen Abbildungen der Vergangenheit. Je nachdem wann man sich erinnert, ist die Erinnerung schärfer oder vager. Je nachdem wer sich erinnert, unterscheiden sich die Erinnerungen mehr oder weniger voneinander. Je nachdem warum man sich erinnert, wird das eine oder andere Detail in der Erinnerung ausgespart. Je nachdem ob man sich aktiv erinnert oder passiv erinnert wird, kann die Erinnerung willkommen oder unwillkommen sein. Erinnerungen können spontan auftauchen, auf einem emotionalen oder assoziativen Auslöser beruhen, oder müssen bewusst abgerufen werden. Sie können episodischer oder schematischer oder systematischer Natur sein. Es gibt persönliche Erinnerungen und es gibt kollektive Erinnerungen. Und hier kommt das Museum als Deponie ins Spiel: Es benutzt den Erinnerungsträger, um Erinnerung bewusst abzurufen – bzw. es kann dies tun, das ist eine museale Entscheidung. Es kann persönliche Erinnerung systematisieren und in eine kollektive umwandeln. Aber auch hier muss es die Entscheidung treffen, dies aktiv zu tun. Ich möchte ein Beispiel dafür geben, wie das Museum als Deponie für eigene, d. h. persönliche Geschichte, die viel über die Zeitgeschichte aussagt, agieren bzw. diese Geschichte auch ignorieren kann, und damit auf die Verantwortung des Museums als Deponie hinweisen. Gleichzeitig soll hier eingefordert sein, dass Schenkungen und Aktivitäten für und im Museum, auch wenn sie mit keiner wichtigen Persönlichkeit, mit keinem wertvollen Artefakt und mit keinem zeitgeistigen Phänomen verbunden sind, als partizipative Einschreibungen ernstgenommen werden.

Dazu sei eine Braunschweiger Museums-Geschichte kurz vorgestellt.

Als Beispiel wird die Schenkung Sophie Kutners an das Vaterländische Museum Braunschweig – heute das Braunschweigische Landesmuseum – vom 20. März 1923 betrachtet. Dabei handelt es sich um ein Petschaft von ca. 1800, eine metallene Zedaka-Büchse aus der Mitte des 19. Jahrhunderts und eine Handwaschschüssel mit Kanne aus Messing, ebenfalls aus dem 19. Jahrhundert stammend.

Dies sind Objekte aus der ehemaligen jüdischen Gemeinde Hornburg, die ihren neuzeitlichen Anfang Mitte/Ende des 17. Jahrhunderts nahm,[3] respektive aus der ehemaligen Synagoge Hornburg; die Objekte wurden offenbar in der Familie Schwabe aufbewahrt. Die Schenkerin, Sophie Kutner, Nichte und Erbin von Sigmund und Amalie Schwabe, den letzten Mitgliedern der jüdischen Gemeinde Hornburg, sah diese Stücke als zu musealisierende an, weil sie historische Reminiszenzen an die jüdische Regionalgeschichte waren (und sind).

Doch sieben, acht Jahre später übergab Sophie Kutner dem Museum auch Objekte aus dem Privatbesitz der Schwabes: drei Tora-Wimpel aus der ersten Hälfte des 18. Jahrhunderts, drei Beutel für Tefillin, mehrere Tefillin, einen Tallit und einen kleinen Tallit, zwei Challa-Deckchen, um 1900 gefertigt, ein Gebet-

3 Vgl. Heise: Ein Spaziergang durch Hornburg auf den Spuren der Juden.

buchkissen, einen blechernen Chanukka-Leuchter, hebräisch-deutsche Grußkarten, eine Handlaterne und ein Messer ungesicherten Verwendungszwecks.

Es mag verständlich sein, dass Sophie Kutner die wenigen Ritualobjekte aus der Synagoge ans Museum gab, bestand doch zumindest regional eine gewisse Aufmerksamkeit für die 1766 im Hinterhof eines baufälligen Fachwerkhauses eingerichtete Landsynagoge, in welcher ab 1882 kein Gottesdienst mehr abgehalten werden konnte, da das notwendige Quorum von zehn Männern nicht mehr zustande kam. Schon vor dem Ersten Weltkrieg hatte sich der Braunschweiger Rechtsanwalt Oskar Ballin um eine Rettung des barocken Einrichtungsensembles bemüht. Dessen kulturelle Bedeutung erkannte auch Museumsdirektor Karl Steinacker, der den Aufschub des Abrisses erwirkte. 1924 schließlich konnte das Synagogeninterieur in einer gemeinsamen Aktion des Museums, der jüdischen Gemeinde Braunschweig und der Technischen Hochschule nach Braunschweig überführt werden.[4]

Die Grußkarten mögen wegen ihrer Originalität aufgehoben und dem Museum überantwortet worden sein, warum aber die sehr einfachen Challa-Deckchen und der nicht professionell gefertigte Chanukka-Leuchter? Das Deckchen bedeckt die für den Verzehr am Schabbat eigens gebackenen Challa-Brote. Von ihrem Teig wird bei der Bereitung ein Stück in der Größe einer Olive weggenommen und verbrannt.[5] Dazu spricht die Hausfrau einen eigenen Segen. Der Brauch ruft den Jerusalemer Tempel in Erinnerung, geht er doch auf die sogenannte Teighebe, Challa zurück, die religionsgesetzliche Abgabe von dem zum Backen bestimmten Teig an die Tempel-Priester. Sie ist in Numeri 15,20a verankert: „Als Erstlingsgabe von eurem Brotteig sollt ihr einen Kuchen abgeben." Das textile Objekt ist sicher aus privatem Kontext. Und auch der Chanukka-Leuchter in seiner charmanten Unprofessionalität lässt auf eine eigene Herstellung und auf eine rein private Nutzung schließen. Das Fest erinnert an ein historisches Ereignis, nämlich an die Wiedereinweihung des Tempels nach dem erfolgreichen, gegen die Seleukiden gerichteten Makkabäer-Aufstand im Jahre 164 v. d. Z. Nach dem Sieg der Makkabäer und der Rückeroberung des entweihten Tempels wurde dieser von allen hellenistischen Verunreinigungen gesäubert. Die Legende berichtet, dass die aufständischen Sieger bei der Wiederein-

4 Vgl. Wilhelm: Die Hornburger Synagoge im Vaterländischen Museum zu Braunschweig, S. 257–260; Hagen: Braunschweig hatte wahrscheinlich das älteste jüdische Museum der Welt, S. 18–20; ders.: Die Entstehung der Judaica-Sammlung des Braunschweigischen Landesmuseums, S. 7–12; Biegel: Neuer Museumsschwerpunkt in Braunschweig, S. 89–98; Hoppe: Jüdische Geschichte und Kultur in Museen, S. 91 ff.; Heimann-Jelinek/Pöppelmann (Hrsg.): Ein Teil von uns.

5 Im Mischna-Traktat Challa werden die Erstlingsabgaben an den Tempel ausführlich diskutiert.

nahme des Tempels dort nur einen kleinen Krug mit Öl vorfanden, auf dem sich noch das Siegel des Hohepriesters befand, das also noch nicht verunreinigt war. Bei der feierlichen Wiedereinweihung des Tempels soll dies wenige Öl ausgereicht haben, um die Lichter im Tempel wunderbarerweise acht Tage und Nächte lang brennen zu lassen. Daher wird Chanukka acht Tage lang gefeiert. Chanukka bedeutet Weihe oder Wiedereinweihung. „Denn“, erklärte Max Grunwald, „wir feiern im Chanukkafest nicht die Siege der Makkabäer, sondern die Wiederaufnahme des Tempeldienstes, des Anzündens der Menora. Das Chanukkalichtchen deutet bloß den Sinn des Sieges der Makkabäer an und das Mittel und Geheimnis dieses Sieges.“[6] Im Zusammenhang mit den nationalistischen Strömungen in Europa sowie dem politischen Zionismus bekam das Fest seinen aktuellen Stellenwert. Die Entscheidung, auch diese sehr einfachen familiären Objekt an ein Museum zu übergeben, lässt sie als kulturelle Bedeutungsträger aus ihrer Simplizität heraustreten und macht sie zu etwas Besonderem.

Warum schenkte Sophie Kutner nun auch noch Objekte aus dem individuellen jüdischen Lebenszusammenhang, aus dem Kontext lebenszyklischer Pflichten?

Tora-Wimpel haben in Aschkenas ihren funktionalen wie symbolischen Sitz im Leben in der Zeremonie der Beschneidung. Nach jüdischer Tradition tritt die männliche Nachkommenschaft Abrahams mit der Beschneidung, hebräisch Brit Mila, in den Bund mit Gott. In Genesis 17,10–14 heißt es: „Das ist mein Bund zwischen mir und euch samt deinen Nachkommen, den ihr halten sollt: Alles, was männlich ist unter euch, muss beschnitten werden. Am Fleisch eurer Vorhaut müsst ihr euch beschneiden lassen [...] Alle männlichen Kinder bei euch müssen, sobald sie acht Tage alt sind, beschnitten werden.“ Damit handelt es sich um ein konstitutives Gebot der Tora.[7] Auf dem Wimpel, der aus dem Wickelband des Säuglings gefertigt wurde, teilweise auch heute noch angefertigt wird, findet sich ein standardisierter hebräischer Segensspruch aus der Beschneidungsliturgie: „Er möge heranwachsen zur Tora, zur Chuppa [zum Traumhimmel] und zu guten Werken. Amen. Sela.“ Oft ist der Wimpel verziert und visualisiert die von dem Jungen erwarteten wichtigsten Lebensziele auch in Bildern: den ersten Aufruf zur Tora-Lesung, die Familiengründung durch die Heirat und die Mitwirkung am Fürsorgewesen der Gemeinde.

6 Grunwald: Chanukka, S. 344.
7 Vgl. de Vries: Jüdische Riten und Symbole, S. 183.

Die Gebetsriemen, Tefillin, die während des Morgengebets an Stirn und Arm gebunden werden, gehen auf das jüdische Glaubensbekenntnis im 5. Buch Mose 6,4–9 zurück:[8]

„Höre, Israel: Der Herr ist unser Gott, der Herr ist einzig. Und du sollst den Herrn, deinen Gott, lieben mit deinem ganzen Herzen und mit deiner ganzen Seele und mit deiner ganzen Kraft. Und diese Worte, die ich dir heute gebiete, sollen in deinem Herzen sein. Und du sollst sie deinen Kindern einschärfen, und du sollst davon reden, wenn du in deinem Hause sitzt und wenn du auf dem Weg gehst, wenn du dich hinlegst und wenn du aufstehst. Und du sollst sie als Zeichen auf deine Hand binden, und sie sollen als Merkzeichen zwischen deinen Augen sein, und du sollst sie auf die Pfosten deines Hauses und an deine Tore schreiben."

Zur Erinnerung an die göttlichen Gebote sollen sich jüdische Männer gemäß Numeri 15,37–41 Zizijot, aus Baumwollfäden geknüpfte Schaufäden, an den Ecken ihrer Gewänder anbringen:

> „Der Herr sprach zu Moses: Rede zu den Israeliten und befiehl ihnen: Sie sollen sich Quasten an die Zipfel ihrer Kleider nähen, sie und ihre Nachkommen, und an jeder Zipfelquaste eine Schnur von violettem Purpur anbringen: Das soll für euch ein Zeichen sein. Wenn ihr es anseht, sollt ihr aller Gebote des Herrn gedenken, nach ihnen handeln und nicht abschweifen nach den Gelüsten eurer Herzen und Augen, durch die ihr euch verführen lasset. So sollt ihr all meiner Gebote eingedenk sein, sie tun und heilig sein vor eurem Gott! Ich, der Herr, bin euer Gott, der euch von Ägypten hinweggeführt hat, um euer Gott zu sein: Ich bin der Herr, bin euer Gott!"

Daraus leitet sich der Tallit, der Gebetsschal mit den vier Schaufäden, ab, der während des Morgengebets und bei verschiedenen Anlässen in der Synagoge getragen wird.[9] Den kleinen Tallit, Tallit katan, tragen orthodoxe Juden unter ihrer Kleidung, um dem Gebot dauerhaft nachzukommen.

Wimpel, Gebetsriemen und -schal sind nicht nur religiöse Utensilien. Sie sind zentrale Signifikanten jüdisch-religiöser Observanz in einer Region und in einer Zeit, die sich von der Reformbewegung bedroht sahen und der Auflösung traditioneller Wertegemeinschaften, wie man sie zum Teil in Seesen, Braunschweig, Hamburg und so weiter erlebte, widerstehen mussten. Die Utensilien verlangen eine pietätvolle Behandlung. Wimpel, Gebetsriemen und -schal haben außerdem mit dem Körper zu tun, sind also sehr intime Objekte. In ihrem Tallit werden Juden begraben. Warum also wurden die Dinge ins Museum transferiert?

---

8 Vgl. Lau: Wie Juden leben, S. 19, 21–27.
9 Vgl. Donin: Jüdisches Leben, S. 166.

Die Schenkerin, Tochter von Emil und Jenny Schwabe, war am 28. Juni 1880 in Berlin geboren worden, wo sie am 5. Juni 1903 den Regierungsbaurat Karl Kutner ehelichte, der bereits 1912 verstarb. Die Ehe war kinderlos und Sophie Kutner war wohl auch deswegen daran gelegen, den Nachlass ihrer Familie in musealen Händen zu wissen, damit die Geschichte der Hornburger Synagoge und der Familie Schwabe weiter tradiert würde. Das heißt aber nicht weniger als dass Sophie Kutner die Geschichte der jüdischen Gemeinde Hornburg und deren Mitglieder für bedeutsam, für bewahrens- und ausstellenswert hielt, für einen wichtigen Teil regionaler Geschichte. Die Übergabe in ein Museum heißt jedoch nicht nur, dass derjenige, der übergibt, sich und seine weitere oder engere Gemeinschaft für wichtig hält, sondern auch, dass er für sich und seine Gemeinschaft einen Platz in einem Museum beansprucht! D. h. man deponiert nicht nur aus einem gewissen Selbstbewusstsein heraus, sondern man verlangt auch das Recht auf einen Platz an dem Ort, an dem Geschichte gesammelt, erforscht und schließlich auch präsentiert werden soll!

Als Erbin und Testamentsvollstreckerin des Schwabe'schen Nachlasses hatte Sophie Kutner Karl Steinacker vom Vaterländischen Museum kontaktiert und ihm die diversen Objekte aus jüdisch-rituellem Familienbesitz überlassen. In einem Schreiben an ihn drückte sie den Wunsch aus, dass die Gegenstände, die nach Braunschweig „aus dem Hause Schwabe" kämen, „jetzt und später als solche im Archiv eingetragen werden, damit die Sammlung mal als solche gekennzeichnet ist: Schenkung aus dem Hause Schwabe Hornburg." Dazu sollte es jedoch die längste Zeit nicht kommen. Sophie Margarete Kutner, die sich vorgestellt hatte, ihr und ihrer Familie Leben seien relevant genug, um in einem Museum aufbewahrt und ausgestellt zu werden, wurde am 18. Oktober 1941 ins Ghetto Litzmannstadt in Łódź deportiert und am 9. Mai 1942 im Vernichtungslager Kulmhof in Chełmno ermordet.[10] Das Recht auf ihren und ihrer Familie Platz im Museumsdepot war ihr abgesprochen worden.

Das Positive an dieser Geschichte ist, dass das Museum seine Aufgabe als Deponie wahrscheinlich weniger aus aktivem Wollen denn aus passiver Trägheit und aus Desinteresse heraus schließlich doch noch wahrgenommen hat. Bis Ende 2021 war Sophie Kutners und ihrer Familie Geschichte im Museum deponiert, ja, archiviert worden und wurde erst zur Neuaufstellung der ehemaligen Hornburger Synagoge aus dem Bauch des Museumsspeichers ins Museumsbewusstsein geholt und vom Deponat zum Exponat. Die sehr einfachen Objekte der Geschichte einer Eigendeponierung, wenn man so will, wurden so zu Repräsentanten eines Museumsverrats – schließlich lagen sie von 1930 bis 2021 unge-

10 Vgl. https://www.bundesarchiv.de/gedenkbuch/de1064265 (26.06.2025). – Ich danke Michal Friedlander für die Hilfe bei der biografischen Recherche zu Sophie Kutner.

nutzt im Museumsdepot –, zu Repräsentanten eines jüdisch-deutschen Schicksals sowie zu Repräsentanten einer musealen Neubesinnung, zu einer späten Erfüllung von Sophie Kutners Wunsch, ihre und ihrer Familie Geschichte sichtbar zu machen, weil sie meinte, dass diese Geschichte wertvoll sei. Und heute ist sie wertvoll. Sie demonstriert in eigenartig simpler Weise, wie wichtig die Aufgabe des kulturhistorischen Museums ist, Vergangenheit zu bewahren und Erinnerung an diese Vergangenheit zu tradieren. Sie demonstriert, dass die Objekte in ihrer Gesamtheit als Erinnerungsträger die Herzstücke des Museums sind, über die [die Herzstücke] und mit denen sich das Museum selbst von innen identifizieren muss, damit es auch von außen als sinnvoll identifiziert werden kann.

Das Beispiel mag aber auch zeigen, dass „Partizipation", „Engagement" und „aktive Bevölkerungsbeteiligung" hohle Schlagworte bleiben, solange diejenigen, die sich mit – vielleicht zunächst auch nur als unspektakulär eingeschätzten – Dingen einbringen wollen, lediglich als „Deponenten" ihrer Einzelgeschichte unterschätzt werden. Damit wird gesellschaftlicher Einschreibung in Geschichte ihr partizipatives Potential abgesprochen.

Bibliografie

Biegel, Gerd: Neuer Museumsschwerpunkt in Braunschweig: Das Braunschweigische Landesmuseum hat das Ausstellungszentrum Hinter Aegidien und die Abteilung Jüdisches Museum eröffnet, in: Braunschweigische Heimat 73 (1987), S. 89–98.

Donin, Chaim Halevy: Jüdisches Leben, Zürich 1987.

Gesser, Susanne/Gorgus, Nina/Jannelli, Angela (Hrsg.): Das subjektive Museum. Partizipative Museumsarbeit zwischen Selbstvergewisserung und gesellschaftspolitischem Engagement, Bielefeld 2020.

Gesser, Susanne u. a. (Hrsg.): Das partizipative Museum. Zwischen Teilhabe und User Generated Content. Neue Anforderungen an kulturhistorische Ausstellungen, Bielefeld 2012.

Grunwald, Max: Chanukka, in: Friedrich Thieberger (Hrsg.): Jüdisches Fest – Jüdischer Brauch, Königstein/Ts. [3]1985, S. 343–346.

Hagen, Rolf: Braunschweig hatte wahrscheinlich das älteste jüdische Museum der Welt, in: Braunschweigischer Kalender 1975, S. 18–20.

Hagen, Rolf: Die Entstehung der Judaica-Sammlung des Braunschweigischen Landesmuseums, in: Tora-Wimpel. Zeugnisse jüdischer Volkskunst aus dem Braunschweigischen Landesmuseum, Braunschweig 1978, S. 7–12.

Heimann-Jelinek, Felicitas/Pöppelmann, Heike (Hrsg.): Ein Teil von uns. Deutsch-jüdische Geschichten aus Niedersachsen, Göttingen 2023.

Heise, Sibylle: Ein Spaziergang durch Hornburg auf den Spuren der Juden, Osterwieck 2019.

Hoppe, Jens: Jüdische Geschichte und Kultur in Museen, Münster 2002.

Lau, Yisrael Meir: Wie Juden leben. Glaube, Alltag, Feste, Gütersloh [6]2005.
McSweeney, Katy/Kavanagh, Jen (Hrsg.): Museum Participation: New Directions for Audience Collaboration, Edinburgh 2016.
Simon, Nina: The Participatory Museum, Santa Cruz 2010.
Vries, Simon Ph. de: Jüdische Riten und Symbole, Wiesbaden 1981.
Wilhelm, Kurt: Die Hornburger Synagoge im Vaterländischen Museum zu Braunschweig, in: Menorah 8 (1930), 5/6, S. 257–260.
https://www.bundesarchiv.de/gedenkbuch/de1064265 (26.06.2025).

Nina Lucia Groß und Tilman Walther

Der Freiraum im Museum für Kunst und Gewerbe in Hamburg

Über Wollen und Können von musealer Öffnung und die Grenzen nachhaltiger Beziehungsarbeit in projektbasierten Arbeitsfeldern

Einführung

Der Freiraum im Museum für Kunst und Gewerbe (MK&G) hat und hatte nie ein ganz scharf umrissenes *Mission Statement.* Als die Direktorin Tulga Beyerle 2018 sich dazu entschied, die ehemalige Sonderausstellungsfläche und sogenannte Turnhalle im zentralen Erdgeschoss des Museums umzuwidmen und die Ausstellungsfläche gegen einen fiktiven offenen Raum auszutauschen, war noch nicht klar, was eigentlich mit einem offenen Raum gemeint sein könnte. Was macht einen offenen Raum aus; was macht einen Raum überhaupt aus? Wer wird wie eingeladen, dort was zu tun? Wie viel und wie wenig soll und kann vorgeschlagen werden? Wie sieht Gastfreundschaft aus? Und wie klingt sie? Wie groß muss ein Tisch sein, an dem möglichst viele einen Platz bekommen? Wie viel Kissen und wie viele Farben braucht man, um den White Cube aus dem Museum zu kriegen? Und: Wenn der Freiraum „frei" ist, was ist dann das restliche Museum?

Diese und sehr viele weitere Fragen haben uns beide, Nina Lucia Groß und Tilman Walther, dann ab April 2020 beschäftigt. Mitten im ersten Lockdown haben wir unsere gemeinsame, geteilte Stelle der Leitung und Kuration des Freiraums angetreten – das Eröffnungsdatum stand damals schon fest. Am 4. September 2020 sollte der Freiraum eröffnet werden; mit einem Team an Gastgeber: innen, ersten Möbeln und einer Idee, wie es weitergehen soll. Gemeinsam mit dem Design- und Architekturkolletiv ConstructLab haben wir den Raum gestaltet: seine Infrastruktur aus Präsentations-, Arbeits-, Lager-, Lese-, Spiel- und Ausruhmöbeln; damit haben wir implizit auch Vorschläge für mögliche zukünftige Nutzungen gemacht. Wir berichten in diesem Text aus vier Jahren Praxis und unseren Erkenntnissen aus und unseren Erfahrungen mit der Institution Museum.

Die Öffnungszeiten des Freiraums sind dieselben wie die des restlichen Museums. Somit ist er 51 Stunden pro Woche kostenlos zugänglich. Pro Monat nut-

https://doi.org/10.1515/9783111494616-005

zen inzwischen ca. 3.000 Menschen den Freiraum. Das können reguläre Museumsgäste sein, die dort Pause machen, spielen, ein Buch lesen oder an Workshop-Angeboten teilnehmen, oder Freiraumgäste, die explizit und gezielt für die kostenlose Nutzung des Raums, die Teilnahme am Programm und an Veranstaltungen zu uns kommen oder als Teil von Gruppen den Raum aktiv mitgestalten. Die Zahl von Personen, die den Freiraum ausschließlich, und nicht auch das Museum, besuchen, liegt aktuell – Stand Februar 2024 – bei 1.000 pro Monat. Viele der Besucher:innen kommen selbstständig oder als selbstorganisierte Gruppe in den Freiraum, viele auch als Gäst:innen unserer Veranstaltungen und Angebote. Es gibt auch mehrere regelmäßige Nutzungen durch Stammpublikums-Gruppen, die wöchentlich einen Tisch oder einen Raumbereich zur Verfügung gestellt bekommen, um dort gemeinsam zu basteln, zu malen oder sich zu besprechen.

Das Museum liegt direkt am Hamburger Hauptbahnhof im belebten Stadtteil St. Georg. Das Viertel ist durch die Gleichzeitigkeit von differenzierten Lebensrealitäten geprägt: (post)migrantischem Leben und Arbeit, extremem Reichtum, einer offenen Drogenszene, Sex-Arbeit in der Illegalität, Tourismus und Gastronomie, Schulen, Kirchen, Moscheen, sozialen Einrichtungen für Geflüchtete, zahlreichen Altenstiften und Wohnhäusern. Der Freiraum bemüht sich, diese Gleichzeitigkeiten aufzunehmen; als sicherer, freundlicher und solidarischer Ort der Diskussion, des Dissenses und der gelebten Erprobung von Zusammenleben, Partizipation und Mitsprache sowie einer gemeinsamen Überlegung dazu, wie Ausschlüsse auch durch Gestaltung sowohl geschaffen wie aufgelöst werden können. Gerade in diesem sehr dicht besiedelten Stadtteil, insbesondere am lauten, schnellen, oft hektischen und manchmal gewaltvollen Ort des Hauptbahnhofs, bietet der Freiraum aber vor allem auch eins: einen Platz, an dem man unangefochten sein kann – ganz ohne irgendetwas zu wollen oder anbieten zu müssen.

Für den Freiraum arbeitet ein Team von aktuell insgesamt acht Personen. Neben der kuratorischen Leitung gibt es ein Team aus sechs Gastgeber:innen, die innerhalb der Öffnungszeiten vor Ort ansprechbar sind für Fragen, Notfälle, Vorschläge und generell als Gegenüber für Menschen, die ein solches Gegenüber suchen. Der Freiraum ist ein partizipativer Raum innerhalb des Museums, aber er ist auch ein Ort für Menschen, die gar nicht partizipieren wollen oder können. Dies zu kommunizieren und zu vermitteln, liegt einerseits bei uns und den weiteren Gastgeber:innen des Freiraums, doch andererseits sprechen auch der Raum und seine Gestaltung selbst mit – die Verlässlichkeit, Beweglichkeit und Zugänglichkeit des Raums und der Infrastruktur als eine ernstgemeinte Einladung, einfach da zu sein. Die wachsende Bibliothek, die ruhige Terrasse und die Spiel- und Lese-Ecke für Kinder sind für viele Besucher:innen ein Grund

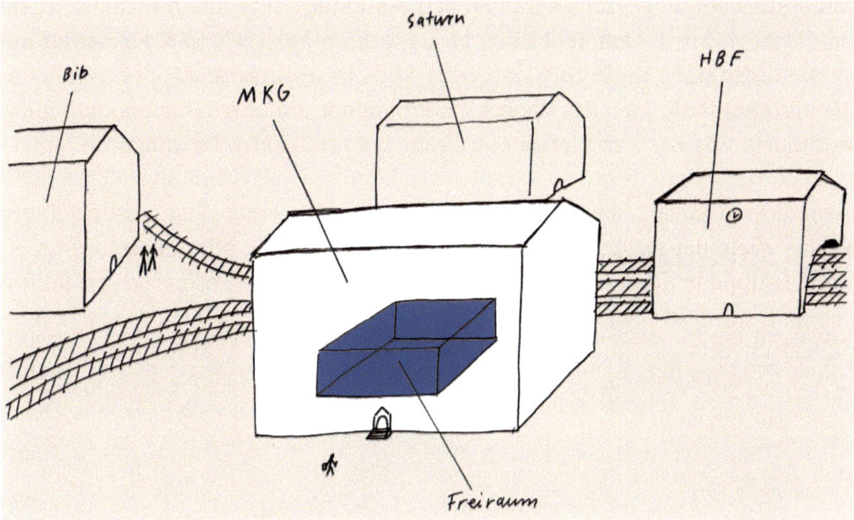

Abb. 1: Der Freiraum, lokalisiert in der Mitte des Museums. Zeichnung von Julian Fiebach, 2023.

(wieder) zu kommen und ein Grund zu bleiben. Diese Angebote sind aber auch elementarer Bestandteil unserer gastgeberischen Strategie; es sind Handlungsvorschläge, die den Erstkontakt mit dem Freiraum erleichtern, die helfen können, sich mit und in dem Raum zu akklimatisieren.

Wie eine Burg thront das Museum für Kunst und Gewerbe über den Gleisen, über den Plätzen, den Tauben, Bussen, Imbissen, Cafés, Ticketautomaten, Schaufenstern – über dem Alltag seiner Nachbar:innenschaft. Diese Diskrepanz ist keine rein architektonische; als Museum für Kunst und Gewerbe und als Vorlagensammlung für die angewandte Kunst, als Nachlassverwalter:in Hamburgs mächtigster Familien, als Ideen-, Muster-, und Formspeicher eines hegemonialen Geschmacks der Objekte und Waren in einer vom Handel mit ebensolchen Dingen reich gewordenen Stadt steht das MK&G nicht nur als Gebäude, sondern auch als historische Institution für die Geschichts- und Identitätskonstruktion eines bürgerlichen Selbstverständnisses; und für die ständige Verteidigung dieser Realität gegen jede andere.

Natürlich nicht erst mit dem Freiraum, aber mit dem Freiraum dann in endgültiger räumlicher Gestalt hat sich diese Burg geöffnet und Raum für den Alltag der Nachbar:innenschaft erzeugt. Diese Öffnung muss eine räumliche sein, ein Abgeben von Platz, Quadratmetern, Fläche, Rückzugsorten und Stühlen am Tisch. Es ist aber auch eine inhaltliche Öffnung, ein Zuhören oder gemeinsames

Neu-Sprechen. So ist der Freiraum auch ein Raum für Diskurs, Austausch und politische sowie gestaltende Bildung. Dazu kuratieren wir in Kooperation mit externen Gruppen und Initiativen, aber auch in Absprache mit den Sammlungen und Ausstellungen des Hauses ein Programm u. a. aus Installationen, Interventionen, Gesprächen, Workshops, Lesungen und Filmvorführungen.

Beziehungsweisen

Vielleicht könnte man sagen, vor jeder Partizipation steht erst einmal der Vertrauensaufbau, und da haben Museen fast 200 Jahre versäumter Chancen aufzuholen. Mit Vertrauen ist hier gemeint, eine tragfähige und somit auch belastbare gegenseitige Beziehung einzugehen, sich gegenseitig ernst zu nehmen, sich Zeit zu nehmen und Zeit zu geben, Kritik zu äußern und Kritik anzunehmen. Als Grundlage unserer Arbeit steht Verlässlichkeit. Der Freiraum hat geöffnet und wir sind ansprechbar. Wir machen Hausbesuche. Die kuratorische Arbeit im und mit dem Freiraum ist in erster Linie Beziehungsarbeit: Fäden aufnehmen und zu Knäulen verheddern. Leider steht langfristiger Vertrauensaufbau oftmals konträr zur Drittmittelakquise-Logik der konstanten Neuerfindung. Das radikal Neue muss daher lauten, beharrlich den eingeschlagenen Weg weiterzuverfolgen, um nicht jedes Mal wieder neu starten zu müssen, auch um die potenziellen Partizipationspartner:innen nicht zu verprellen. Anfänglich stießen wir auf große Skepsis innerhalb und außerhalb des Museums. Von Kolleg:innen hörten wir lauter Geschichten über ähnliche Projekte, denen dann nach zwei Jahren das Geld abgedreht wurde, über halb umgebaute Räume im Untergeschoss und eine Vielzahl an neu erfundenen und bald wieder aufgelösten Stellen. Man kannte es schon – „jaja, Partizipationsprojekt, ich weiß." Die Skepsis von außen wiederum ging darauf zurück, dass die direkte Nachbar:innenschaft das Museum teilweise von ebendiesen partizipativen Projekten bereits kannte, von den Kurator:innen, die in die Stadtteilzentren kamen und mit denen man dann für eine Ausstellung Interviews führte oder Zettel mit Bedürfnissen und Ängsten ausfüllen musste: angeteaste Teilhabe, halbdemokratische Prozesse. Nach zwei Monaten war die Ausstellung dann rum und die musealen Kapazitäten wurden anderweitig benötigt; der rote Faden in die Stadt riss ein ums andere Mal wieder ab. Wir wissen es wahrscheinlich auch nicht besser. Wir würden die Chance dieser Sprechposition aber gerne nutzen, um über unsere Fragen zur und die Grenzen der Partizipation und ihren Bedingungen zu sprechen – aber auch über die durchaus unterschiedlichen Begehrlichkeiten, die sich mit dem Gespenst der Partizipation verbinden, und darüber, wer hier eigentlich für wen arbeitet.

Die Gesellschaft

Der Wunsch von Kulturinstitutionen, und da ist unser Museum wirklich nicht allein, sich zur „Gesellschaft" zu öffnen, ist nicht neu. Nur die Definitionen, wer oder was alles unter der Metapher „Gesellschaft" subsummiert wird, hat sich im Laufe der Jahre stark verändert und ist weiterhin kollektiven Schwankungen unterworfen.

Der Begriff der Gesellschaft ist, ähnlich wie der oftmals bemühte Begriff der *Communities*, irreführend, bzw. verweist er häufig auf einen monolithischen Block oder monolithische Blöcke, die feste Grenzen, klare Ansprechpersonen und binäre Zugehörigkeiten haben. In der Verwendung dieser Begrifflichkeiten schwingt die ganze Sehnsucht nach Ordnung, Domestizierung und Aneignung einer sich selbst als gesellschaftliche Mitte definierenden bürgerlichen Schicht mit, aus welcher eben auch die Institutionen der Hochkultur entspringen. All die ernstgemeinten, engagierten, kreativen und herzlichen Bemühungen von unseren musealen Kolleg:innen in den Institutionen des globalen Nordens, und somit auch von uns, geschehen natürlich nie außerhalb der Wirkungsgrenzen und Interessensklammern eines liberalen Museums innerhalb einer kapitalistischen Wertschöpfungskette und ist somit immer eben auch als präventive Aufstandsbekämpfung zu begreifen. In einer Aufmerksamkeits- und Distinktionsökonomie ist das Museum auf eine diverse Bildproduktion angewiesen. Die von Kolleg:innen und uns selbst ausgesprochene, herzliche Einladung an Menschen der scheinbar unsichtbaren Ränder einer als monolithisch behaupteten Gesellschaft, ihre Hijabs und Kippas, ihre nicht weißen Hautfarben, ihre Rollstühle etc. erzeugen eben auch immer wertvolle Tokens für die Bildproduktion eines geläuterten Bürgertums im Ringen um Definitionsmacht und sein finanzielles Fortbestehen durch lokale, regionale und nationale Fördermittel.

Wir, als Museum mit all seinen soziokulturellen Implikationen, brauchen die anderen. Aber brauchen die anderen auch uns? „Gesellschaftliche Öffnung" ist, strukturell und nicht zwischenmenschlich betrachtet, viel weniger philanthropische Anstrengung als Eigennutz.

Wem nützt hier eigentlich was?

Die Frage bei allen partizipativen Projekten muss also lauten: Wem nützt hier eigentlich was und warum? Es muss ein Tausch passieren: Etwas wird abgegeben werden müssen im Austausch gegen etwas anderes. In unserer Praxis ergeben sich daraus unterschiedliche Tauschmodelle, deren Grenzen manchmal ineinanderfallen. Da sie jeweils eigene Konfliktfelder mit sich bringen, möchten wir versuchen, sie hier einmal auszuformulieren.

A Tauschhandel 1 – Abgabe von Definitionsmacht über die Geschichte im Tausch gegen Expertise von außen

Dieser Tauschhandel ist vielleicht der schwerste von allen, bietet aber auch den größten strukturellen, nachhaltigen Nutzen.

Was kann das Museum eigentlich anbieten? Museen, Archive, Bibliotheken, aber auch Bühnen, Kinos und Kunstvereine sind Orte der hegemonialen Geschichtsschreibung; Matrizen, aus denen der Kanon gegossen wird, Stein gewordene Definitionsmacht. Das ist erst einmal nur eine Feststellung. Nicht die Definitionsmacht ist das Problem, sondern wer Zugang zu ebendieser Definitionsmacht hat, wie durchlässig ihre Grenzen sind, wer Geschichte schreibt und wessen Geschichte. Diese Erkenntnis macht dann Sinn, wenn Geschichte als kontinuierlicher Widerstreit kontingenter Erzählungen betrachtet wird.

Und hier liegt im besten Fall der große Nutzen struktureller Öffnungsbewegungen und partizipativer Projekte an Museen für die „Anderen", also das, was die „Anderen" davon haben, den Museen und ihren Jahresabschlussberichten als Tokens zu dienen. Ihre Geschichten, Perspektiven, Gestaltungsvorschläge, ihr Geschmack und ihre Fiktion werden aufgenommen und eingewebt in die konservierte Geschichte der Zukunft. Sie wird bewahrt, ganz im Sinne der aktuellsten ICOM-Museumsdefinition von 2022: „Ein Museum ist eine nicht gewinnorientierte, dauerhafte Institution im Dienst der Gesellschaft, die materielles und immaterielles Erbe erforscht, sammelt, bewahrt, interpretiert und ausstellt."[1] Was die Definition der ICOM nicht beantwortet, ist die Frage, wer diese Gesellschaft ist, in deren Dienst das Museum materielles wie immaterielles Erbe erforscht, sammelt und bewahrt. Das kann sie wahrscheinlich auch nicht leisten, müsste sie dann doch monatlich aktualisiert werden. Die nicht-hegemonialen Geschichten der „Anderen", die eben nicht automatisch in die Erstdefinition von „die Gesellschaft" fallen, zu sammeln und zu bewahren, kann also ein großer Nutzen sein, den das Museum einer nicht-hegemonialen Öffentlichkeit zum Tausch anbieten kann.

Damit öffnen sich allerdings, wie sollte es auch anders sein, neue potenzielle Problemfelder:

---

1 https://icom-deutschland.de/de/component/content/article/635-offizielle-deutsche-uebersetzung-der-neuen-definition-fuer-museen.html?catid=31&Itemid=114 (10.09.2024).

Was passiert mit Geschichten, wenn sie Kanon werden, und ist die Hegemonie über die Narrationen immer die beste Lösung für jede Erzählung, und wieviel Assimilation bedeutet die Kanonwerdung auch für gesellschaftliche *Counter*-Narrationen? Wie werden die Geschichtserzählungen von außen innerhalb der bestehenden Strukturen des Hauses verankert? Werden daraus echte Metadaten der Archive, Wand- und Katalogtexte, neue Sammlungskonvolute und -bereiche, oder finden sie nur als *Post-its* in der demokratischen Ecke der Sonderausstellung statt?

Die Fragen der Vereinnahmung kann nur in enger Beziehungsarbeit mit den jeweiligen Vertreter:innen nicht-hegemonialer Narrative beantwortet werden. Fair ist es jedoch, auf diese Gefahr hinzuweisen und dann gemeinsam darauf zu achten, während man sich durch die Kooperation fortbewegt.

B Tauschhandel 2 – Das Museum als Legitimationshilfe sozialer Anliegen im Tausch gegen Distinktionsgewinn

Das Museum genießt innerhalb seiner Ursprungsgesellschaft, also der hegemonialen bürgerlichen Gesellschaft der Stadt, einen Vertrauensvorschuss. So prägen die Museen mit ihren Ankäufen und Ausstellungen bereits seit ihrer Gründung die Märkte für Objekte aller Art. Durch ihren öffentlichen Charakter und die obligatorische öffentliche Förderung haben diese Institutionen munizipalen Charakter, ähnlich einer Behörde. Und obwohl viele Menschen täglich schlechte Erfahrungen mit Behörden und munizipalen Strukturen machen, sind diese in ihrer Langsamkeit und ihrem potenziellen Versuch einer Verteilung von Werten, Aufmerksamkeiten und Möglichkeiten für viele Menschen dennoch größere Vertrauensentitäten als marktkonform ausgerichtete Privatunternehmen; dies geht aus unseren Gesprächen mit Kooperationspartner:innen hervor und kann natürlich auch durch den Kontext der Kooperation verzerrt sein. Diesen Vertrauensvorschuss können sich auch Gruppen, Initiativen und Vertreter:innen sozialer Bewegungen und Anliegen, die mit dem Haus partizipativ in Kontakt treten, nutzbar machen. Die Bürgermeisterin oder Vertreter:innen der Stadt und der Presse kommen eher, öfter, einfacher, länger und freiwilliger ins gesetzte Museum als in das autonome Jugendzentrum oder die Büros der Straßensozialarbeit. Dies mag graduell und zeitkontextabhängig anders sein. Das Museum kann diesen Treffen und vor allem seinen Beteiligten auf beiden Seiten einen geschützten Rahmen bieten, kann souverän an die Presse herantreten und als stadtbekannte Akteurin bürgerlicher Langsamkeit generell deeskalierend Begegnungen des Dissenses begleiten. Das Museum kann eine Plattform der Legitimation werden, um noch nicht hegemonialen Narrationen Rückendeckung und Schutz zu bieten, ähnlich einer magensaftresistenten Weichkapsel, die die Medikation zu den Organen des Körpers trägt, ohne vorher aufgelöst zu werden. Diese politische Macht der Moderation, die den Museen inne ist, sollte nicht unterschätzt werden. Der Tausch, der sich bei dieser Form der Partizipation vollzieht, ist der des beidseitigen Distinktionsgewinns. Auf Seiten des Museums bedeutet dies vor allem die Anerkennung durch andere Institutionen der Stadt, aber auch eine Verfestigung des Vertrauensverhältnisses mit den Kooperationspartner:innen und ihren Inhalten sowie ein verbessertes *Standing* in der Ansprache mit neuen Erstkontakten.

C Tauschhandel 3 – Expertise von außen gegen finanzielle Entlohnung und Umverteilung von materiellen Mitteln

Eine einfache Methode der Partizipation auf Augenhöhe ist die der regulären Entlohnung für die eingebrachte Expertise. Im besten Fall passiert dies über Honorarzahlungen für alle Teilnehmenden. Eine andere Möglichkeit ist die der finanziellen Umverteilung oder der Hilfe in der Akquise monetärer Mittel durch das Museum. Denn auch im Umgang mit Stiftungen und Geldgebenden hat das Museum im Gegensatz zu Initiativen, Gruppen und Einzelpersonen aus den Gesellschaften der Stadt einen großen Vorteil. Vor allem Fragen der buchhalterischen Betreuung, hausinterne Controlling-Mechanismen und die Verlässlichkeit, Veranstaltungen auch stattfinden zu lassen, macht das Museum zur praktischen Mittels-Entität. Wir besorgen das Geld und machen die Abrechnung, die Initiativen finden bei uns statt und arbeiten mit uns zusammen. So entsteht eine praktikable Symbiose.

D Tauschhandel 4 – Kollaboration durch den Austausch von Expertisen

Auch wenn es in den eben ausgeführten Punkten vielleicht so klingt: Das Museum ist nicht nur eine Ansammlung von Sekundärfunktionen wie Pressewirksamkeit und Mittelakquise. Was wir auch ins Spiel bringen können, ist die kuratorische Expertise: Wissen über den Umgang mit und die Kontextualisierung von Objekten im Raum; Wissen über die sinnliche, inhaltliche und räumliche Vermittlung von Inhalten, das Zeigen, Bewahren, Studieren von Dingen und ihren Biografien; Wissen über die Inszenierung von Geschichte. Im besten Falle einer Kooperation bringen wir genau diese Expertise in Verbindung mit dem Wissen über die Objekte und ihre Kontexte, das von unseren Kooperationspartner:innen von außen kommt. Diese Form der Kollaboration setzt einen fortgeschrittenen Strukturwandel des Hauses voraus, denn sie bedeutet, dass die Inhalte der Gruppen, Initiativen und Einzelpersonen außerhalb des klassischen Kulturbetriebs in die primäre Form des Zeigens innerhalb der musealen Praxis hineingewachsen sind. Diese Form der Kollaboration setzt nicht nur voraus, dass wir Autor:innenschaft abgeben und kanonisierte Begriffe wie „Kuratieren" inhaltlich und operativ öffnen; sie setzt auch voraus, dass die institutionellen Rahmenbedingungen (Vorlaufzeiten, Leihverträge, Restaurierungsprotokolle, Anlieferformen, Aufbauzeiten) beweglich und porös werden, um auf die Realität der Kooperationspartner:innen reagieren zu können. Gleichzeitig setzt diese Kollaboration aber auch ein wechselseitiges, ernstgemeintes Interesse voraus: nicht nur unser Interesse an den Inhalten und Perspektiven der Kooperationspartner:innen muss ernst gemeint sein, sondern auch das Interesse der Partner:innen an unserer Arbeit und unseren Kompetenzen, ihre Neugierde, ihre Bereitschaft, mit uns zusammenzuarbeiten. Gleichermaßen sollten alle Beteiligten an das Format der Ausstellung glauben – nicht grundsätzlich, sondern hinsichtlich der Bearbeitung des konkreten Themas. Ganz zu Beginn steht also die Frage: Ist eine Ausstellung wirklich die richtige Form? Für viele Anliegen und Bedürfnisse gibt es sehr viele sehr viel bessere Formen: Demos, Workshops, Zeitungsartikel, Stadtteilfeste, Seminare, Podiumsdiskussionen, Stadtspaziergänge, Dokumentarfilme, Flyer, Versammlungen. Nicht alles kann eine Ausstellung können, aber manches kann sie eben ganz gut.

Reality Check

So weit zu den verschiedenen Möglichkeiten des Tauschhandels. Wie sieht die Partizipation dann aber in der Praxis aus? Wie viel seriöse Teilhabe verträgt das Museum und wie weit kann das museale Arbeitsfeld ausgeweitet werden, ohne dass aus dem Museum eine beliebige Multizweckhalle wird, für die berechtigten Belange der Gesellschaften der Stadt? Wie nachhaltig und robust einerseits und wie performativ oder metaphorisch andererseits ist die Partizipation durch die Öffnungsprojekte der Museen angelegt? Ist der museale Projektraum Erprobungstool und Verstärker für Veränderungsbedürfnisse von außen oder outgesourcter *Panic Room*, Tobe-Keller und immobile Antithese zum restlichen Museum?

Diese Fragen sind für uns in unserer täglichen Praxis nicht allgemein und ein für alle Mal zu beantworten. Bei uns im Freiraum, aber auch bei den Kolleg:innen anderer Häuser, mit denen wir in ständigem, informellem Austausch stehen, sind die offenen Räume und Orte der Partizipation, allein durch die Finanzierungsbrille betrachtet, projektbasierte Tests und klar umsteckte *Panic Rooms*, feuerfeste Unterlagen für das glitzernde Tischfeuerwerk gesellschaftlicher Teilhabe. Es sind Räume, die an den restlichen Strukturen erst einmal gar nichts ändern. Für die Akquise von Geldern, Erlaubnissen und Zugeständnissen müssen Projekte klar umrissene Grenzen haben. Die Frage ist nur, wie es danach dann weitergeht. Nun hat man diesen Raum oder diese Etage oder diese Terrasse oder dieses Mobil im Innenhof – und was passiert dann? Und welche Kompetenzen haben diejenigen Personen, die diesen Raum für das Museum betreuen, gestalten und leiten, die Verantwortung übernehmen? Auch das lässt sich selten im Vorhinein festlegen. Festlegen lässt sich aber ein museumsweiter und kollegialer *Modus Operandi*, nämlich dass sich alle Beteiligten, von den Verantwortlichen über die Verwaltung bis hin zu den Aufsichten und der Kasse befähigt und sicher fühlen, ihre eingehegten Kompetenzen im Zweifel überschreiten und überschreiben zu können. Differenzsensible Strukturveränderung lässt sich nicht von oben diktieren. Sie entsteht aus einer Praxis des fehlertoleranten Vorwärtstastens quer durch die Abteilungen und dem daraus resultierenden Verbund innerhalb der Abteilungen. Dazu gehört auch ein rudimentäres Wissen aller Beteiligten über die Arbeits- und Anstellungsrealitäten, über Ängste und alte Narben der Kolleg:innen im Haus und um das Haus herum. In der Praxis sind oftmals Querschnitts-Abteilungen wie die Abteilung für Bildung und Vermittlung für solche Öffnungsbewegungen zuständig, oftmals ohne ihre traditionellen Aufgaben der regulären Vermittlungsarbeit reduzieren zu können. Die Frage an ein zeitgenössisches Museum, das seine Aufgaben in diese Richtung erweitert, ohne neue Stellen und Kapazitäten zu schaffen, ist auch immer diese: Welche anderen Museumsaufgaben bleiben dafür und mit welchen Konsequenzen auf der Strecke?

Hier würden wir gerne noch einmal auf die vorangestellte Frage nach der Dehnbarkeit des Begriffs des Museums zurückkommen. Der Freiraum im Museum für Kunst und Gewerbe vernetzt sich immer weiter in die direkte Nachbar:innenschaft des Hauses, aber auch in die gesamte Stadt hinein. So kommen seit der Eröffnung des Freiraums auch vermehrt Anfragen an das Museum aus der direkten Nachbar:innenschaft nach Räumen für Stadtteilfeste, Versammlungen etc. Hier ist das Museum als großes Haus mit Räumen angesprochen und nicht als Ort, an dem die Aushandlung von Geschichte stattfindet, und dennoch nehmen wir diese Anfragen ernst. Wir freuen uns sogar darüber, denn diese Anfragen bedeuten auch, dass die Angst, uns als Institution der hegemonialen Hochkultur anzusprechen, schwindet. Die Frage nach Unterstützung durch die Nachbar:innenschaft ist auch die Anerkennung des Museums als Teil der Nachbar:innenschaft. Auch das ist Teil oder Ziel oder Ergebnis einer Öffnungsbewegung: das Museum als zivilgesellschaftliche Akteurin, als nachbarschaftliche Institution, in der Menschen mit Namen und Gesichtern arbeiten, als Entität, die im

Viertel spricht und mit verhandelt; eine Entität aber, die, wie all die anderen komplexen Entitäten, selbst nach innen vielstimmig ist, mit Menschen, die in ihr arbeiten und sich mit der Institution gegen die Institution bewegen, sie reproduzieren und mit ihr hadern. Die Mitarbeitenden des Museums und die partizipierenden Dritten sind Funktionsträger:innen, aber immer auch noch viel mehr als das: diverse Beziehungsverknotungen unterschiedlicher Bedürfnisse, oder um uns selbst aus einem anderen Text zu zitieren:

> „Wie eine Streichholzschachtel, geformt wie eine neuneckige Kartoffel mit runden Kanten, in der Mitte ein Trapez, leuchtend grün und rot, manchmal durchsichtig und lila, gefüllt mit tausenden Streichhölzern, die für bestimmte Bedürfnisse brennen und für manche nicht, alle aber wollen Feuer machen, kleine wie große, an den Institutionen und Handlungsimperativen, die uns, unseren Zusammenhängen und so vielen anderen verwehren glücklich zu sein. Die Hoffnung und die Stärke dieser Bewegungen liegen in der solidarischen Bezugnahme aufeinander und der arbeitsteiligen Feldbestellung. Wir, also eine unbestimmte Gruppe von Personen, sind nicht alleine, auch nicht in unseren spezifischen Kämpfen. Wir lernen, machen nach und machen vor, geben Ratschläge, zweifeln und geben ab: Räume, Zeit, Arbeitskraft und Mitgefühl.“[2]

Bibliografie

Groß, Nina Lucia/Walther, Tilman: Banden bilden! Solidarische Räume performen, in: Lothringer 13 Halle (Hrsg.): Reader Nr. 1, München 2021, S. 1–19.

https://icom-deutschland.de/de/component/content/article/635-offizielle-deutsche-uebersetzung-der-neuen-definition-fuer-museen.html?catid=31&Itemid=114 (10.09.2024).

2 Groß/Walther: Banden bilden!, S. 18 f.

Partizipativer Sammlungsaufbau in der Gegenwart

Eva Haverkamp-Rott, Astrid Riedler-Pohlers, and Susanne Weigand

Patrimonialization and Cooperation

Jewish Cultural Heritage in Regensburg

The historical and cultural significance of Regensburg's medieval Jewish community is of great – and international – importance, although little evidence of it remains visible in the old town today. This essay will examine how Jewish history and culture is currently presented in museums and in the old town which has been a UNESCO World Heritage site since 2006 and how these Jewish remains were treated by the various cultural, political, and scientific actors semantically. Situated in the old town, the remains of the former Jewish quarter and community are part of this heritage. Thus, the question arises whether the Jewish remains were also addressed as "Jüdisches Kulturerbe" in German or "Jewish cultural heritage" in English and by whom.[1] This essay also focuses on the participation of the present Jewish community in the presentation of Jewish culture, more specifically on ways to encourage the various community members to actively participate in the process of patrimonialization and heritagization by discussing and defining their cultural heritage.

First, we will outline the history of the Jewish community, and then give an overview of how Jewish history and culture have been presented and addressed in Regensburg to date. We will then provide an insight into our DFG-funded cooperation project with today's Jewish community in Regensburg. Finally, we highlight the opportunities and challenges, with a particular emphasis on the overarching goals of this integrative project.[2]

1 The distinction between these two terms was discussed by Sarah M. Ross and Dani Kranz, "'Jüdisches Kulturerbe' versus 'Jewish heritage'. Zum gesellschaftspolitischen Stellenwert von jüdischem Erbe in Deutschland," "Jüdisches Kulturerbe" versus "Jewish heritage", Jüdisches Leben in Deutschland – Vergangenheit und Gegenwart, bpb.de, accessed May 14, 2024.
2 A project description can now be found at: https://www.jgk.geschichte.uni-muenchen.de/jgk_mittelalter/forschungsprojekte/fp-shared-histories/index.html.

https://doi.org/10.1515/9783111494616-006

The History of the Jewish Community in Regensburg

The earliest documented mention of a Jewish presence near Regensburg dates back to 981 when a Jewish man named Samuel sold two plots of land near Regensburg to the imperial monastery of St. Emmeram.[3] In the early 11th century, there is evidence of a Jewish residential area in the city. It is probable, though unproven, that this was the same area that later became the Jewish Quarter, located at what is now known as the *Neupfarrplatz* in the immediate vicinity of the cathedral.

The medieval Jewish community in Regensburg was the most significant Jewish community in Bavaria and among the most important in the German Empire. In addition to a synagogue, the community also had a mikvah, a dance hall, a meat bank, and a cemetery.

From approximately 1150 to 1519, Regensburg was also a prominent center for Jewish scholarship. The first group of scholars at the Beit Din was closely connected with scholars in the ShUM cities (Speyer, Worms, Mainz; the ShUM cities were awarded the title UNESCO World Heritage Site in 2021)[4] and France. Jehuda ben Samuel heChasid, who lived around 1140/50 to 1217, authored the *Sefer Chasidim*, one of the fundamental writings of the *Chasidei Ashkenaz*. Benefitting from Regensburg's economic ties to the eastern part of the empire, the Regensburg Talmud School quickly became a "hub" between the religious centers in the east, such as Prague, Poland, and Kyiv, and in the west, such as Speyer, Worms, Mainz, and Paris.[5] During the First Crusade, all Jews in Regensburg had been forcibly baptized in 1096; however, Emperor Henry IV allowed them to return to their Jewish faith shortly afterward. The Jews of Regensburg were not directly affected by later waves of persecution that ravaged through the German Empire during the Middle Ages. Starting in the middle of the 15th century, the relationship between the Christian inhabitants and the members of the Jewish community, however, deteriorated. As part of the so-called Innsbruck Trial, a legal dispute between the city of Regensburg and the Jewish com-

---

3 Bavarian Main State Archive, Munich, Kloster St. Emmeram Regensburg Urkunden Nr. 28; see https://www.monasterium.net/mom/DE-BayHStA/KURegensburgStEmmeram/000028/charter, accessed June 11, 2024.

4 https://www.unesco.de/kultur-und-natur/welterbe/welterbe-deutschland/unesco-welterbe-schum-staetten-speyer-worms-und, accessed June 11, 2024.

5 Andreas Angerstorfer, "Regensburg als Zentrum jüdischer Gelehrsamkeit im Mittelalter", in *Die Juden in der Oberpfalz* (=Studien zur Jüdischen Geschichte und Kultur in Bayern 2), ed. Michael Brenner and Renate Höpfinger (Oldenbourg Wissenschaftsverlag GmbH, 2009), 9–26.

munity, the city council unsuccessfully pursued the expulsion of the Jews from Regensburg from 1516 onwards.[6] When the patron of the Jews, Emperor Maximilian I, suddenly died at the beginning of 1519, the Regensburg city leadership took advantage of the resulting power vacuum and illegally expelled the Jews from the city. After the Jewish community had left, the Christian inhabitants destroyed the Jewish quarter on *Neupfarrplatz* and desecrated the Jewish cemetery. In place of the destroyed synagogue, a wooden chapel called *Zur Schönen Maria* was built. Next to it, work on the new *Neupfarrkirche*, a stone church that still stands today, began just a few months later in November 1519.[7]

After their expulsion from Regensburg, it is assumed that many Jewish families settled in nearby villages. However, in 1551 the expulsion order of the Jews in the old Bavarian lands was reissued by Albrecht V. After inquisition proceedings against four Jews in Munich, two of whom had settled in Stadtamhof, a small town that is located directly next to Regensburg across the river Danube, the four detained Jews were only released on the promise that no more Jews would be allowed to settle in Bavaria in the future.[8] Following the dispute, the national ordinance of May 13, 1553, also stated, that "from now on, no male or female Jew shall be settled in our duchy whether with their own home, nor business, nor trade, and shall not be tolerated or taken in by anybody".[9]

A local exemption from this rule formed the so-called 'Reichstagsjuden'. These lived under the protection of the Imperial Hereditary Marshals of Pappenheim in Regensburg as emissaries or part of foreign delegations during the time of the Perpetual Diet. This led to the formation of a separate and permanent small community by the 1660s, which was subject to the Imperial Marshal and whose presence was heavily regulated from 1695 onward.[10] Nevertheless, at least one Rabbi – Rabbi Isaak Alexander (1722–1802) – is documented to have taught in Regensburg before the 19th century.[11]

---

6 Veronika Nickel, *Widerstand durch Recht: Die Regensburger Judengemeinde vor ihrer Vertreibung (1519) und der Innsbrucker Prozess (1516–1522)*, Harrassowitz Verlag 2018.

7 Silvia Codreanu-Windauer, "Wiederentdeckung der Synagoge in Regensburg – Erste Ergebnisse der Ausgrabungen auf dem Neupfarrplatz", *Denkmalpflege Informationen* 103 (1995): 4–6.

8 Rolf Kießling, *Jüdische Geschichte in Bayern. Von den Anfängen bis zur Gegenwart*, Studien zur Jüdischen Geschichte und Kultur in Bayern, vol. 11 (De Gruyter 2019), 208.

9 Quoted from Kießling, *Jüdische Geschichte*, 209.

10 Till Strobel, *Jüdisches Leben unter dem Schutz der Reichserbmarschälle von Pappenheim 1650–1806*, (Bibliotheca-Academia-Verl. 2009), 35.

11 Andreas Angerstorfer, "Die Geschichte bis zum Holocaust. Teil II. Von der Vertreibung der Juden aus Regensburg 25. Februar 1519 bis zum Holocaust", Memento vom 16. August 2017 im Internet Archive, https://web.archive.org/web/20170816150913/http://www.jg-regensburg.de/bis_zum_holocaust, accessed May 14, 2024.

In 1813, the *Edikt über die Verhältnisse der jüdischen Glaubensgenossen im Königreiche Baiern* allowed the formation of new Jewish communities in Bavaria, encouraged trade relations between Jews and non-Jews but also heavily regulated the number of Jews that were allowed to live in the kingdom.[12] In the following decades, the new community in Regensburg inaugurated a prayer hall and grew to 430 members by 1871. A new cemetery, a new Jewish elementary school, and a new synagogue quickly followed.[13]

The Nazi period once again meant disenfranchisement, dispossession, and dehumanization for the Jewish community of Regensburg. On April 2, 1942, 106 people were deported from the site of the destroyed synagogue to Piaski, a transit camp near Lublin (Poland). All of them were murdered in the extermination camp Belsec.[14] After the war, Regensburg, largely undamaged, served as the first reception camp for liberated concentration camp survivors. However, the majority of these survivors chose to emigrate from Germany. The new Jewish community of Regensburg was established in 1950 and had about 200 members in 1951.[15] Just two years later, a Jewish kindergarten and a Hebrew school were founded. Following the Collapse of the Soviet Union at the beginning of the 1990s, Regensburg experienced an influx of Jews from the former Soviet Union, and the number of Jewish community members rose to 400 in 1998. Today the Jewish community counts more than 1,000 members.[16]

As in most Jewish communities in Germany, the sharp break in history and the culturally diverse composition of today's community members also lead to difficulties in dealing with the city's Jewish cultural heritage.

How has Jewish Heritage been Presented So Far?

While thousands of documents detailing the long history of the Jewish community in Regensburg are preserved in archives across Bavaria and beyond, only a few sites in the city visibly reflect its medieval Jewish heritage today. During excavations at what is known today as *Neupfarrplatz* between 1995 and 1998,

---

12 Dieter Albrecht, *Regensburg im Wandel – Studien zur Geschichte der Stadt im 19. und 20. Jahrhundert*, (Mittelbayerische Dr.- und Verl.-Ges., 1984), 90–105.
13 Angerstorfer, "Die Geschichte bis zum Holocaust II".
14 Andreas Angerstorfer, "Die Geschichte bis zum Holocaust", *Regensburger Almanach* (1986): 167–72, here 172.
15 Siegfried Wittmer, "Juden in Regensburg in der Neuzeit", in *Geschichte der Stadt Regensburg*, vol. I, ed., Peter Schmid (Pustet 2000), 656–76, 672.
16 https://jg-regensburg.de/ueber-uns/, accessed June 11, 2024.

archaeologists found several cellar vaults that belonged to houses the medieval Jews lived in. As officials wanted some of these structures to remain accessible, a documentation center (*document Neupfarrplatz*) was established,[17] where three of the former cellars can be visited by guided tour only. Apart from the medieval structures, visitors can see and learn about some remains of the Roman legionary camp, the foundations of the *Neupfarrkirche*, and also part of a *Ringbunker* from 1939. The documentation center also includes three showcases exibiting replicas of a golden ring, a pile of gold coins, and a small statue (presumably depicting the high priest Aaron), all of which were found during excavations at *Neupfarrplatz*.[18] An accompanying film attempts to reconstruct the medieval Jewish quarter, but unfortunately no longer corresponds to the current state of research.

Just a few steps away from the entrance to the *document Neupfarrplatz*, a memorial to the destroyed medieval synagogue was erected. The monument was created in 2004/5 by Dani Karavan on the basis and in the form of the foundations of the 13th-century building, the discovery of which was a sensation during the excavations.

All over the old city of Regensburg, one encounters Jewish tombstones that were once stolen from the Jewish cemetery shortly after its desecration by the Regensburg Christian inhabitants in 1519. Members of the city council of Regensburg and other members of the city elite displayed these stones in the facades of their houses and mansions as proud signs and trophies of their involvement in the expulsion of the Jews.[19] About 20 of these stones are still visible today; however, they lack any kind of modern description or commentary signs next to them, thus their identification and meaning are left to the interpretation of often uninformed visitors. These structures and tombstones are part of the old town of Regensburg and therefore they are also a part of the UNESCO World Heritage Site.

17 Silvia Codreanu-Windauer, "document Neupfarrplatz", *Denkmalpflege Informationen* 121 (2002): 55–7.

18 Their original counterparts are all on display at the Historical Museum of the City of Regensburg.

19 We would like to explixitly state that this is our modern interpretation of events. There are no historical documents (that we know of) that mention the display of tombstones in facades and connect it to a feeling of pride. However, this way of displaying the tombstones – some are even accompanied by a plaque remembering the expulsion – is unique to Regensburg. In other cities, robbed Jewish tombstones were merely used as cheap building material, not purposely put on display.

Another space in the city where Jewish history is on display is the Historical Museum of the City of Regensburg. At the end of a narrow corridor several Jewish gravestones are displayed with translations of their inscriptions, accompanied by just one main text on the history of the medieval Jews and a display case showing a few finds from the excavations. Original gold coins (whose replica are showcased at the *document Neupfarrplatz* mentioned above) are exhibited on the same floor, establishing a connection to the economic history of the city.[20] On the second floor, a model of the *Neupfarrkirche* from the time of its construction and leaflets with drawings of the chapel *Zur Schönen Maria*, which also show the destroyed Jewish quarter, are on display, accompanied by a short text on the events of 1519.

These examples represent the publicly visible way in which "the city" deals with its medieval Jewish history and culture.[21] "The city" in this case refers to several parts of the government agency whose areas of responsibility focus on the city's history and culture: The Municipal Cultural Office (*Kulturreferat*) which includes, among others, the Department for Cultural Heritage (*Amt für kulturelles Erbe*) with the offices "Lower Monument Protection Authority" (*Untere Denkmalschutzbehörde*), "Municipal Archive Department" and "World Heritage Coordination", the Department for Culture (*Kulturamt*), and the Municipal Museums (*Museen*) with the Historical Museum (*Historisches Museum*), as well as the *document Neupfarrplatz*.

Following the excavations, several events were initiated by the municipality. The annual "Regensburger Herbstsymposion" ("Regensburg Autumn Symposium") has led to several publications including the discussion of Jewish history in the city: "Neupfarrplatz. Brennpunkt – Zeugnis – Denkmal" (1999), "Spolien – steinerne Zitate der Geschichte. Von Römersteinen, Judensteinen und falschen Gräbern" (2015), and "Jüdisches Regensburg. Zeugnisse und Spuren im Stadtbild" (2018).

Among the various researchers, Andreas Angerstorfer, who died in 2012, a theologian and historian who had been a researcher at the University of Regensburg since 1973, deserves special mention. He was a highly renowned specialist in Jewish history in Regensburg and beyond. As most of his research was carried out in the late 1980s and the 1990s, new research has had to revise some of

---

20 Gerd Stumpf, Silvia Codreanu-Windauer, and Heinrich Wanderwitz, "Der Goldschatz vom Neupfarrplatz: ein spätmittelalterlicher Münzfund in Regensburg", Ausstellung der Museen der Stadt Regensburg im Historischen Museum vom 20. Juni bis 12. Oktober 1997, Stadt Regensburg 1997.

21 We should also mention the Museum for Bavarian History, which displays several items on Jewish history. As it is funded by the House of Bavarian History and not by the city of Regensburg, however, we have decided to not discuss this exhibition further.

his statements, e. g. the idea of the quarter of the Jewish community as a ghetto.[22] Nevertheless, Angerstorfer has significantly advanced academic research on Jewish history in Regensburg.

In 2019, which marked the 500th anniversary of the expulsion of the Jews, the Historical Museum commissioned a special exhibition on the history of Jews in medieval Regensburg with the title "Regensburg – Mittelalterliche Metropole der Juden". And when "1700 years of Jewish life in Germany" were celebrated in 2021, the Bavarian Main State Archive took part in an online exhibition on the subject of "Regensburg and its Jewish community".[23]

In addition to public institutions, the Jewish community itself also engages with its part of Regensburg's history: in guided tours of the new community center, which opened in 2019, visitors can learn about local Jewish history. A small collection of pictures, documents, and other sources is also on display in the corridors of the community center. The efforts of the Jewish community, however, are mainly concentrated on visitors in their own facilities.

Outside the community center, the display of Jewish history and heritage is mainly handled by municipal officials, sometimes in cooperation with scientific experts. The question therefore arises, to what extent was the Jewish community involved in the decision-making process regarding the handling of these medieval remains and whether this was in any way appropriate.

One more initiative should be mentioned here: the EU project "REDISCOVER" was dedicated to the "rediscovering and valorization of the hidden Jewish heritage in the Danube region". While 18 partners are named in the list of project partners, including five Jewish communities in the eastern Danube region, Regensburg was represented by the city's World Heritage Management;[24] the Jewish Community of Regensburg is not listed as an official partner in this supra-regional EU project, but participated in the discussions about possible Jewish heritage projects.[25] As the Jewish community was not usually the initiator or main project partner in the public and academic projects mentioned so far, we wanted to take a new approach to dealing with Jewish history and culture in Regensburg.

---

22 For Angerstorfers achievements, see Michael Brocke, "Unbeirrbar, furchtlos – Andreas Angerstorfer zum Gedenken", in *Jüdische Lebenswelten in Regensburg. Eine gebrochene Geschichte*, ed., Klaus Himmelstein (Verlag Friedrich Pustet 2018), 28.

23 https://www.bavarikon.de/judaism-regensburg, accessed June 11, 2024.

24 Danube Transnational Program Homepage (interreg-danube.eu), accessed June 11, 2024.

25 REDISCOVER – Interreg Danube, interreg-danube.eu, accessed June 11, 2024.

The New Cooperation Project with the Jewish Community of Regensburg

As we have seen, most projects were largely carried out without a clearly visible involvement of the Jewish community. In other words, the portrayal of Jewish history in Regensburg was discussed and determined mainly externally. As the remains of the former Jewish quarter were mentioned in the application for inscription on the World Heritage List, it was described as "Jewish heritage". Since this application process was carried out by The Municipal Cultural Office (*Kulturreferat*), this act can be seen as an appropriation of Jewish cultural heritage, i. e. a process by which institutions or persons other than the Jewish community ascribe the status of cultural heritage to tangible and intangible objects.[26] It is a recurring observation in German cities that Jewish communities – if they exist – are often excluded from the decision-making processes regarding cultural assets. They are typically only brought into the discussion as a last resort after decisions have already been finalized and deemed irreversible. As a result, Jewish communities are often forced into a reactive role in cultural discourse, with their critiques being acknowledged but often not truly heard.

The preservation of Jewish heritage from an etic approach presents several challenges. One major issue is the misinterpretation of objects, particularly when researchers lack specialized knowledge of Jewish culture. This often results in objects being inaccurately assessed for their significance, uniqueness, or historical importance, leading to frequent misinterpretations. Regrettably, these erroneous findings are often unquestioned by the public and perpetuated in guided tours, exhibitions, and oral histories, contributing to a distorted public perception of Judaism and reinforcing existing biases rather than addressing them.

Our project in Regensburg makes an initial attempt to reverse the order of authorization instances. Instead of asking the Jewish community for approval as a very last step, we started by asking "What is important to you? What makes certain aspects of this town's history part of your cultural heritage?" We view culture and heritage as a living thing, as "the totality of expressions of Jewish life, being and action".[27] One that can be twisted, reinterpreted, and newly formed to fit modern interpretations in all its flexibility.[28] According to sociologist Jean Davallon, patrimonialization describes the process by which a commu-

26 Ross and Kranz, "Jüdisches Kulturerbe".
27 Ross and Kranz, "Jüdisches Kulturerbe".
28 See David Oswell, *Culture and Society: An Introduction to Cultural Studies* (SAGE Publications, Limited 2006), 9; http://ebookcentral.proquest.com/lib/bsb/detail.action?docID=334358,

nity grants tangible or intangible objects the status of cultural heritage.[29] But what should not be forgotten is the fact that our working group and interview partners normally refer to such intangible objects and expressions as "custom" or "tradition", which Rodney Harrison describes as "unofficial heritage".[30] Much more important than the object itself is the composition and political reality of the community that determines the status of the objects. Culture creates identity and the decision as to what is culture and what is not thus creates a sense of belonging, but also a clear demarcation to a certain group of people.[31] Cultural heritage is therefore never neutral due to its origins but can – and often has been – used to elevate or demean others.[32]

Our work began with a project presentation in the community center, to which all members of the community were invited. We presented in detail how we envisage working together and how we can support the community with our knowledge in dealing with its *own* cultural heritage. In the end, all members were invited to actively participate. Stemming from previous negative experiences several participants had with interviews and the projection of their answers and opinions, we have quickly decided to approach this project more slowly, to get to know each other better and to build up a basis of trust. As a result, we opted to curate several small exhibitions, portraying a plethora of ideas and topics that members of the community have asked to explore. These exhibitions will initially be designed *by* the community *for* the community. They are therefore exhibited in a room in the community center itself. This means that the Jewish community has absolute power to decide who can visit the exhibition, how, and under what circumstances. The Jewish community may choose to make individual parts of the exhibitions available to the general public at a later stage.

After the initial introductions, we gathered suggestions for topics. Through an anonymous online vote, all community members had the opportunity to consider the proposed topics and ultimately select one. The focus hereby lies in the

---

accessed May 29, 2024; and Samuel Maruszewski and Randall Auxier, "Post-Cultural Studies: A Brief Introduction", *Eidos. A Journal for Philosophy of Culture* 7, no. 4 (2023): 78–80.

29 Laurence Gillot, Irène Maffi, and Anne-Christine Trémon: "'Heritage-scape' or 'Heritage-scapes'? Critical Considerations on a Concept", *The Journal of Ethnologies*, https://id.erudit.org/iderudit/1026546ar, accessed June 11, 2024.

30 Rodney Harrison, *Heritage. Critical Approaches*, (Routledge 2013), 18.

31 Abdoulaye Touré, "Betrachtungen über die Zukunft postkolinialer Sammlungen: Wem gehört Kultur?", in *(Post)Kolonialismus und kulturelles Erbe. Internationale Debatten im Humboldt Forum*, ed., Stiftung Humboldt Forum im Berliner Schloss (Hanser 2021), 56.

32 George Okello Abungu, "Die Frage nach Restitution und Rückgabe: Ein Dialog der Interessen", in *(Post)Kolonialismus und Kulturelles Erbe. Internationale Debatten im Humboldt Forum*, ed., Stiftung Humboldt Forum im Berliner Schloss (Hanser 2021), 117.

Jewish community determining what they consider part of their Jewish cultural heritage and what they wish to pass on to future generations. Therefore, it was essential for us that the members also have a say in what will initially only be presented within the community center. After the initial topic selection, we held a collective brainstorming session to identify suitable objects, texts, and ideas. Subsequently, people grouped together based on their respective interests and worked on developing the content and detailed topics for the exhibition.

The practical work with the working group takes place once a month, allowing us to collaborate on the chosen theme. During the latter half of the approximately six-month preparation period, we also offer individual or small group meetings and, if suitable, interviews to discuss specific texts and objects, allowing each participant to share their thoughts and ideas. In this role, we serve as facilitators, guiding the sessions, posing targeted questions, offering examples of objects and ideas from other areas, and suggesting presentation options. We also provide instructions on text design for exhibitions and emphasize critical aspects such as audience orientation. Furthermore, we select historical sources from the Middle Ages, the 18th, 19th, and 20th centuries, and objects that align with the community's chosen themes, thereby creating a bridge between the past and the present. To choose these historical sources, we draw from a broad array of medieval sources from our research. Additionally, we have been granted access to the private community archive by the Jewish community in Regensburg to collect objects and sources. Of special interest is the former community archive that has been relocated to Regensburg in a digital form that can provide information on community history and biographies of Jewish inhabitants of Regensburg from the 19th and 20th centuries. However, the ultimate decision-making authority of what should be part of an exhibition and in which way it should be presented lies with the Jewish participants of the community.

Challenges and Opportunities

As anticipated, we encountered various challenges, some of which we had prepared for, while others became apparent as we progressed with our work. For instance, we were mindful that most participants would likely have no prior experience with exhibitions. We also expected that the contemporary Jewish community might not have a strong connection to the medieval history of the city and the Jews in Regensburg due to its diverse cultural backgrounds. A significant number of current community members immigrated to Germany from the former Soviet Union in the 1990s. This meant that community members had to overcome some obstacles to participate in the working group including language barriers, which is why the invitations were sent out bilingually. Building mutual trust and getting to know each other better is crucial for establishing a strong foundation for cooperation and learning the stories behind the people. Since we do not speak Russian, we are grateful for the assistance of a native Russian speaker who has been supporting us with communication and other tasks. The language barrier also presents a challenge in reaching our target group, as the participants have been considering whether to keep the exhibition texts bilingual and, in the end, decided to offer Russian translations of each text in smaller booklets attached to our posters.

Despite these difficulties, we are committed to this way of working as it forms the foundation for what follows. Our long-term aim is to showcase the cultural heritage of Regensburg's Jewish community, emphasizing the significance of objects, topics, ideas, and concepts chosen by the community itself. By patrimonializing this cultural heritage, the Jewish community holds the power to shape future discourse on Judaism in the city. Embracing all eras of Jewish history, we aim to bring today's Jewish community closer to an international awareness of the city's significance and build bridges between medieval, modern, and today's aspects of Judaism. So far, we have opened two diverse exhibitions in the community center and have started to form a new way of handling cultural heritage and connecting strains of Jewish culture throughout the centuries. As Irina Gaydar, member and cultural advisor of the Jewish community in Regensburg, put it in her speech opening our first exhibition:

> Our exhibition is the result of a close collaboration between the members of our community and renowned historians from the Ludwig Maximilian University of Munich – Prof. Dr. Haverkamp-Rott, Dr. Riedler-Pohlers, and Mrs. Weigand.
>
> Together we have created a multifaceted and fascinating picture of Jewish culture, which includes music, language, art, literature and humor. Our private memories and ideas, which we brought to Regensburg, were supplemented by the LMU team with documents and pictures from Regensburg's Jewish past.
>
> Of course, our exhibition only covers a small part of the possible aspects and materials.
>
> The most difficult task for us was to build a bridge between the medieval past and us – mostly "Soviet Jews".
>
> In the course of our work we were amazed. We suddenly realized that medieval Jews in Regensburg and our Ashkenazi ancestors most likely spoke the same language – Yiddish – and laughed at the same jokes. Music was and is a universal language that connects people and awakens emotions. In this way, the medieval legacy of the Jews here in Regensburg no longer seemed so far removed from our ancestors and, as a result, from us.

This exhibition is a call for appreciation and dialog. It reminds us that cultural diversity is an enrichment for our society and that by getting to know and understand these sources, we can broaden our own horizons and leave them as cultural heritage for our children.[33]

Bibliography

Albrecht, Dieter. *Regensburg im Wandel-Studien zur Geschichte der Stadt im 19. und 20. Jahrhundert.* Mittelbayerische Dr.- und Verl.-Ges. 1984.

Angerstorfer, Anderas. *Die Geschichte bis zum Holocaust. Teil II. Von der Vertreibung der Juden aus Regensburg 25. Februar 1519 bis zum Holocaust.* Memento vom 16. August 2017 im Internet Archive. https://web.archive.org/web/20170816150913/http://www.jg-regensburg.de/bis_zum_holocaust.

Angerstorfer, Andreas. "Regensburg als Zentrum jüdischer Gelehrsamkeit im Mittelalter." In *Die Juden in der Oberpfalz (=Studien zur Jüdischen Geschichte und Kultur in Bayern 2)*, edited by Michael Brenner and Renate Höpflinger. Oldenbourg Wissenschaftsverlag GmbH 2009.

Angerstorfer, Andreas. "Die Geschichte bis zum Holocaust." In *Regensburger Almanach 1986.* MZ-Buchverl. 1986.

Bavarian Main State Archive, Munich, Kloster St. Emmeram Regensburg Urkunden Nr. 28. https://www.monasterium.net/mom/DE-BayHStA/KURegensburgStEmmeram/000028/charter

Beer, Jasmin. *Jüdisches Regensburg. Zeugnisse und Spuren im Stadtbild. Beiträge des 33. Regensburger Herbstsymposiums für Kunst, Geschichte und Denkmalpflege vom 23. Bis 25. November 2018.* Geschichte Bayerns 2019.

Brocke, Michael. "Unbeirrbar, furchtlos – Andreas Angerstorfer zum Gedenken." In *Jüdische Lebenswelten in Regensburg. Eine gebrochene Geschichte*, edited by Klaus Himmelstein. Verlag Friedrich Pustet 2018.

Codreanu-Windauer, Silvia. "document Neupfarrplatz" *Denkmalpflege Informationen* 121 (2002): 55–57.

Codreanu-Windauer, Silvia. "Wiederentdeckung der Synagoge in Regensburg – Erste Ergebnisse der Ausgrabungen auf dem Neupfarrplatz." *Denkmalpflege Informationen* 103 (1995): 4–6.

Dallmeier, Martin, Hermann Hage, and Hermann Reidel, ed. *Der Neupfarrplatz: Brennpunkt – Zeugnis – Denkmal. Beiträge des Regensburger Herbstsymposiums zur Kunstgeschichte und Denkmalpflege vom 18. Bis 21. November 1999.* Selbstverl. der Hrsg. 2002.

Gaydar, Irina. *Eröffnung der Ausstellung ‚Unseres! Jüdische Kultur durch die Jahrhunderte.* https://jg-regensburg.de/eroeffnung-der-ausstellung-unseres-juedische-kultur-durch-die-jahrhunderte/.

Harrison, Rodney. *Heritage. Critical Approaches.* Routledge 2013.

33 Irina Gaydar, "Eröffnung der Ausstellung 'Unseres! Jüdische Kultur durch die Jahrhunderte'", https://jg-regensburg.de/eroeffnung-der-ausstellung-unseres-juedische-kultur-durch-die-jahrhunderte/, modified June 2023, accessed June 11, 2024.

Kießling, Rolf. *Jüdische Geschichte in Bayern. Von den Anfängen bis zur Gegenwart. (= Studien zur Jüdischen Geschichte und Kultur in Bayern. Band 11)*. De Gruyter 2019.

Maruszewski, Samuel and Randall Auxier. "Post-Cultural Studies: A Brieg Introduction." *Eidos. A Journal for Philosophy of Culture* 7.4 (2023): 78–80.

Morsbach, Peter, Thomas Fischer, and Gerhard Waldherr, ed. *Spolien – steinerne Zitate der Geschichte. Von Römersteinen, Judensteinen und falschen Gräbern. Regensburger Herbstsymposium für Kunst, Geschichte und Denkmalpflege 2015*. Dr. Peter Mosrbach Verlag 2016.

Nickel, Veronika. *Widerstand durch Recht. Die Regensburger Judengemeinde vor ihrer Vertreibung (1519) und der Innsbrucker Prozess (1516–1522)*. Harrassowitz 2018.

Okello Abungu, George. "Die Frage nach Restitution und Rückgabe: Ein Dialog der Interessen." In *(Post)Kolonialismus und kulturelles Erbe. Internationale Debatten im Humboldt Forum*, edited by Stiftung Humboldt Forum im Berliner Schloss. Hanser 2021.

Oswell, David. *Culture and Society: An Introduction to Cultural Studies*. SAGE Publications, Limited 2006.

Ross, Sarah and Dani Kranz. "'Jüdisches Kulturerbe' versus 'Jewish heritage'. Zum gesellschaftspolitischen Stellenwert von jüdischem Erbe in Deutschland", "Jüdisches Kulturerbe" versus "Jewish heritage." Jüdisches Leben in Deutschland – Vergangenheit und Gegenwart, bpb.de.

Strobel, Till. *Jüdisches Leben unter dem Schutz der Reichserbmarschälle von Pappenheim 1650–1806*. Bibliotheca-Academica-Verl. 2009.

Stumpf, Gerd, Silvia Codreanu-Windauer, and Heinrich Wanderwitz. *Der Goldschatz vom Neupfarrplatz: ein spätmittelalterlicher Münzfund in Regensburg; Ausstellung der Museen der Stadt Regensburg im Historischen Museum vom 20. Juni bis 12. Oktober 1997*. Stadt Regensburg 1997.

Touré, Abdoulaye. "Betrachtungen über die Zukunft postkolinialer Sammlungen: Wem gehört Kultur?" In *(Post)Kolonialismus und kulturelles Erbe. Internationale Debatten im Humboldt Forum*, edited by Stiftung Humboldt Forum im Berliner Schloss. Hanser 2021.

Wittmer, Siegfried. "Juden in Regensburg in der Neuzeit." In *Geschichte der Stadt Regensburg Bd. I*, edited by Peter Schmid. Pustet 2000.

Christina Ludwig

Imagine all the people – Livin' life in a new „museum".

Einblicke in die Diskussionen um ein „Jüdisches Museum" in Dresden/Sachsen

Historische Museen sind Vehikel der Beständigkeit. Sie werden gegründet und ausgestaltet, um materielles Kulturerbe zu bewahren, zu erforschen und zu vermitteln. Wie dies geschieht, ist einem ständigen Wandel unterworfen. Besonders beharrlich zeigen sich europäische Museen, wenn es um Deutungshoheiten und lange einstudierte Strukturen und Hierarchien geht, die oft von selbstreferenziellen Logiken geprägt sind. Doch auch diese Mauern beginnen durchlässiger zu werden, was sich vor allem in den zahlreichen theoretischen und zunehmend auch praktischen Transformationsprozessen zeigt, die vielerorts in Gang gekommen sind.[1] Eine bestehende museale Einrichtung innovationsorientiert auszurichten, erfordert erhebliche Ressourcen und ist sowohl durch eine Ökonomisierung als auch zugleich durch eine „Entdemokratisierung" der Institutionen gekennzeichnet.[2] Zunehmend rücken nicht nur teilhabeorientierte Sonderprojekte wie partizipativ entwickelte Ausstellungen in den Fokus, sondern auch die zeitgemäße Öffnung von oft sehr intransparenten „Kernaufgaben" wie dem Sammeln von materiellen und immateriellen Kulturzeugnissen für beispielsweise marginalisierte Menschen oder gesellschaftliche Gruppen ohne akademischen Hintergrund. Dieses aufrichtige Ernstnehmen gegenwärtiger und zukünftiger Zielgruppen erfordert die institutionelle Bereitschaft, lange bewahrte und oft verteidigte Deutungshoheiten abzugeben.

Diesen organisatorischen, aber auch gesellschaftlichen Herausforderungen in der bestehenden Museumslandschaft stehen trotz Ressourcenknappheit und Konsolidierungsdynamiken in der gesamten Kulturlandschaft immer wieder Neugründungsambitionen gegenüber. Entscheidend sind die Diskurszeiten, die einer Museumsneugründung vorausgehen und mehrere Jahre bis Jahrzehnte in Anspruch nehmen. Hier gilt es, die Parameter für eine Zukunftsfähigkeit optimal – das heißt partizipativ und unter Berücksichtigung gesamtgesellschaftlicher Diskurse – zu bestimmen und vorausschauend mit ihnen umzugehen. So sollten im 21. Jahrhundert die Wachstumsgrenzen der Kultur gesellschaftliche

1 Vgl. Mohr/Modarressi-Tehrani (Hrsg.): Museen der Zukunft.
2 Vgl. Sternfeld: Das radikaldemokratische Museum, S. 15.

https://doi.org/10.1515/9783111494616-007

und kulturpolitische Projekte leiten. Dafür gibt es Orientierungspunkte wie die *Sustainable Development Goals* (SDGs), die im September 2015 von den Vereinten Nationen verabschiedet wurden. Jüngste Museumsgründungen werden in diesem Zusammenhang intensiv kritisiert.[3]

Wie kann es vor diesem aktuellen Hintergrund gelingen, ein kulturelles Infrastrukturprojekt mit gesellschaftlicher Relevanz für Sachsen/Dresden partizipativ so zu gestalten, dass es von den Stadtgesellschaften nicht nur akzeptiert, sondern auch intensiv genutzt wird?

Sehr unterschiedliche Formen der aktiven Beteiligung werden besonders an der in jüngster Zeit wieder intensiver geführten Diskussion um ein „Jüdisches Museum" für Sachsen sichtbar. Bereits seit den 1990er-Jahren gibt es im Freistaat Überlegungen, eine museale Einrichtung als Bildungs-, Begegnungs- und Erinnerungsort zu schaffen. Diese Forderungen wurden 2021 kulturpolitisch aufgegriffen und führten zunächst in Dresden und anschließend in Leipzig zu Stadtratsbeschlüssen. Darin werden die jeweiligen (Kultur-)Verwaltungen aufgefordert, die Errichtung bzw. inhaltliche Ausrichtung für beide Orte zu prüfen. In Dresden wurde gleichzeitig die Errichtung eines Gedenkortes am Alten Leipziger Bahnhof[4] gefordert. In den vergangenen drei Jahren kam es daher zu einer Intensivierung der öffentlichen Debatten und Beteiligungsformate, die im Folgenden als Zwischenstand überblicksartig dargestellt und um einen kleinen Ausblick auf die näheren Zukünfte ergänzt.

Die Idee: Akteur:innen und Genese

Ein Grundkonsens und damit Ausgangspunkt aller Beteiligungsformate ist der Wunsch, das lokale jüdische Leben in Vergangenheit und Gegenwart sichtbar

3 Große Chancen der aktuellen und zukünftigen gesellschaftlichen Akzeptanz und Relevanz gehen verloren, wenn beispielsweise Projekte wie der aktuell auf 450 Mio. EUR geschätzte Neubau für das Berliner „Museum der Moderne" realisiert werden, ohne von Anfang an ökologische Standards konsequent mitzudenken. Vgl. Stefan Koldehoff im Gespräch mit Anja Reinhardt: Das Museum der Moderne. Teure Scheune, https://www.deutschlandfunk.de/das-museum-der-moderne-teure-scheune-100.html (30.06.2024).

4 Der Güterbahnhof Dresden-Neustadt – auch „Alter Leipziger Bahnhof" – war im Zweiten Weltkrieg ein „Verladebahnhof für Militärtransporte". Er wurde zum Ausgangspunkt oder zur Zwischenstation für Deportationen jüdischer Menschen. Von hier starteten am 21. Januar 1942 die Abtransporte in das Ghetto Riga (224 Menschen), am 3. März 1943 nach Auschwitz (1.500 Menschen, unter ihnen 293 aus dem Dresdner „Judenlager Hellerberg"). Verschiedene Initiativen haben sich in den letzten Jahren bereits intensiv mit dem Ort und seiner Geschichte befasst.

zu machen – auch mit seinen Bezügen im mitteldeutschen Raum bzw. mit grenzüberschreitender Perspektive nach Polen und in die Tschechische Republik.

Dass diese Idee überhaupt in der Stadtgesellschaft diskursfähig wurde, hat mit verschiedenen – in Dresden verhältnismäßig vielen – Akteur:innen und aktiven Anspruchsgruppen zu tun. Dazu gehören zunächst drei jüdische Gemeinden: 1. die Jüdische Gemeinde zu Dresden, die sogenannte Einheitsgemeinde, Rechtsnachfolgerin der Jüdischen Gemeinde zu DDR-Zeiten und damit auch der Gemeinde vor der Schoa, 2. die Jüdische Religionsgemeinde zu Dresden „Chabad Lubawitsch" (orthodox ausgerichtet) sowie 3. die 2021 gegründete Jüdische Kultusgemeinde Dresden (chassidisch-liberal).

In den Diskussionen wurde und wird immer wieder betont, dass – neben den Vertretungen der bestehenden jüdischen Gemeinden – Menschen, die sich selbst als Jüdinnen und Juden verstehen, aktiv eingebunden werden sollen. Diese engagieren sich ebenso wie Menschen aus Wissenschaft, Bildung, Politik oder Verwaltung beispielsweise in demokratischen Säulen wie lokalen Initiativen und Vereinen.[5] In den letzten Jahren haben Personen aus allen oben genannten Bereichen an der Frage nach möglichen Standorten für ein „Jüdisches Museum", seiner Ausrichtung und seinen Inhalten mitgewirkt.

Die Orte: Museum, Begegnungsstätte, Gedenkort

Die Diskussion um eine neue Kultureinrichtung wurde überraschenderweise zunächst nicht von inhaltlichen Fragen, sondern stark von Standortfragen geleitet. Neben der verstärkten Integration jüdischer Geschichte in die 2006 eingerichtete Dauerausstellung des Stadtmuseums Dresden[6] wurden als mögliche Standorte in Dresden das wieder zu errichtende Palais Oppenheim[7] oder die

5 Etablierte Initiativen und Vereine sind die Jüdische Musik- und Theaterwoche Dresden e. V., HATiKVA e. V. (Bildungs- und Begegnungsstätte für Jüdische Geschichte und Kultur Sachsen), Gesellschaft für Christlich-Jüdische Zusammenarbeit Dresden e. V. oder Gefilte Fest Dresden e. V.

6 Vgl. Steller: Ist nicht das Stadtmuseum der Ort für jüdische Geschichte?.

7 Vgl. das Interview „Ein jüdisches Kulturzentrum mit Museum im Neubau des Palais Oppenheim" mit Lucas Müller, https://www.blog-stadtmuseum-dresden.de/palaisoppenheim/ (30.06.2024).

Abb. 1: Empfangsgebäude des ehemaligen Güterbahnhofs Dresden-Neustadt/Alter Leipziger Bahnhof am 21. Januar 2022 mit drei Emailleschildern, Projekt „Wann-Wieviele-Wohin“ des Künstlers David Adam. Foto: Institut für räumliche Resilienz e. V., Dipl. Ing. Lucas Klinkenbusch, Dipl. Ing Julia Krafft.

ehemalige Villa Salzburg[8] vorgeschlagen. Während diese beiden Optionen nicht weiterverfolgt wurden, konzentrieren sich die aktuellen Überlegungen auf einen anderen Tat- und Erinnerungsort mit spezifischem Themenbezug.

Als möglicher Museumsstandort ist seit 2021 der Alte Leipziger Bahnhof im Gespräch, der älteste Bahnhof der ersten Fernbahn Leipzig-Dresden (erbaut 1837 bis 1839). Seit dem Abriss der beiden kubischen Flügelbauten 1899/1900 sind keine Gebäude des ursprünglichen Bahnhofs mehr erhalten. Einige Gebäude des Empfangskomplexes von 1857 sind noch vorhanden. Auf dem Gelände finden sich heute kulturelle und gewerbliche Nutzungen, während die denkmalgeschützten Bestandsgebäude zu verfallen drohen.

8 Vgl. „Jüdische Geschichte ist Teil der Stadtgeschichte …“ – Interview mit Hildegart Stellmacher, https://www.blog-stadtmuseum-dresden.de/hildegartstellmacher/ (30.06.2024).

Die sehr unterschiedlichen Kontexte dieses Ortes sind heute nicht mehr sichtbar.[9] Stadtgeschichtlich bedeutsam ist jedoch zunächst der Zusammenhang mit der lokalen NS-Geschichte. Am 21. Januar 1942 wurden von hier aus in einem ersten Transport 785 sächsische Jüdinnen und Juden über Leipzig und Dresden nach Riga deportiert. Dem Transport vom 21. Januar 1942 folgten weitere Deportationen aus Dresden und anderen deutschen Städten über diesen Bahnhof, organisiert von Gestapo, SS, Polizei, Stadtverwaltung und Reichsbahn – geduldet und unterstützt von großen Teilen der Dresdner Bevölkerung.

Mit den im Jahr 2021 begonnenen Diskursen um die Errichtung eines Erinnerungs-, Vermittlungs- und Begegnungsortes sowie dem 80. Jahrestag der Deportation am 21. Januar 2022 begannen sowohl die Initiativen als auch die Stadtverwaltung, sich explizit mit dem authentischen Ort auseinanderzusetzen. Auch hier lag der Fokus auf partizipativen Methoden: Ein Werkstattformat mit verschiedenen kleineren Themenrunden näherte sich möglichen Beteiligungsprozessen, Gedenkformen oder dem Umgang mit der Geschichte. Diskutiert wurden beispielsweise folgende Fragen: Welche Zielgruppen sollen angesprochen werden? Wie können möglichst viele Menschen erreicht werden? Wie können Stimmungsbilder eingefangen werden; durch aktives Ausprobieren oder durch intensiven verbalen Austausch? Wie kann die Sichtbarkeit des Ortes erhöht werden? Was muss im Beteiligungsprozess vermieden werden? Wie können der Ort und seine Geschichte in die Erinnerungslandschaft der Stadt integriert werden?

Im Jahr 2022 wurde zudem ein künstlerisch-experimenteller Ansatz zur Ausdifferenzierung der konkreten inhaltlichen und baulichen Gestalt eines zukünftigen Gedenkortes gewählt, in dem in einem ersten Schritt eine temporäre künstlerische Installation konzipiert und baulich realisiert wurde.[10] Anfang 2024 wurde von der Stadt Dresden die Erstellung eines Nutzungs- und Betreiberkonzeptes für einen Gedenkort mit Bildungs-, Vermittlungs- und kulturellem Begegnungszentrum ausgeschrieben. Der Bieter „Alter Leipziger Bahnhof e. V." konnte überzeugen und wird im weiteren Verlauf des Jahres 2024 ein Nutzungs- und Betreiberkonzept für diesen Ort erarbeiten.

9 Einen guten Überblick gibt das Projekt „Wann-Wieviele-Wohin" des Dresdner Künstlers David Adam (anlässlich des 80. Jahrestages der Deportation jüdischer Frauen, Männer und Kinder von Dresden nach Riga vom 21.01.1942), vgl. https://www.wann-wieviele-wohin.de/ (30.06.2024).

10 Vgl. Institut für räumliche Resilienz, Gedenkort Alter Leipziger Bahnhof, https://spatialresilience.institute/projects/gedenkort/ (30.06.2024).

Abb. 2: Temporäre Gedenk-Installation vor dem Alten Leipziger Bahnhof (2022), Idee: Paul Elsner. Foto: Institut für räumliche Resilienz e. V., Dipl. Ing. Lucas Klinkenbusch, Dipl. Ing Julia Krafft.

Durch einen transparenten und offenen Prozess rief die Landeshauptstadt Dresden Vereine, Initiativen, Institutionen und Arbeitsgemeinschaften dazu auf, sich an der Ausschreibung zu beteiligen und somit sicherzustellen, dass unterschiedliche und maßgebliche Akteur:innen zusammenarbeiten. Der Prozess wurde von einer durch die Landeshauptstadt berufenen Steuerungsgruppe begleitet und koordiniert.

Die Formate: Diskussionen und Inhalte

Trotz der Dominanz der Standortfrage hat vor allem das Stadtmuseum die inhaltliche Fragestellung vorangetrieben. Die städtische Sammlung zur Stadtgeschichte (initiiert durch den 1869 gegründeten Verein für Geschichte und Topographie Dresdens) ist ein repräsentatives Beispiel für die Mehrdimensionalität materieller Sachkultur. Sie zeigt vor allem im Dialog, dass Objekte durch ihre kulturelle Biografie und unterschiedliche Zuschreibungen gleichzeitig „jüdisch" und „nichtjüdisch" sein können. Zusammen mit anderen Sammlungen – etwa der Jüdischen Gemeinde Dresden – lösen sie unweigerlich Diskurse zu den Themenkomplexen Stadt- und Regionalgeschichte sowie Zentralität und Dezentralität aus.

Das Stadtmuseum als Teil der Dresdner Kulturverwaltung und weitere Akteur:innen reagieren auf diese Situation seit 2021 mit verschiedenen Formaten (Interventionen in der Dauerausstellung, BLOG, digitale Podiumsdiskussionen), die eine diskursive – vor allem aber partizipative – Annäherung an das Thema ermöglichen sollen.

Analog: Intervention in der ständigen Ausstellung zur Dresdner Stadtgeschichte

Das Jubiläum „1700 Jahre Jüdisches Leben in Deutschland" im Jahr 2021 nahm das Stadtmuseum Dresden zum Anlass, mit einem neuen Pilotformat den Diskurs um das „Jüdische Museum" in die 2006 eingerichtete stadtgeschichtliche Dauerausstellung zu integrieren. Ziel der Intervention „Rethinking Stadtgeschichte. Perspektiven jüdischer Geschichten und Gegenwarten" war es, eine niedrigschwellige Plattform für den anstehenden Aushandlungsprozess zu schaffen. Sie richtete sich nicht nur an die Beteiligten um die Initiative und Dresdner Bürger:innen, sondern auch an Museumsbesucher:innen ohne spezifische Vorkenntnisse. Die Wechselbeziehungen und Verknüpfung zu anderen Themenkomplexen wurden in diesem Projekt exemplarisch erprobt. Die Intervention war ein Instrument für den Prozess der inhaltlichen Auseinandersetzung mit konkreten Objekten: Was macht ein Objekt „jüdisch"? Wer macht das?[11]

---

11 Einblicke in die Intervention „Rethinking Stadtgeschichte: Perspektiven jüdischer Geschichten und Gegenwarten" mit dem Kurator Dr. Daniel Ristau vgl. https://youtu.be/NbNHGmm1z8?si=dy2YfMkIP46ixCnN (30.06.2024).

Abb. 3: Blick in das „Wohnzimmer“ als Teil der Intervention „Rethinking Stadtgeschichte“. Foto: Museen Dresden / PWL Günther.

Abb. 4: Temporär kontextualisierte Fotografien in der ständigen Ausstellung (links: „Boykott-Aufnahme“, mit dem neu zugeordneten Geschäft „Kaufhaus Steinhart“ in der Kesselsdorfer Straße 17, 1933; rechts: Privatfoto vom Aufgang der Brühlschen Terrasse in Dresden mit Schild „Juden Zutritt verboten“, 1941). Foto: Museen Dresden / Sophie Arlet.

Für die Intervention wurden 37 inhaltliche Punkte aus der gesamten Dauerausstellung (Mittelalter bis 20. Jahrhundert) ausgewählt und von einem externen Kurator vorgeschlagen. Dabei wurden sowohl die eigenen Bestände des Stadtmuseums als auch private und institutionelle Leihgaben berücksichtigt. Ergebnis dieses Konzeptes war die Zusammenführung unterschiedlichster Objekte aus den Sammlungen des Stadtmuseums Dresden, des Stadtgeschichtlichen Museums Leipzig, der Jüdischen Gemeinde Dresden, des Vereins HATiKVA e. V. – Bildungs- und Begegnungsstätte für Jüdische Geschichte und Kultur Sachsen, der Staatlichen Kunstsammlungen Dresden sowie der Universitäts- und Landesbibliothek Dresden. Ergänzend entstand in Zusammenarbeit mit dem Verein Stolpersteine Dresden e. V. eine Station mit allen Dresdner Stolpersteinen (mit jüdischem Bezug), die als Reproduktionen im gesamten Treppenhaus des Museums erlebbar wurden.

Die Vielfalt der Stationen wurde durch begleitende Vermittlungsangebote (Musik, Literatur, Objektgespräche etc.) bereichert. Außerdem wurde umfangreiches didaktisches Material erarbeitet, welches kostenlos an die Besucher:innen ausgegeben wurde. Dabei handelt es sich um eine Postkartenserie mit den wichtigsten Interventionsobjekten auf der Vorderseite und einem kontextualisierenden Text auf der Rückseite. Außerdem wurde in Zusammenarbeit mit HATiKVA e. V. ein spezielles Postkartenset mit Lehrplananbindung für Lehrer:innen entwickelt und produziert.

Die Verknüpfung von Objekten mit „jüdischen Anhaftungen" mit Objekten der Stadtgeschichte zeigte, dass die jüdische Geschichte ein integrativer Bestandteil der allgemeinen Stadtgeschichte ist, was eines der Hauptziele des Projektes war. Ein weiteres Ziel war es, die Intervention mehrdimensional zu gestalten. Dies wurde erreicht, indem verschiedene thematische Ebenen konzipiert und auch dargestellt wurden. Die Sonderausstellung fragte danach, was und wie das „Jüdische" überhaupt definiert wird, wobei sie anhand konkreter Beispiele auch unterschiedliche, ja widersprüchliche Interpretationen zur gleichen Zeit vorstellte. Sie befragte ihre Objekte und deren Geschichten danach, worin und in welchen Dimensionen sich das „Jüdische" in ihnen ausdrückt bzw. ihnen „anhaftet". Insgesamt machten die präsentierten Objekte zum einen die unterschiedlichen Anhaftungen des „Jüdischen" auch an profanen und alltäglichen Gegenständen sichtbar. Andererseits wurden vermeintlich eindeutig „jüdische" Objekte durch Kontextualisierungen aus ihrem Nischenbezug herausgelöst und in einen breiteren historisch-aktuellen Rahmen gestellt. Alle gezeigten Objekte standen im Zusammenhang mit der 2021 intensivierten Diskussion um ein „Jüdisches Museum" in Sachsen.

Aufgrund der anhaltenden Diskussion um eine jüdische Begegnungs-/Gedenkstätte bzw. ein „Jüdisches Museum" wurde die Intervention bis Ende 2022

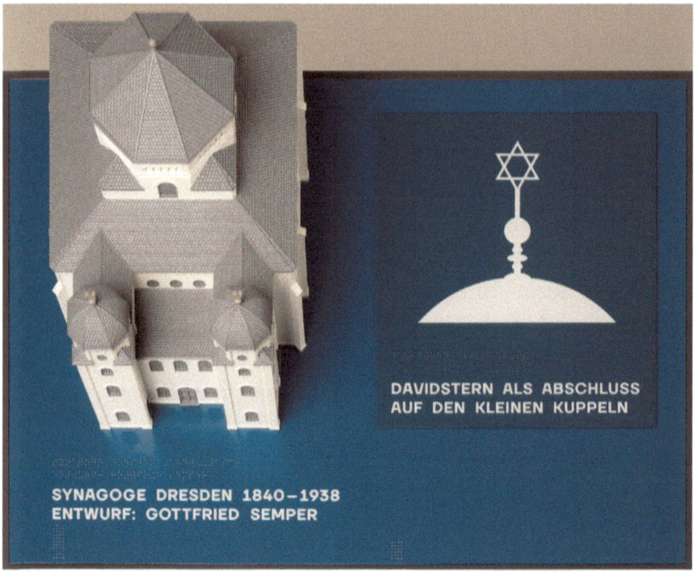

Abb. 5: Taktiles Modell „Semper-Synagoge“. Foto: Museen Dresden / PWL Günther.

verlängert und um neue Objekte – vor allem aus Privatbesitz – erweitert. Parallel dazu griff auch der Dresdner Geschichtsverein das Thema auf und konzipierte das Themenheft „Jüdisches (in) Dresden. Sammlungen und Objekte“. Die Einleitung beginnt mit der Frage „Was ist eigentlich ein Jüdisches Museum?“[12] und verweist auf die Debatte, die zugleich lebendige Stadtgeschichte ist. In verschiedenen Beiträgen werden sowohl bereits bestehende Infrastrukturen und erforschte Themen als auch Beiträge zur Museumsdebatte vorgestellt.

Ein weiteres partizipatives und zugleich nachhaltiges Element der Intervention ist die Konzeption und Umsetzung eines taktilen Architekturmodells der 1938 zerstörten Semper-Synagoge in Dresden.[13] Anhand eines Prototyps testete der Blinden- und Sehbehindertenverband Sachsen nach dem Trial-and-Error-Prinzip Detailgenauigkeit, Proportionen und kontrastreiche Farbgestaltung. Das so entstandene Tastmodell befindet sich derzeit in der Dauerausstellung und erinnert auch daran, dass eine neue Kultureinrichtung möglichst vielen Menschen den Zugang und die Teilhabe an den Inhalten ermöglichen muss. Diese Station wird 2025 um eine Virtual-Reality Anwendung erweitert, die den Innenraum der Synagoge visualisiert.

12 Förster: Was ist ein jüdisches Museum überhaupt?, S. 3.

13 Mund: Berühren erwünscht ODER Geschichte zum Anfassen, https://www.blog-stadtmuseum-dresden.de/tastmodelle/ (24.06.2024).

Digital: Podiumsdiskussionen, BLOG und Umfrage

Um die zu Beginn des Jahres 2022 bereits gut angelaufenen Diskussionen mit Blick auf konkrete Themenkomplexe zu vertiefen, fanden von Januar bis März 2022 vier Online-Formate statt.[14] In diesen bezogen Vertreter:innen der jüdischen Gemeinschaften sowie Personen aus Politik, Verwaltung und Kultureinrichtungen Stellung, um im Anschluss eine Bürgerbeteiligung mit Rückfragen und Hinweisen zu ermöglichen. Darüber hinaus gab es ein eigenes Bürger:innen-Forum mit offener Fragestellung. Die Veranstaltungen waren mit jeweils zwischen 70 bis 120 Teilnehmenden sehr gut besucht.

Während der Intervention „Rethinking" entstand im Projektteam auch die Idee, den Diskurs um das Jüdische Museum in den neu eingerichteten BLOG des Stadtmuseums einzubinden. Zwischen September 2023 und März 2023 wurden Interviews und inhaltliche Beiträge zu grundsätzlichen Fragen des Themas mit Menschen, die sich selbst als Jüdin oder Jude verstehen (etwa ein Drittel der Befragten), Wissenschaftler:innen mit dem Arbeitsschwerpunkt Jüdisches Leben in Sachsen, Vertreter:innen von Museen und Gedenkstätten sowie Personen aus den Bereichen Politik, Verwaltung, Bildung/Vermittlung/Didaktik veröffentlicht.[15] 30 Interviews und fünf inhaltliche Beiträge haben bisher – Stand Mai 2024 – 11.380 Zugriffe generiert. Die Interviews konzentrierten sich auf die Themen Standorte, Formen und Inhalte eines möglichen Jüdischen Museums. Darüber hinaus wurde auch nach Zielgruppen, persönlichen Objektvorschlägen sowie den aus der jeweiligen Perspektive notwendigen nächsten Prozessschritten gefragt. Die Interviews wurden Mitte 2022 durch den Historiker Dr. Daniel Ristau ausgewertet und die sich daraus resultierenden Zwischenergebnisse in Form eines Dossiers dem Geschäftsbereich Kultur, Tourismus und Wissenschaft in Dresden vorgelegt.

Neben den ersten Zusammenfassungen der geführten Interviews wurde in diesem Dossier auch eine digitale Bürgerumfrage zum „Jüdischen Museum für Sachsen in Dresden" ausgewertet. Sie wurde vom Geschäftsbereich Kultur, Tou-

---

14 Vgl. die digitale Veranstaltungsreihe „Jüdisches (im) Museum? Überlegungen und Diskussionen in Sachsen": „Braucht Sachsen ein jüdisches Museum?" (Jan. 2022), „Jüdisches Leben präsentieren: Zur Diskussion um ein jüdisches Museum für Sachsen" (März 2022), Offenes Bürger:innen Forum „Ein Jüdisches Museum für Sachsen" (März 2022), „Welche Orte stehen für welche Inhalte? Dresdner Standortdiskussionen für ein jüdisches Museum" (März 2022), https://www.blog-stadtmuseum-dresden.de/podiumsdiskussionjudischesmuseum/ (30.6.2024).

15 Vgl. https://www.blog-stadtmuseum-dresden.de/diskurs/ (30.06.2024). Die Interviews wurden vom Historiker Dr. Daniel Ristau konzipiert, durchgeführt und zusammenfassend ausgewertet.

rismus und Wissenschaft initiiert und von der Kommunalen Statistikstelle der Landeshauptstadt Dresden im Zeitraum vom 9. bis 30. Mai 2022 durchgeführt. An dieser Umfrage beteiligten sich insgesamt 1.114 Bürger:innen.[16] Im Ergebnis sieht lediglich ein Drittel der Befragten jüdisches Leben und die jüdische Kultur in Sachsen und speziell in Dresden ausreichend repräsentiert (zum Beispiel durch Synagoge und Gemeindezentrum am Hasenberg, Stolpersteine, Friedhöfe, Veranstaltungen und Ausstellungen). Drei Viertel aller Befragten wünschen sich jedoch, mehr über jüdisches Leben zu erfahren. Dieses Ergebnis korreliert mit den geäußerten Wünschen nach einem Gedenkort, pädagogischen Angeboten, Begegnungs- und Vermittlungsorten im Stadtraum, musealen Präsentationen und einer allgemeinen Präsenz im Alltag. Besonders interessant ist auch das Ergebnis, dass sich die Hälfte der Teilnehmenden hinsichtlich zukünftiger Formen der Repräsentation jüdischen Lebens für ein dezentrales Format an verschiedenen Orten ausspricht und ein Drittel einen konkreten Ort wie beispielsweise ein neues Museum, die Integration in die Dauerausstellung des Stadtmuseums in Dresden oder den Alten Leipziger Bahnhof befürwortet.

Die Zukünfte: Orte, Inhalte und Vernetzung

Der sächsische Überblick hat gezeigt: Die Momente der Partizipation kreisen erstens um konkrete Orte mit spezifischen Herausforderungen und Chancen, zweitens um Inhalte und damit verbundene Dinge und drittens um Menschen, die alle Themen miteinander verweben und deren Bedeutung für die Kultur-, Bildungs- und Erinnerungslandschaft miteinander verhandeln.

Nicht ohne Grund verfolgte die Intervention „Rethinking" die Frage: Was macht einen Gegenstand überhaupt „jüdisch"? Hinter dieser so unscheinbar wirkenden Frage (an die Dinge) verbergen sich grundlegende Prinzipien des Musealisierungsprozesses. Denn die Frage macht deutlich, dass ausgestellte und entfunktionalisierte Dinge nicht primär aufgrund ihrer symbolischen Bedeutung oder ihres ästhetischen Wertes aussagekräftig sind.[17] Viel wichtiger ist der Prozess der Musealisierung selbst, der sich immer wieder neu manifestiert. Er kann im Falle eines zur Disposition stehenden „Jüdischen Museums" ein spe-

---

16 Zusammensetzung der Beteiligung: weiblich 46 %, männlich 52 %, divers 2 %. 87 % mit Wohnsitz in Dresden. Stärkste Beteiligung bei Menschen von 40 bis 54 Jahren (36 %), danach von 25 bis 39 (29 %), von 55 bis 69 (21 %), von 70 bis 84 (7 %), von 14 bis 24 (6 %), ab 85 und älter (1 %). 97 % mit deutscher Staatsangehörigkeit. Konfessionsangehörigkeit: konfessionslos (56 %), christlich (32 %), jüdisch (3 %), andere (2 %), keine Angabe (8 %).

17 Vgl. Thiemeyer: Museumsdinge, S. 230.

zifisches, weil sehr partizipatives, Zeitphänomen sein. Menschen prägen diesen Auswahlprozess, er ist immer von subjektiven Fokussierungen bestimmt und damit dynamischen Aushandlungsprozessen unterworfen.

(Gute) Aushandlungssequenzen wiederum benötigen vernetzte Umfelder. Insofern ist die Entscheidung des Freistaates Sachsen – nach intensiven inhaltlichen Impulsen aus Leipzig sowie Dresden –, 2026 ein dezentrales Jahr der jüdischen Kultur unter dem Titel „Tacheles" zu initiieren, als zielführend einzuordnen:

> Es soll einerseits eine umfassende und zugleich kritische Bestandsaufnahme des Umgangs mit dem kulturellen jüdischen Erbe Sachsens und seiner Erforschung ermöglichen und bereits Vorhandenem eine größere Sichtbarkeit und Aufmerksamkeit verleihen, andererseits aber auch neue Perspektiven, Repräsentationsformen und Vermittlungsangebote einbeziehen. Das Themenjahr präsentiert die reichhaltige und vielfältige jüdische Geschichte und Kultur Sachsens, zeigt aber ebenso Leerstellen und unwiederbringliche Verluste auf.[18]

Das Themenjahr wird verschiedene Etappen miteinander verknüpfen und vielleicht sogar zeigen, dass das Projekt „Jüdisches Museum" für die Landeshauptstadt Dresden als dezentraler oder digitaler[19] Dritter Ort ohne disziplinäre Grenzen gedacht werden kann. Eine solche Institution, bestehend aus einem Erinnerungsort wie dem Alten Leipziger Bahnhof, einem Begegnungs- und Bildungszentrum sowie einer dauerhaften, mit der gesamten Stadtgeschichte verwobenen musealen Repräsentation im Stadtmuseum Dresden wäre in ihrer Gesamtheit losgelöst von musealen Prinzipien, die oft hemmenden Fachdiskursen unterliegen. Daniel Tyradellis fasst das Zukunftspotenzial des Vorhabens wie folgt zusammen: „Der dritte Ort ist keine Präsentationsstätte von Dingen und Sachverhalten um ihrer selbst willen. Er ist ein Ort der Begegnung verschiedenster Evidenzen und der Entfremdung gegenüber dem eigenen Wissen und den eigenen Sehgewohnheiten."[20]

---

18 Staatliches Museum für Archäologie Sachsen (SMAC): Warum ein Jahr der jüdischen Kultur in Sachsen?, https://www.smac.sachsen.de/jahr-der-juedischen-kultur-in-sachsen-2026-mehr-infos.html (30.06.2024).

19 Vgl. Ristau: Eine Virtuelle Plattform Jüdisches Leben in Sachsen.

20 Tyradellis: Müde Museen, S. 240.

Bibliografie

Förster, Caroline: Was ist ein jüdisches Museum überhaupt?, in: Dresdner Geschichtsverein (Hrsg.): Jüdisches (in) Dresden. Sammlungen und Objekte (= Dresdner Hefte, 40 [2022], 152), S. 3.

Mohr, Henning/Modarressi-Tehrani, Diana (Hrsg.): Museen der Zukunft. Trends und Herausforderungen eines innovationsorientierten Kulturmanagements, Bielefeld 2021.

Mund, Robert: Berühren erwünscht ODER Geschichte zum Anfassen: Taktile Architekturmodelle in der Dauerausstellung des Stadtmuseums, https://www.blog-stadtmuseum-dresden.de/tastmodelle/ (24.06.2024).

Ristau, Daniel: Eine Virtuelle Plattform Jüdisches Leben in Sachsen. Schlussfolgerungen zur aktuellen Diskussion um ein Jüdisches Museum für Sachsen, in: Medaon – Magazin für jüdisches Leben in Forschung und Bildung 16 (2022), 30, S. 1–19 (http://www.medaon.de/pdf/medaon_30_ristau.pdf [30.6.2024]).

Staatliches Museum für Archäologie Sachsen (SMAC): Warum ein Jahr der jüdischen Kultur in Sachsen?, https://www.smac.sachsen.de/jahr-der-juedischen-kultur-in-sachsen-2026-mehr-infos.html (30.06.2024).

Steller, Thomas: Ist nicht das Stadtmuseum der Ort für jüdische Geschichte?, in: Dresdner Geschichtsverein (Hrsg.): Jüdisches (in) Dresden. Sammlungen und Objekte (= Dresdner Hefte, 40 [2022], 152), S. 76–84.

Sternfeld, Nora: Das radikaldemokratische Museum (Schriftenreihe curating. ausstellungstheorie & praxis; Bd. 3), Berlin/Boston 2018.

Thiemeyer, Thomas: Museumsdinge, in: Stefanie Samida/Manfred K. H. Eggert/Hans Peter Hahn (Hrsg.): Handbuch Materielle Kultur. Bedeutungen, Konzepte, Disziplinen, Stuttgart/Weimar 2014, S. 230–233.

Tyradellis, Daniel: Müde Museen. Oder: Wie Ausstellungen unser Denken verändern könnten, Hamburg 2014.

https://www.blog-stadtmuseum-dresden.de/diskurs/ (30.6.2024).

https://www.blog-stadtmuseum-dresden.de/hildegartstellmacher/ (30.6.2024).

https://www.blog-stadtmuseum-dresden.de/palaisoppenheim/ (30.6.2024).

https://www.blog-stadtmuseum-dresden.de/podiumsdiskussionjudischesmuseum/ (30.6.2024).

https://www.deutschlandfunk.de/das-museum-der-moderne-teure-scheune-100.html (30.6.2024).

https://spatial-resilience.institute/projects/gedenkort/ (30.6.2024).

https://www.wann-wieviele-wohin.de/ (30.6.2024).

https://youtu.be/NbNH-Gmm1z8?si=dy2YfMkIP46ixCnN (30.6.2024).

Tamar Lewinsky

Herausforderungen, Chancen und Grenzen partizipativer Sammlungsprojekte am Jüdischen Museum Berlin

Kulturhistorische Museen beschäftigen sich in den vergangenen Jahrzehnten auch in ihrer Sammlungsarbeit vermehrt mit Projekten, die Partizipation als weitgehend gleichberechtigten Prozess zwischen Museum und Communities ausloten. Dieser demokratisierende Anspruch auf Inklusion, Partizipation von *Communities* und Multiperspektivität ist auch in der neuen ICOM-Definition verankert. Dabei lässt sich der theoretische Anspruch nicht problemlos in museale Praxis überführen, ohne das Museum als Institution grundsätzlich auf den Prüfstand zu stellen und zu öffnen.[1]

Aspekte wie Größe und Auftrag eines Museums, seine institutionelle Verfasstheit und die Arbeitskontexte, in denen partizipative Sammlungsprojekte erprobt werden, spielen eine entscheidende Rolle dabei, welcher Grad an Partizipation überhaupt umsetzbar ist. In seinem Leitbild streicht das Jüdische Museum Berlin die grundlegende Bedeutung jüdischer Perspektiven und jüdischer Vielstimmigkeit für seine Arbeit hervor.[2] Gleichzeitig ist es als bundesunmittelbare Stiftung kein jüdisches *Community*-Museum. Welche Herausforderungen sich aus diesem Spannungsfeld für die partizipative Sammlungsarbeit ergeben, soll in diesem Beitrag diskutiert werden. Im Besonderen soll es dabei um die Frage gehen, wie eine jüdische Öffentlichkeit erreicht und in einer Bundeseinrichtung mit überregionalem Sammlungsauftrag aktiv an Sammlungsprozessen beteiligt werden kann.

Exemplarisch soll dies anhand von zwei partizipativen Sammlungsprojekten betrachtet werden, die sich beide explizit an eine jüdische Öffentlichkeit richteten, jedoch in methodischer und formaler Hinsicht unterschiedlich konzipiert waren. Zum einen das Sammlungsprojekt „Objekttage“, das seit 2017 die vielfältigen Migrationsbiografien von Jüdinnen und Juden in Deutschland dokumentiert, zum anderen die ausstellungsfokussierte thematische Sammlung von Objekten zum jüdischen Leben in der DDR. Anhand dieser beiden Beispiele soll aufgezeigt werden, welche Herausforderungen und Chancen die Partizipation für die Erweiterung und Weiterentwicklung der Sammlung des Jüdischen Muse-

---

1 Vgl. z. B. Höllwart: Eine Beziehung mit offenem Ausgang, S. 163.

2 Vgl. https://www.jmberlin.de/leitbild-jmb#:~:text=Das%20Museum%20steht%20f%C3%BCr%20das,und%20jede%20Form%20von%20Diskriminierung.

https://doi.org/10.1515/9783111494616-008

ums Berlin mit sich bringt, bis zu welchem Grad sich theoretischer Anspruch und praktische Arbeit verbinden lassen und wo die Grenzen partizipativer Sammlungsarbeit liegen.

Das partizipative Sammlungsprojekt „Objekttage“

Migration ist seit der Nachkriegszeit bis in die Gegenwart hinein konstitutiv für die Entwicklung jüdischen Lebens in Deutschland. Neben den überlebenden und zurückgekehrten deutschen Jüdinnen und Juden waren es zunächst *Displaced Persons* aus Mittel- und Osteuropa, die zum Wiederaufbau jüdischen Lebens beitrugen. In den folgenden Jahrzehnten gab es kleinere Zuwanderungen aus verschiedenen Ländern in die BRD. Durch die Immigration von Jüdinnen und Juden aus den Ländern der (ehemaligen) Sowjetunion vor allem seit Ende der 1980er-Jahre veränderte sich der Charakter der jüdischen Gemeinschaft in Ost- und Westdeutschland schließlich grundlegend. Auch heute diversifiziert sich jüdisches Leben in- und außerhalb der Gemeinden durch Migration, beispielsweise aus Israel, weiter.

Mit dem auf mehrere Jahre angelegten und deutschlandweit durchgeführten partizipativen Projekt „Objekttage“ versuchte das Jüdische Museum Berlin deshalb, das für die vergangenen Jahrzehnte so relevante Thema Migration in Objekten und Geschichten für seine Sammlung zu übersetzen und damit als Teil des materiellen und immateriellen jüdischen Kulturerbes in Deutschland zu bewahren.[3] Für die „Objekttage“ wurden Jüdinnen und Juden eingeladen, den Projektmitarbeiterinnen ein Objekt zu zeigen, das mit ihrer eigenen Migration in Verbindung steht, und ihre mit dem Objekt verbundenen Erinnerungen und Geschichten zu erzählen. Diese partizipative Methodik war für die sammelnden Bereiche des Museums zu Beginn des Projekts 2017 noch unerprobt. Referenzprojekte mit ähnlichen Formaten haben sich aber besonders in stadt- und regionalgeschichtlichen Museen etabliert.[4]

Die Besonderheit der „Objekttage“ und zugleich – wie im Weiteren zu zeigen sein wird – eine der Herausforderungen im Vergleich zu Projekten mit

---

3 Das Projekt wurde durch Alina Gromova, Theresia Ziehe und Tamar Lewinsky initiiert. Von 2021 bis 2025 wurde es von Sofya Chernykh als Projektassistentin betreut.

4 Vgl. z. B. Akkiliç/Bakondy/Bratić/Wonisch: Schere Topf Papier; Berger/Pereña/Yıldız: Über das Projekt „Hier Zuhause. Migrationsgeschichten aus Tirol“; Jutta Fleckenstein: „Zeigt her Eure Dreidl!“.

Abb. 1: Porträt Noa Rafaeli. Rafaeli wuchs in Israel auf und lebt seit 2014 in Deutschland. Teilnehmerin am Projekt „Objekttage" im Dezember 2017. © Jüdisches Museum Berlin. Foto: Stephan Pramme.

ähnlicher Methodik lag allerdings in der Überregionalität des Vorhabens: Im Stiftungsgesetz des Museums ist der Auftrag verankert, jüdisches Leben nicht nur in Berlin, sondern in ganz Deutschland zu erforschen und darzustellen. Das Projektteam reiste deshalb nach Düsseldorf, Dresden, Hamburg, Kassel, Mannheim und Regensburg, um mit den Teilnehmerinnen und Teilnehmern über ihre Migrationserfahrungen zu sprechen.

Unabhängig vom Veranstaltungsort waren die „Objekttage" formal einheitlich aufgebaut. Die mitgebrachten Objekte wurden gemeinsam angesehen und es wurden, ausgehend von den Objekten, biografische Audio-Interviews geführt. Zusätzlich wurden die Objekte grob dokumentiert und die Möglichkeit einer Schenkung oder Leihgabe abgefragt. Der Fotograf Stephan Pramme begleitete das Gesamtprojekt und portraitierte die Teilnehmerinnen und Teilnehmer mit ihrem Objekt. Die so entstandenen Portraitaufnahmen weisen für jeden „Objekttag" eine Serialität auf, indem ein bestimmtes Hintergrundelement im Bild sichtbar ist.

Insgesamt nahmen 129 Personen an neun „Objekttagen" teil. Die Mehrheit von ihnen stammt aus den Ländern der ehemaligen Sowjetunion – aus dem Baltikum, Russland, der Ukraine oder Zentralasien. Es sind aber auch viele weitere Herkunftsländer vertreten: Australien, Belgien, Frankreich, Iran, Israel, Marokko, Mexiko, Polen, Rumänien, Schweiz, Slowakei, Südafrika, Tunesien, Türkei,

Ungarn und USA. Das Projekt entwickelte sich als generationenübergreifend. Das Alter und das Jahr, in dem die Migration stattfand, sind divers. Unterschiedlich sind auch die Gründe für die Einwanderung nach Deutschland sowie die Migrationsformen.

In den vergangenen Jahren durfte das Jüdische Museum Berlin zahlreiche Objekte, die zu den „Objekttagen" mitgebracht worden waren, als Schenkungen in seine Sammlung aufnehmen. Einige davon sind mittlerweile in der Dauerausstellung des Museums zu sehen und erzählen von den Migrationserfahrungen russischsprachiger Jüdinnen und Juden nach Deutschland. Auf der Website des Museums gibt eine Galerie Einblicke in das Projekt: Zu sehen sind dort Foto-Portraits und kurze biografische Texte, die auf Grundlage der Interviews und in Abstimmung mit den Teilnehmerinnen und Teilnehmern verfasst wurden.[5] Zum Abschluss des Sammlungsprojekt erschien 2025 die Publikation „Objekttage", die 125 Porträts und Migrationsgeschichten der Teilnehmer*innen versammelt. Bei einem Podiumsgespräch im Rahmen der Buchpräsentation stellten drei der Teilnehmer*innen ihre Objekte vor und reflektierten ihre eigene Migrationsbiografie im Kontext des Projekts.[6]

Partizipatives Sammeln im Rahmen der Ausstellung „Ein anderes Land"

Als dynamischer und partizipativ angelegter Prozess gestalteten sich die Vorbereitungen auf die Wechselausstellung „Ein anderes Land. Jüdisch in der DDR", die von September 2023 bis Januar 2024 im Altbau des Jüdischen Museums Berlin zu sehen war. Die Schau, die sich ihrem komplexen Thema aus einer alltagsgeschichtlichen, akteurszentrierten und jüdischen Perspektive näherte, nahmen die Kuratorinnen der Ausstellung zum Anlass, die Sammlung des Museums zu diesem Kapitel deutsch-jüdischer Nachkriegsgeschichte zu befragen. Gleichzeitig setzten sie sich zum Ziel, den bisherigen Bestand durch Objekte zum jüdischen Leben in der DDR zu erweitern. Mit dem themenbezogenen Sammeln, das auch im Sammlungskonzept verankert ist, wollte das Museum einen bisher einzigartigen thematischen Schwerpunkt aufbauen und zur Sichtbarmachung und

5 Vgl. https://www.jmberlin.de/jmb-journal-18-objekttage.
6 JMB: Objekttage. Erinnerungsstücke und Migrationsgeschichten.

langfristigen Bewahrung dieses Kapitels deutsch-jüdischer Nachkriegsgeschichte beitragen.[7]

Im Rahmen der Recherchen wurden deshalb zahlreiche mögliche private Leihgeberinnen und Zeitzeugen kontaktiert. Zudem machte das Museum mit einem Sammlungsaufruf auf seine Suche nach der materiellen und immateriellen Geschichte der Jüdinnen und Juden in der DDR aufmerksam. Gemäß einem Leitgedanken der Sammlungsarbeit lag der Fokus hier auf Objekten, mit denen Geschichte erzählt werden kann. Das heißt, dass es nicht ausschließlich um die visuelle Qualität eines Objektes geht, sondern die Stärke des Objekts sich aus der Verbindung mit dem Narrativ, von dem es begleitet ist, ergibt. Gerade durch den Sammlungsaufruf erhofften sich die Kuratorinnen, bisher kaum oder ganz unbekannte Biografien, Familiengeschichten und Objekte zu finden und zukünftige Stifterinnen und Stifter dafür zu sensibilisieren, dass das Jüdische Museum Berlin jüdische Geschichte auch für die Zeit seit 1945 dokumentiert, ausstellt und sammelt.

Rezipiert wurde der Sammlungsaufruf von Angehörigen der ersten, zweiten und dritten Generation von Jüdinnen und Juden aus der DDR. Die Resonanz und der Rücklauf waren breit, ernsthaft und durchaus positiv. Viele der Leihgeberinnen und Stifter, mit denen die Kuratorinnen in einen intensiven Dialog treten durften, stammten aus Ostberlin. Nur eine Minderheit war mit der jüdischen Gemeinde in Ostberlin oder einer der sieben anderen kleinen Gemeinden in der DDR verbunden gewesen. Die Gesprächspartnerinnen und Gesprächspartner hatten damit zwangsläufig auch unterschiedliche Sichtweisen auf die DDR und unterschiedliche Antworten auf die Frage, welche Rolle ihr Judentum oder ihre jüdische Herkunft in der DDR spielten.

Aus den langen Gesprächen, in denen eine gegenseitige Vertrauensebene aufgebaut und den Beitragenden die Möglichkeit gegeben wurde, ihre Geschichte und die Geschichte der Jüdinnen und Juden in der DDR aus ihrer persönlichen Perspektive zu erzählen, erwuchs eine grundlegende Entscheidung für das kuratorische Konzept: Die kuratorische Stimme wurde in der Ausstellung stark zurückgenommen, während sich die Stimmen der Zeitzeuginnen und Zeitzeugen durch Zitate und Interviews zu einem Mosaik jüdischer Erfahrungen zusammensetzten.

7 Als Kuratorinnen waren Martina Lüdicke, Theresia Ziehe und Tamar Lewinsky für das Projekt verantwortlich.

Abb. 2: Die Stifterin Ruth Zadek bei der Ausstellungseröffnung von „Ein anderes Land. Jüdisch in der DDR" an einer Vitrine mit Objekten zu ihrer Familiengeschichte. © Jüdisches Museum Berlin. Foto: Jule Röhr.

Viele der Objekte, die das Museum zunächst als Leihgaben zur Verfügung gestellt bekam, wurden während der Laufzeit in Schenkungen umgewandelt. Die Präsentation in der Ausstellung und der kontinuierliche inhaltliche Austausch mit den Museumsmitarbeiterinnen diente hier als Motor und Motivator. In den Monaten nach der Ausstellungseröffnung durfte das Jüdische Museum Berlin darüber hinaus umfangreiche Konvolute und Familiensammlungen für seine Sammlung entgegennehmen.

Das Museum als Ort der Begegnung

Nicht nur in Vorbereitung der Ausstellung, sondern auch während der Laufzeit standen die Kuratorinnen in engem Austausch mit den Leihgeberinnen und Stiftern. Mit der Ausstellung sollte auch ein Forum, ein Gesprächsraum geschaffen werden, um dieses komplexe Kapitel deutsch-jüdischer Geschichte weiter zu verhandeln. Konkret übersetzte sich dieses Anliegen mit der Integration eines modularen Raumes in den Ausstellungsrundgang, in dem regelmäßig Veranstaltungen stattfanden: *Show-and-Tell*-Formate, Zeitzeugengespräche, literarische Diskussionen. Gemeinsam waren den unterschiedlichen Formaten der persönliche und manchmal auch intime Austausch, engagierte Diskussionen um Perspektiven und Selbstverständnisse.[8]

Für die Akteure wurde die Ausstellung und die damit verbundene Sichtbarkeit des Themas teilweise zum Anlass für eine intensive Auseinandersetzung mit der eigenen familiären Herkunft. Durch und in der Ausstellung lernten sich Menschen kennen. Bei der Ausstellungseröffnung trafen sich Personen nach Jahrzehnten wieder, deren Geschichten biografisch miteinander verwoben waren. Nicht wenige von ihnen besuchten die Ausstellung und die Begleitveranstaltungen wiederholt. Einige Zeitzeuginnen führten auch kleinere und größere Gruppen alleine oder gemeinsam mit den Kuratorinnen durch die Ausstellung, wiesen auf von ihnen wahrgenommene Defizite der Schau hin und ergänzten das Gezeigte durch eigene Erinnerungen und Perspektiven. Das Museum als physischer Raum wirkte also außerordentlich unterstützend für das partizipative Sammlungsformat im Rahmen der Ausstellung „Ein anderes Land“, ein Format, das sich während der Laufzeit dynamisch weiterentwickelte.

Im Projekt „Objekttage“ wiederum blieb das Museum als Institution eher abstrakt: Da der Sammlungsauftrag des Jüdischen Museums Berlin – anders als bei den übrigen jüdischen Museen in Deutschland – sich nicht auf Lokal- oder Regionalgeschichte beschränkt, kooperierte das Jüdische Museum Berlin in diesem Projekt mit jüdischen Gemeinden, jüdischen Organisationen und wissenschaftlichen Einrichtungen in anderen Städten. Als Gäste durften die Projektbeteiligten dort nicht nur Räumlichkeiten und Infrastruktur für die Durchführung der „Objekttage“ nutzen, sondern wurden immer auch bei der Durchführung der Interviews personell durch Gemeindemitglieder oder Mitarbeiterinnen der Gastinstitutionen unterstützt. Das Museum als physischen Raum für die Teilnehmerinnen und Teilnehmer erfahrbar zu machen, war damit aber nicht möglich. Lediglich der abschließende letzte „Objekttag“ fand im April 2024 in der Akademie des Jüdischen Museums Berlin statt. Sowohl in den Interviews als auch in der begleitenden Kommunikation wurde deutlich, dass der direkte Ortsbezug auch den Blick und das Verständnis dafür schärfte, wie sich das Projekt in die museale Sammlungsarbeit einbettet.

8 Vgl. Lewinsky/Lüdicke/Ziehe: Ein anderes Land, S. 8.

beit im Allgemeinen und mit der vermeintlichen oder tatsächlichen Reibung zwischen dem Auftrag einer überregional sammelnden Bundeseinrichtung und einem an den aktuellen Entwicklungen in der Museumspraxis orientierten methodischen Ansatz auseinanderzusetzen. Die Partizipation entwickelte sich besonders für die Ausstellung „Ein anderes Land" prozesshaft. Dabei wechselten sich auch die Rollen von Akteuren und Kuratorinnen in ihren jeweiligen Expertisen ab, indem das Experten- und Erfahrungswissen der Akteure sich entscheidend auf die Konzeption auswirkte, ohne dass kuratorische Entscheidungs- und Arbeitsprozesse geöffnet wurden.[10]

Nicht pauschal beantworten lässt sich allerdings die Frage, welche Erkenntnisse einzelne Teilnehmerinnen und Teilnehmer aus den Projekten ziehen.[11] Setzte die Teilnahme einen Prozess der Auseinandersetzung mit Aspekten der eigenen Geschichte in Bewegung? Wurden sie sich der Relevanz der eigenen Geschichte in historischer Perspektive bewusster? Denken sie nun anders über den immateriellen Wert von Objekten nach? Haben die Projekte die Verbindung zwischen den Teilnehmerinnen und Teilnehmern aus der jüdischen Gemeinschaft und dem Museum gestärkt und Wissen auf beiden Seiten erweitert? Fühlen sich die Teilnehmenden dem Museum nun verbunden, betrachten sie es als passenden Ort für die Bewahrung ihrer Geschichte und Objekte? Dies gemeinsam mit den Teilnehmerinnen und Stiftern zu reflektieren, könnte ein nächster Schritt sein, um die Chancen, aber auch die Herausforderungen und Grenzen partizipativer Sammlungsarbeit weiter auszuloten.

Bibliografie

Akkiliç, Arif/Bakondy, Vida/ Bratić, Ljubomir/Wonisch, Regina (Hrsg.): Schere Topf Papier: Objekte zur Migrationsgeschichte, Wien 2016.

Berger, Karl C./ Pereña, Helena/ Yıldız, Erol: Über das Projekt „Hier Zuhause. Migrationsgeschichten aus Tirol", in: Wolfgang Meighörner (Hrsg.): Hier zuhause: Migrationsgeschichten aus Tirol: Tiroler Volkskunstmuseum, 2.6.–3.12.2017, Innsbruck 2017, S. 7–16.

Fleckenstein, Jutta: „Zeigt her Eure Dreidl!"; die Entstehung einer temporären Sammlung, in: Susanne Gesser u. a. (Hrsg.): Das partizipative Museum. Zwischen Teilhabe und User Generated Content, Bielefeld 2012, S. 266–270.

Höllwart, Renate: Eine Beziehung mit offenem Ausgang. Sammeln als Versammeln, Vermitteln, Verlernen, in: Martina Griesser-Stermscheg/Nora Sternfeld/Luisa Ziaja (Hrsg.): Sich mit

10 Einen guten Überblick über die Intensität der Partizipation an Inhalten und Entscheidungen in verschiedenen Projektphasen bietet Weber: „OSTEND // OSTANFANG. Ein Stadtteil im Wandel", S. 250.

11 Zu einer ähnlichen Schlussfolgerung kommt auch Traska: „Partizipation", S. 124.

Sammlungen anlegen. Gemeinsame Dinge und alternative Archive, Berlin/Boston 2020, S. 159–172.
Jüdisches Museum Berlin (Hrsg.): Objekttage. Erinnerungsstücke und Migrationsgeschichten. Porträts in Deutschland lebender Jüdinnen und Juden. Berlin 2025.
Lewinsky, Tamar/ Lüdicke, Martina/Ziehe, Theresia: Ein anderes Land. Jüdisch in der DDR. Vorwort zur Ausstellung, in: dies. (Hrsg.): Ein anders Land. Jüdisch in der DDR, Berlin 2023, S. 7–9.
Simon, Nina: The Participatory Museum, Santa Cruz 2010 (https://participatorymuseum.org/).
Traska, Georg: „Partizipation" – Marginalisierte Gruppen in Museum und Ausstellungen, in: Ljilijana Radonic/Heidemarie Uhl (Hrsg.): Das umkämpfte Museum. Zeitgeschichte ausstellen zwischen Dekonstruktion und Sinnstiftung, Bielefeld 2020, S. 109–117.
Weber, Katja: „OSTEND // OSTANFANG. Ein Stadtteil im Wandel". Die erste partizipative *Stadtlabor*-Ausstellung des *historischen museums frankfurt*, in: Susanne Gesser u. a. (Hrsg.): Das partizipative Museum. Zwischen Teilhabe und User Generated Content, Bielefeld 2023, S. 247–250.

Anika Reichwald

Ein ‚Heimatmuseum' für Weltbürger*innen?

Communities, partizipative Beiträge und das Jüdische Museum Hohenems

Seit seiner Gründung beschäftigt sich das Jüdische Museum Hohenems mit der jüdischen Geschichte in Hohenems, einer Kleinstadt, im österreichischen Bundesland Vorarlberg gelegen, nahe den Grenzen zur Schweiz, zu Deutschland und Liechtenstein. Eröffnet wurde das Museum im Jahr 1991 und hat in verschiedenen Angeboten, wie Ausstellungen, Publikationen, Vermittlungsprogrammen und Forschungsprojekten, seither die Beziehungsgeschichte von Minderheiten und Mehrheiten thematisiert. Zumeist, aber nicht ausschließlich, geht es dabei um eine jüdische Minderheit und ihr Verhältnis zu den sie umgebenden (Hohenemser, österreichischen oder europäischen) Dominanzgesellschaften. Dabei hat das Museum immer wieder auch unterschiedliche *Communities* – nicht allein aus dem regionalen, sondern auch aus dem globalen Umfeld – in seine Arbeit eingebunden. Darunter sind nicht nur die Museumsbesucher*innen aus Hohenems, Vorarlberg, angrenzenden Ländern und internationale Tourist*innen oder Gruppen, die für bestimmte Angebote gezielt das Museum besuchen, sondern auch Menschen, deren Wurzeln mit der jüdischen Geschichte in Hohenems verbunden sind.[1]

Die Formen, in denen das Museum in den letzten drei Jahrzehnten mit Menschen zusammengearbeitet hat, changiert zwischen Nina Simons Formen der „contribution" und der „collaboration".[2] Der ersten dieser Kategorien partizipativer Arbeit folgend, eröffnet das Jüdische Museum Hohenems die Möglichkeit, in verschiedenen Formen und Formaten einen Beitrag zu den Angeboten des Museums beizusteuern. Hierzu zählt die Möglichkeit, an einer Ausstellung, einem Projekt im öffentlichen Raum oder im Kontext von Vermittlungsprogrammen mitzuwirken und sichtbar zu werden. Nur in einzelnen Fällen, wie bei der Ausstellung „Ein gewisses jüdisches Etwas" (2010), kommt es dann auch zu einer kollaborativen Arbeit, in der die Besucher*innen oder Teilnehmenden die Ausstellung mitgestalten, wenn auch in einem vom Museum vorgegebenen Rahmen.[3]

---

1 Zu grundsätzlichen Überlegungen zum (politischen) Gemeinschaftsbegriff vgl. auch: Spitta: Gemeinschaft jenseits von Identität?, S. 20.
2 Vgl. Simon: The Participatory Museum, S. 186–188.
3 Vgl. dazu das Kapitel 7 in: Simon:, The Participatory Museum, S. 231–262.

https://doi.org/10.1515/9783111494616-009

Mit dem Versuch, immer wieder aus dem Museum heraus *Communities* anzusprechen, einzuladen, sichtbar und hörbar zu machen, zeigt sich das Museum als ‚offener' Raum, ohne eindeutige Zuschreibungen. Wie auch die jüdische Geschichte immer von ihren Kontexten abhängig war, sich stetig änderte und ändert, macht auch das Museum deutlich, wie wichtig und notwendig Multiperspektivität ist. In dieser Ermöglichung einer heterogenen Identitätspolitik, dem Zulassen und Präsentieren verschiedener ‚Geschichten', wird die Wichtigkeit, ja die Notwendigkeit von *Outreach*-Projekten deutlich: Die Kontaktaufnahme und Beziehungsbildung zu verschiedenen Gruppen oder *Communities* ist gleichzeitig auch Zeichen der Anerkennung eines unbekannten oder anderen Wissens. Dieses Wissen, die damit verbundenen neuen Perspektiven und Fragen aus dem Außen ins Museum zu holen, schafft einen Mehrwert für die Partizipierenden, die Besucher*innen, aber auch für die Institution selbst. Durch die Zusammenarbeit mit unterschiedlichen *Communities* ändern sich jedoch nicht zwangsläufig die Strukturen des Museums. In vielen Fällen bleibt das Museum der bestimmende Akteur, gibt das Narrativ und den Rahmen der Teilhabe und Teilgabe vor.[4] Vielfach aber wirken sich dennoch Formen partizipativen Arbeitens auf die Arbeits- und Denkweise innerhalb der Institution aus – nachhaltig kann sich das in der institutionellen Zusammenarbeit, aber auch in den Werten und der Haltung des Hauses widerspiegeln.

Um die Verbindung des Jüdischen Museums Hohenems als Institution und Projektionsfläche zu unterschiedlichen, auch internationalen *Communities*, wie etwa die Nachkommen Hohenemser Jüdinnen*Juden, nachvollziehen zu können, möchte ich kurz auf die jüdische Geschichte von Hohenems[5] sowie die Gründungsgeschichte des Museums eingehen, bevor in einem Querschnitt beispielhaft partizipative Formate des Museums vorgestellt werden, auch mit Blick darauf, mit welcher Intention Zielgruppen zur Beteiligung aufgerufen wurden. Dabei soll deutlich werden, inwieweit das Museum gleichzeitig ein globales Netzwerk verschiedener Gemeinschaften geschaffen hat und diese sowie die bestehende Stadtgesellschaft von Hohenems immer wieder in Projekte und die Entwicklung des Museums einbeziehen kann/konnte – und damit auch den Weg für eine Zukunft der multidirektionalen Beteiligung geebnet hat.

4 Vgl. Simon: The Participatory Museum, S. 221–225.
5 Vgl. dazu auch den Katalog zur Dauerausstellung: Loewy (Hrsg.): Heimat Diaspora.

Von der jüdischen Geschichte Hohenems zum Jüdischen Museum Hohenems

Im Jahre 1617 wurde zwölf jüdischen Männern und ihren Familien durch einen vom Grafen von Hohenems ausgestellten „Schutzbrief" erlaubt, sich in der damaligen Marktgemeinde niederzulassen.[6] Trotz mehrerer Rückschläge, wie der Vertreibung im Jahr 1676, wuchs die kleine jüdische Gemeinde in Hohenems in den nächsten fast 200 Jahren stetig an. Zu Beginn des 19. Jahrhunderts gehörte Vorarlberg kurzzeitig zum Königreich Bayern und führte Napoleons *Code civil* ein, der der jüdischen Gemeinde einige neue Rechte einräumte, gleichzeitig aber auch ihre Zahl beschränkte – auf 90 Familien.[7] Das führte im Laufe des 19. Jahrhunderts zu erheblichen Abwanderungen, aber auch zu einer außergewöhnlichen Geschichte von persönlichem Wachstum und Erfolg an anderen Orten. Die Zahl der Hohenemser Gemeindemitglieder jedoch verringerte sich zu Beginn des 20. Jahrhunderts durch weitere Abwanderung und die Möglichkeit, nach dem Emanzipationsgesetz von 1867 auch andernorts zu leben, sowie durch die zunehmende Säkularisierung innerhalb der jüdischen Gemeinde.

Nach dem ‚Anschluss' Österreichs 1938 waren nur noch eine Handvoll Jüdinnen und Juden in der Gemeinde gemeldet. Einige schafften es, bis zur Schließung der Grenze im August 1938 in die Schweiz zu fliehen. Die verbliebenen jüdischen Bürger*innen von Hohenems wurden zunächst nach Wien zwangsumgesiedelt, später deportiert und ermordet. 1941 war die Gemeinde bereits aufgelöst, zum Teil wurden Häuser jüdischer Familien vorher noch arisiert und die Hohenemser Synagoge wurde geplündert – die jüdischen Ritualobjekte der Gemeinde sind bis heute verschollen.

Nach dem Krieg, für eine kurze Zeit von 1945 bis 1954, lebten jüdische *Displaced Persons* in Hohenems und brachten ein etwas anderes jüdisches Kultur- und Religionsleben mit. Heute befindet sich der Gemeindesitz für Tirol und Vorarlberg in Innsbruck, auch wenn mittlerweile mehr jüdische Menschen in Vorarlberg leben als im Jahr 1938. Die nächstgelegene aktive jüdische Gemeinde befindet sich im schweizerischen St. Gallen. An diese Entwicklung, und damit an das Fehlen einer jüdischen Gemeinde und Gemeinschaft in Vorarlberg seit der Nachkriegszeit, knüpft sich die Entstehungsgeschichte des Jüdischen Muse-

---

6 Aufgeführt sind die Namen der erwachsenen männlichen Mitglieder in der „Liste der ersten ansiedlungsinteressierten Juden in Hohenems", 1617; vgl. Sammlung des Jüdischen Museums Hohenems, A 1652.

7 Die jüdische Bevölkerung machte rund 10 % der Gesamtbevölkerung aus. Um 1812 waren es wohl 500 Personen in 90 Familien, bei einer Gesamtbevölkerungszahl von rund 5.000 Menschen. Vgl. dazu auch Loewy (Hrsg.): „Heimat Diaspora", S. 74–79.

ums, das eine Vielzahl von Funktionen innerhalb Vorarlbergs für viele verschiedene *Communities* in der Region übernommen hat, wie etwa für die Gruppe(n) Vorarlberger Jüdinnen*Juden heute oder aber auch für unterschiedliche (post-) migrantische Gruppen.

Eröffnet wurde das Museum im April 1991 in der Villa Heimann-Rosenthal, im Zentrum des ehemaligen jüdischen Viertels. Überlegungen zur Einrichtung eines jüdischen Museums in Hohenems gab es allerdings schon seit den 1970er Jahren. Im Jahr 1983 erwarb die Stadt Hohenems dann die Villa Heimann-Rosenthal, die einst von einer jüdischen Industriellenfamilie erbaut worden war. Damit wurden die Stimmen um die Möglichkeit, ein jüdisches Museum zu errichten, lauter. Eine Handvoll Menschen, eine Gruppe etablierter sowie junger, aufgeschlossener und begeisterter Historiker*innen und anderer Geisteswissenschaftler*innen, die sowohl an einer offenen politischen Kultur als auch an der (jüdischen) Geschichte von Hohenems interessiert waren, gründeten 1986 den Verein „Jüdisches Museum Hohenems".[8] Ziel war es, sowohl die jüdische Geschichte in Hohenems als auch jüdisches Leben und jüdische Kultur darzustellen. Schließlich wurde 1989 für die gleichzeitig restaurierte Villa ein Museumskonzept entwickelt, das die jüdische Geschichte in Vorarlberg aus dem Blickwinkel eines Minderheiten-Mehrheiten-Verhältnisses beleuchtete und sich zur ersten Dauerausstellung des Museums entwickelte.[9]

Seit April 2007 präsentiert eine neu geschaffene Dauerausstellung „Heimat. Diaspora",[10] kuratiert von Hanno Loewy und Hannes Sulzenbacher, Spannungsfelder jüdischen Lebens anhand der Geschichte der Jüdischen Gemeinde Hohenems, die über drei Jahrhunderte bis zu ihrer Vernichtung in der NS-Zeit existierte. Sie erzählt auch von Neuanfängen in der direkten Nachkriegszeit sowie vom Leben der Hohenemser Diaspora. Die Ausstellung reflektiert Fragen zu dieser Geschichte zwischen „Heimat" und „Diaspora" und entfaltet dabei Beispiele konkreter Lebenswirklichkeit(en) vor dem Hintergrund einer österreichisch-europäischen Geschichte, die von Migration und grenzüberschreitenden Beziehungen, Netzwerken und Globalisierung geprägt ist. Sie stellt die Menschen in den Vordergrund, ihre Eigenheiten und subjektiven Erfahrungen, ihre Lebensentwürfe und Bräuche. Dabei wird auch die Beteiligung einer wichtigen *Community*, die der weltweit verstreuten Nachkommen Hohenemser Jüdinnen und Juden, sichtbar, die maßgeblich am Aufbau der museumseigenen Samm-

---

8 Vgl. Weltsch: Die Geschichte des Vereins „Jüdisches Museum Hohenems", S. 133–137.

9 Vgl. Greussing: Ein Jüdisches Museum in Hohenems, S. 138–145.

10 Vgl. dazu ebenfalls den bereits erwähnten Ausstellungskatalog: Loewy (Hrsg.): Heimat Diaspora.

lung beteiligt war, aus der sich die Dauerausstellung bis heute mit ihren Objekten und Geschichten speist.

Die Sammlung des Jüdischen Museums Hohenems

Die Tatsache, dass es aufgrund der Synagogenplünderung während der Zeit des Nationalsozialismus keine verbleibenden Judaica aus der Hohenemser jüdischen Gemeinde gab, hatte enorme Auswirkungen auf den Prozess des Aufbaus des Jüdischen Museums Hohenems und seine Sammeltätigkeit seither. Daneben hatten nur sehr wenige Artefakte den Zweiten Weltkrieg und den Holocaust überdauert, die meisten befinden sich in Privatsammlungen und Museen außerhalb von Hohenems. Der Museumsverein sah sich folglich in den 1980er Jahren dazu gezwungen, ein Museum ohne Sammlung aufzubauen. Der Verein nutze zunächst die bruchstückhaften Aufzeichnungen zur Geschichte der jüdischen Gemeinde, die sich in Institutionen wie dem Vorarlberger Landesarchiv in Bregenz, weiteren Archiven im In- und Ausland sowie einigen Privatsammlungen befanden, um die Geschichte der Hohenemser Gemeinde zu rekonstruieren. Diese Dokumente bildeten den Grundstock, mit dem das Museum bis heute arbeitet. Die Lücke, die die nationalsozialistische Verfolgung und Vernichtung sowie die Flucht aus Österreich hinterlassen hatten, führte dazu, dass der Verein, wie viele andere neu gegründete jüdische Museen in den späten 1980er Jahren, beinahe wahllos Judaica in Auktionshäusern ankaufte. Keines dieser Objekte hatte einen geschichtlichen Bezug zu Hohenems. Daneben begann das Museum eine kontinuierliche Suche nach Nachkommen von Hohenemser Jüdinnen und Juden, meist Einzelpersonen, die die Stadt im 19. Jahrhundert verlassen hatten, – der so genannten Hohenemser Diaspora.

Eine riesige Datenbank, die seit 2010 online zugänglich ist, vereint heute die genealogischen Such- und Sammelergebnisse der letzten Jahrzehnte.[11] Die zügig gewachsene Sammlung umfasst zudem Dokumente im Zusammenhang mit der Hohenemser Diaspora sowie etliche Sammlungsstücke, die Nachkommen der Hohenemser Familien dem Museum als Leihgaben oder Schenkungen zur Verfügung gestellt haben – und die damit ihren Beitrag zum Aufbau der Sammlung, aber auch zum Narrativ der jüdischen Geschichte von Hohenems geleistet haben und bis heute leisten.

---

11 Vgl. https://www.hohenemsgenealogie.at (19.07.2024).

Der Kontakt zu dieser Nachkommenschaft hat seither ein starkes Band zwischen dieser *Community*, dem Museum und der Stadt Hohenems geknüpft. Zum Ausdruck kommt diese Bindung sicherlich in den seit 1998 stattfindenden „Nachkommentreffen Hohenemser jüdischer Familien". Rund alle zehn Jahre, also auch 2008 und zuletzt 2017, haben sich Nachfahren Hohenemser Jüdinnen und Juden in Hohenems getroffen, das Museum, das Jüdische Viertel, den Jüdischen Friedhof Hohenems und damit vielfach ihre eigenen Wurzeln kennengelernt. Daraus ist ein riesiges Netzwerk entstanden, für das Museum, in den Familien und untereinander. So finden beispielsweise heute Treffen der weitverzweigten jüdischen Familie Brunner in regelmäßigen Abständen in den USA, Italien und Israel statt.

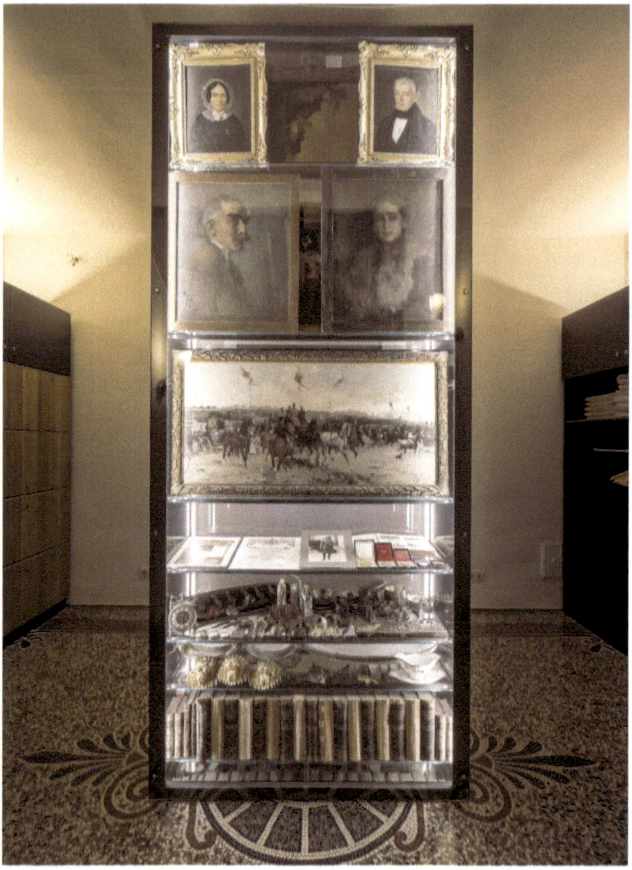

Abb. 1: Die Ausstellung „Die Familie Brunner. Ein Nachlass". Jüdisches Museum Hohenems. Foto: Dietmar Walser, Hohenems.

Mittlerweile liegt der Schwerpunkt der Sammlungen des Jüdischen Museums Hohenems auf der Geschichte der jüdischen Gemeinde, der umliegenden Regionen in Tirol, der Schweiz oder Liechtenstein, und der Hohenemser Diaspora, die im Laufe der Zeit immer mehr an Bedeutung gewonnen hat. Nicht zuletzt durch die Nachkommen von Hohenemser Jüdinnen und Juden weltweit ist eine umfangreiche Sammlung von Alltagsgegenständen, Erinnerungsstücken und persönlichen Dokumenten entstanden. Darunter Artefakte, die die Komplexität und Vielschichtigkeit ‚jüdischer Erfahrung' repräsentieren und nicht nur Ausdruck einer imaginierten ‚jüdischen Kultur' oder ‚jüdischen Tradition' sind.

In diesem Zusammenhang möchte ich ein Beispiel nennen: die Sammlung der oben bereits genannten Familie Brunner. Die Brunners, die ursprünglich Wolf hießen, aus der Gemeinde Sulz weiter südlich in Vorarlberg stammten und nach dem Pogrom 1744 nach Hohenems eingewandert waren, bauten bereits im 19. Jahrhundert ein weitverzweigtes Netz von Familien- und Handelsbeziehungen nach Triest, Wien und sogar in die USA auf. Im Jahr 2017 wurde das Museum gebeten, Teile des Nachlasses von Carlo Brunner zu übernehmen, einem Nachkommen des italienischen Zweigs der Familie, der in Israel lebte. Dieser Nachlass, bestehend aus Dokumenten, Gemälden, Tafelsilber, jedoch keinerlei Judaica, gibt nicht nur einen Einblick in die Geschichte der Familie, sondern warf auch die Frage auf, wie das Museum mit all den Objekten umgehen sollte. Der Kurator Hannes Sulzenbacher (Wien) entwickelte daraus, ja, aus dem Nachlass selbst eine Wechselausstellung[12] zum Thema „Sammeln und Präsentieren jüdischer Nachlässe" sowie zu der Frage nach den damit verbundenen Belastungen für eine Kulturinstitution wie das Museum. Das Jüdische Museum Hohenems präsentierte im Jahr 2020 die schiere Masse an Objekten anhand von 14 erschlossenen Einzelschicksalen der Familie Brunner, die Sulzenbacher, angereichert mit Einblicken in Stücke aus dem Nachlass und mit den genealogischen Informationen über die Familie und ihre Geschichte, zudem in einer ‚Familiengeschichte' zusammenfügte.[13]

12 Die Ausstellung „Die Familie Brunner. Ein Nachlass" wurde vom 4. Oktober 2020 bis zum 3. Oktober 2021 im Jüdischen Museum Hohenems gezeigt, vgl. https://www.jm-hohenems.at/ausstellungen/rueckblick/die-letzten-europaeer (19.07.2024).

13 Vgl. Sulzenbacher: Die Familie Brunner; vgl. auch https://www.jm-hohenems.at/publikationen/backlist/die-familie-brunner (19.07.2024).

Ausstellungen des Jüdischen Museums Hohenems – Formen von Reflexion, Präsentation und Beteiligung

Viele Wechselausstellungen des Museums changieren zwischen universellen und lokalen Themen. Es gab auch immer wieder Projekte, die von der Beteiligung außenstehender *Communities*, wie Besucher*innen, der Hohenemser Bevölkerung oder Tourist*innen u. a., lebten. Das Museum als rahmen- und narrativgebende Institution hat in der Vergangenheit dabei immer wieder seine Rolle gewechselt – vom Impulsgeber zum Auffangbecken von Objekten und Geschichten oder zum Knotenpunkt größerer Netzwerke.

Mit der Ausstellung „...lange Zeit in Österreich. Vierzig Jahre Arbeitsmigration..." (2004) ging das Museum auch über die Grenzen jüdischer Geschichte hinaus und involvierte Sammler*innen und Archivar*innen aus den *Communities* türkischstämmiger Migrant*innen in eine gemeinsame Auseinandersetzung mit der jüngeren Migrationsgeschichte des Landes Vorarlberg[14] – einer Migrationsgeschichte, die nicht zuletzt im ehemaligen jüdischen Viertel rund um das Museum ihre Wirkung entfaltete und der Stadtgeschichte eine neue Dimension hinzufügte.

Über einen reinen ‚Beitrag' außenstehender *Communities* hinaus ging eine 2010 im Jüdischen Museum Hohenems innerhalb eines Tages entstandene, ungewöhnliche Ausstellung: „Ein gewisses jüdisches Etwas" – die erste (und bisher einzige) Ausstellung des Museums, bei der die partizipative Beteiligung der Besucher*innen nicht nur ein Beitrag, sondern eine Zusammenarbeit war, im Sinne eines gemeinsamen Schaffensprozesses.[15] In diesem Projekt erzählte nicht das Museum dem Publikum, was es mit ‚dem Jüdischen' auf sich hat, sondern umgekehrt: Das Museum lud Menschen dazu ein, Dinge und ihre Geschichten mitzubringen – und so eine Ausstellung zusammenzustellen. Dabei spielte es keine Rolle, ob die Besucher*innen jüdisch, christlich oder muslimisch, konfessionslos, gläubig oder atheistisch waren, oder welcher Nationalität sie angehörten. Auf einen Aufruf hin brachten die Beteiligten Dinge ins Museum, mit denen sie etwas Jüdisches verbanden,[16] darunter auch Gegenstände

---

14 Vgl. https://www.jm-hohenems.at/ausstellungen/rueckblick/lange-zeit-in-oesterreich (19.07.2024).

15 Vgl. Simon: The Participatory Museum, S. 235 sowie 237 f.

16 Im Vorfeld wurde intern darüber beraten, ob der Aufruf auch Menschen ansprechen würde, die das Museum und die Ausstellung als Plattform nutzen könnten, um Antisemitika oder antisemitische Aussagen zu positionieren und wie man gegebenenfalls damit umgehen sollte. Es wurde beschlossen, dass keine „Anonymika", also ohne Absender eingeschickte Objektvor-

von ganz persönlichem Wert, verknüpft mit Erinnerungen und Erfahrungen, Ideen und Fantasien – mal nah an, mal fern von jüdischen Lebenswelten. Diese partizipativ gestaltete Ausstellung ermöglichte es auch dem Museum in ihrem Verlauf, mit seinem Publikum den Entstehungsprozess der Ausstellung zu reflektieren sowie über Projektionen auf ‚das Jüdische' und damit über Unerwartetes und Naheliegendes, Traditionelles und Überraschendes, Ungeklärtes und Kurioses, Widersprüchliches und Vielfältiges zu sprechen – über Vorstellungen von dem, was ‚jüdisch' ist oder sein könnte.

Als Beispiele für die Auseinandersetzung des Museums mit der Hohenemser Stadtentwicklung und -politik, der Bevölkerung und ihren Bedürfnissen sind zwei Projekte des Museums zu nennen: zum einen „Ein Viertel Stadt/Belichtete Häuser" (1995), zum anderen „Am Rand. Zusammenleben in der Untergass'" (2021).[17] 1993 nahm das Jüdische Museum Hohenems die Diskussion um das ehemalige jüdische Viertel in Hohenems auf. Das Projekt zielte darauf ab, Wissen über die kulturgeschichtliche Bedeutung dieses Stadtteils aufzubauen, zu vermitteln und eine Diskussion auf breiter Basis unter allen Betroffenen und Interessierten anzustoßen. Es begleitete dabei die Erstellung wissenschaftlicher Studien zur Bau- und Besitzgeschichte des Viertels und schaffte ein Bewusstsein für seine Geschichte bei den damals und heute dort lebenden Menschen. Zugleich forderte es die Berücksichtigung der historischen Dimension dieses Ortes in der Stadtteilplanung. In der Folge hatte sich eine Initiative gebildet, die sich für den Schutz des gesamten jüdischen Viertels einsetzte. Unter dem Titel „Ein Viertel Stadt/Belichtete Häuser" präsentierte das Jüdische Museum Hohenems 1995 an drei Sommerabenden die Geschichte des jüdischen Viertels in Form von Großbildprojektionen auf den Hausfassaden:[18] Die Häuser ehemaliger jüdischer Bewohner*innen wurden zu Projektionsflächen und ermöglichten es den Bewohner*innen von Hohenems, die jüdische Geschichte als Teil ihrer eigenen Geschichte zu begreifen. Der Stadtteil und seine Architektur wurden damit temporär zu einem Anschauungsobjekt der besonderen Art.

---

schläge, berücksichtigt würden; und dass die Personen, die ein Objekt zur Verfügung stellen wollen, einen Text zum Objekt verfassen und sich mit dem Objekt abfotografieren lassen müssen. Durch diese Form der Exponierung sollte einer Instrumentalisierung der Möglichkeit zur Teilhabe vorgebeugt werden. Tatsächlich fand auch kein derartiger Versuch statt. Diese Informationen zum Vorgehen des Museums stammen aus einem Gespräch mit dem Direktor des Museums, Hanno Loewy, vom 10.09.2024.

17 Vgl. https://www.jm-hohenems.at/ausstellungen/rueckblick/aktuelle-ausstellung-2 (22.07.2024) sowie das zugehörige Fotobuch: Reichwald (Hrsg.): Am Rand.

18 Vgl. https://www.jm-hohenems.at/ausstellungen/rueckblick/ein-viertel-stadt (22.07.2024) sowie Inama (Hrsg.): Ein Viertel Stadt.

Abb. 2: „Ein Viertel Stadt/Belichtete Häuser". Jüdisches Museum Hohenems. Foto: Florian Ebner, Paris.

Die Beteiligung oder der Beitrag der (Stadt-)Gesellschaft erfolgte erst im Nachhinein: Das Bild des Stadtteils hat sich in den letzten 20 Jahren durch die Erhaltung und Restaurierung alter Häuser im einzigartigen Ensemble des Jüdischen Viertels Hohenems stark verändert – das bauliche Erbe konnte auch durch den Einsatz der Hohenemser*innen gesichert und erhalten werden.

Einen ähnlichen Ansatz verfolgte das Museum im Jahr 2021, indem es sich mit Zukunft, Gegenwart und Geschichte der Radetzkystraße im nördlichen Teil der Stadt Hohenems beschäftigte. Die Straße markiert, an das Jüdische Viertel angrenzend, einen weiteren Stadtteil von Hohenems, der ebenfalls stark mit der jüdischen Geschichte verbunden ist und sich bis ins Jahr 2025 in einem Prozess massiver baulicher Veränderungen befindet.

Die Radetzkystraße war ein Ort, an dem sich im 19. Jahrhundert zahlreiche jüdische Familien niederließen, nachdem die Gesetzgebung Jüdinnen und Juden den Erwerb von Grundstücken außerhalb der sogenannten Judengasse erlaubt hatte. Hier, in der „Untergasse“, wie die Straße vor ihrer Umbenennung in „Radetzkystraße“ hieß, entstand in der ersten Hälfte des 19. Jahrhunderts eine neue Form des Zusammenlebens. Vor allem Familien am sozialen Rand der jüdischen Gemeinde lebten hier zusammen, darunter Hausierer*innen und einfache Gewerbetreibende, Branntweinhersteller und Handwerker.

Viele der Häuser in dieser Straße, in denen Jüdinnen und Juden sowie Christinnen und Christen abwechselnd oder sogar gleichzeitig lebten, sind heute noch erhalten. Einige sind in schlechtem Zustand, andere wurden inzwischen renoviert. Das Jüdische Museum Hohenems stellte sich gemeinsam mit dem Hohenemser Fotografen Dietmar Walser, der sowohl die Zerstörung einiger als auch die baulichen Details noch bestehender Gebäude dokumentiert hatte, die Frage nach dem Palimpsest von Geschichten aus der Vergangenheit, der Gegenwart und den zukünftigen Veränderungen der Nachbarschaft. Basierend auf der genealogischen Datenbank wurden für die Ausstellung „Am Rand. Zusammenleben in der Untergass'“ die Lebensläufe von Familien und Einzelpersonen aus dem 19. Jahrhundert rekonstruiert, um die sozioökonomischen Bedingungen aufzuzeigen, unter denen einige (jüdische) Menschen in Hohenems lebten – sozusagen am Rande der Gesellschaft. Darüber hinaus bereicherten Interviews mit gegenwärtigen Bewohner*innen der ehemaligen jüdischen Häuser und Geschäfte das gezeichnete Bild der Geschichte der Straße. Alle Interviews wurden im Vorarlberger bzw. Hohenemser Dialekt geführt und spiegeln die Lebensrealitäten in der Radetzkystraße im 20. und 21. Jahrhundert wider.

Die Ausstellung endete mit der Möglichkeit, die Besucher*innen in den Erneuerungsprozess des Viertels einzubinden, indem sie sich informieren, die Wünsche der jetzigen Bewohner*innen hören und ihre eigenen Ideen für die Zukunft des Viertels auf Postkarten niederschreiben konnten.

Outreach – Hohenems, Vorarlberg und darüber hinaus

Neben jenen Projekten, in denen das Museum gezielt auf *Communities* zugeht, Menschen und ihre Beiträge ins Museum holt, gibt es auch Projekte, die das Museumsnarrativ nach außen tragen. Inhaltlich wie strukturell bieten diese Projekte Anknüpfungspunkte für mehr als nur die Museums-*Community* und sind Startpunkt weitreichender Vernetzung und Netzwerkarbeit. Ebenfalls zwei Projekte sollen an dieser Stelle beispielhaft vorgestellt werden: zum einen das Projekt „Europaplätze in Hohenems" (2020), das, vom Künstler Yves Mettler initiiert, in Hohenems und anderen Gemeinden in Vorarlberg Umsetzung fand. Und zum anderen das Projekt „Über die Grenzen" (2022), das als multidirektionales Beteiligungsprojekt zwischen dem Museum und Gemeinden in Vorarlberg, der Schweiz und Liechtenstein seine Wirkung auch in weitere grenzübergreifende Projekte entfaltet.

Vom 12. Juni bis 3. Oktober 2021, zur Hochzeit der Covid 19-Pandemie, markierten Stationen in den Farben und Sprachen Europas temporäre „Europaplätze" in Hohenems.[19] Mettler erforscht in einem Langzeitprojekt Europaplätze innerhalb und außerhalb Europas.[20] Anknüpfend an die Ausstellung des Museums „Die letzten Europäer" konfrontierte er zwölf Projektgruppen mit insgesamt 50 Personen aus Hohenems mit der Frage nach möglichen Europaplätzen in der Stadt. Zu diesen Gruppen zählten u. a. das Visionscafé, die Wirtschaftsgemeinschaft Hohenems und das Deutsch-Café im „ProKonTra". Jede Gruppe bestimmte schließlich einen Platz als „ihren" Europaplatz. Diese befanden sich an markanten Orten, beispielsweise an der Grenze zur Schweiz, in anderen Stadtteilen oder direkt im Stadtzentrum. Die unterschiedlichen Antworten der Gruppen auf die Fragen „Was ist für mich Europa?" und „Wo wird Europa in einer Stadt sichtbar?" wurden während eines gemeinsamen Spaziergangs sichtbar gemacht: Jeweils drei Baustellenlatten wurden gemeinsam an den zwölf umgestalteten Plätzen im Stadtraum aufgestellt und verblieben dort bis zur Finissage. Die Baulatten symbolisieren, dass Europa eine ewige Baustelle ist, ein Kompromiss, der sich andauernd verändert. Auf einer Tafel beim Kunstobjekt wurde darüber hinaus die Auswahl des Platzes durch die jeweilige Gruppe erläutert.

Die in dieser Aktion entstandenen Europaplätze in Hohenems luden neben den Teilnehmer*innen über die Dauer des Projekts auch die Öffentlichkeit ein,

---

19 Vgl. https://www.jm-hohenems.at/vermittlung/projekte (22.07.2024).
20 Vgl. https://www.theselection.net/europe-projects.html (22.07.2024).

mögliche weitere Europaplätze in der Stadt vorzuschlagen. Daneben wurden für die Finissage des Projekts über den Sommer hinweg europäische Erzählungen im Jüdischen Museum Hohenems zusammengetragen und diskutiert. Das Projekt wanderte anschließend weiter nach Dornbirn, Vorarlberg, wo 2022 ein Europaplatz in der „CampusVäre" entstand.[21]

Das Projekt „Über die Grenze"[22] nahm ebenfalls seinen Anfang während der Pandemie: Es wuchs in dieser Zeit die Idee, einen bestehenden Radweg durch das Bundesland Vorarlberg mit historischen Fluchtgeschichten aus den Jahren 1938–1945 zu verbinden. Tausende Flüchtende versuchten, über Vorarlberg in die Schweiz zu gelangen: verfolgte Jüdinnen und Juden, politische Gegner des NS-Staates, Deserteure, Kriegsgefangene, Zwangs- und Fremdarbeiter*innen aus den besetzten Ländern Europas. Bereits im Sommer 1938 begann die Schweiz, ihre Grenzen für die Flüchtenden abzuriegeln. Fluchthelfer*innen auf beiden Seiten der Grenze konnten nur noch vereinzelt Personen helfen – der Weg in die ersehnte Freiheit war nun illegal.

„Über die Grenze" wurde erst durch das Engagement mehrerer anderer Städte und Gemeinden in Vorarlberg, der Schweiz und Liechtenstein, die an der Route Nr. 1 liegen, möglich: Entlang dieser Strecke von Bregenz nach Partenen sowie an ausgewählten Orten in der Schweiz und in Liechtenstein markieren heute symbolische Grenzsteine mehr als 50 Hörstationen zu den persönlichen Geschichten der geflüchteten Menschen. Sie laden via QR-Code dazu ein, sich auch mit der Geschichte des jeweiligen Ortes auseinanderzusetzen, innezuhalten und auf die Umgebung zu achten.

Das Museum konnte nicht nur eine große Anzahl von Gemeinden auf beiden Seiten des Rheintals für eine institutionelle Kooperation gewinnen, zeitgleich haben Direktor Hanno Loewy und Sammlungsleiter Raphael Einetter auch etliche neue Informationen zu Einzelpersonen wie zu deren erfolgreichen oder manchmal eher tragischen Geschichten, zur Flucht aus dem nationalsozialistischen Herrschaftsgebiet und zur Flucht in die Schweiz gesammelt. Während einige Geschichten bereits bekannt waren, sind andere aufgrund von Interviews und Informationen neu hinzugekommen. Diese Geschichten und die damit verbundenen Objekte sind nun auch Teil der Museumsdatenbanken in Form von genealogischen Informationen, Fotos oder Dokumenten, die auch Nachkommen von Geflüchteten ermutigen sollen, ihre Familiengeschichten, Erinnerungen und Sammlungen zu teilen.[23] Damit eröffnet sich eine weitere neue *Community*,

21 Vgl. https://www.c-i-v.at/de/europaplatz-dornbirn-0 (22.07.2024).
22 Vgl. https://www.jm-hohenems.at/programm/ueber-die-grenze (22.07.2024).
23 Vgl. auch die zugehörige Publikation: Loewy/Einetter (Hrsg.): Über die Grenze.

https://www.c-i-v.at/de/europaplatz-dornbirn-0 (22.07.2024).
https://www.hohenemsgenealogie.at (19.07.2024).
https://www.jm-hohenems.at/ausstellungen/rueckblick/aktuelle-ausstellung-2 (22.07.2024).
https://www.jm-hohenems.at/ausstellungen/rueckblick/lange-zeit-in-oesterreich (19.07.2024).
https://www.jm-hohenems.at/ausstellungen/rueckblick/die-letzten-europaeer (19.07.2024).
https://www.jm-hohenems.at/ausstellungen/rueckblick/ein-viertel-stadt (22.07.2024).
https://www.jm-hohenems.at/programm/ueber-die-grenze (22.07.2024).
https://www.jm-hohenems.at/publikationen/backlist/die-familie-brunner (19.07.2024).
https://www.jm-hohenems.at/vermittlung/projekte (22.07.2024).
https://www.theselection.net/europe-projects.html (22.07.2024).

Nadine Panteleon

„Das ist unser *HEIMAT*Museum“ – Partizipation und Identifikation durch Bürgerbeteiligung im Börde-Museum

Einleitung

Warum engagieren sich Menschen heute? Die Gesellschaft hat viele Facetten und ebenso vielfältig sind die Interessen der einzelnen Individuen. Einige Menschen beteiligen sich ehrenamtlich in Sportvereinen, andere bringen sich politisch oder kirchlich ein. Auch durch eine aktive Mitarbeit in Fördervereinen oder sozialen Bereichen (Museen, Heimatvereinen, Freiwilligen Feuerwehren, Kinderbetreuungen, Hospizen etc.) trägt der Partizipient zur Gesellschaft bei. Oftmals bringt dieses Engagement für die Menschen eine Form der Identifikation mit sich. Sie sind Teil einer Gruppe. Sie tragen zum Erfolg oder Misserfolg bei.

Museumsgründung

Museumsgründungen vor 150 bis 100 Jahren geschahen oftmals aus dem Bürgertum – der Mittelschicht – heraus. Dieser Prozess lässt sich im frühen 20. Jahrhundert ebenso am Börde-Museum (Ldkr. Börde) nachvollziehen. Der Ursprung der Heimatmuseen ist dabei eng verbunden mit der nationalen und regionalen Identität. Die napoleonische Ära (1792–1815) in Deutschland führte erstmals zu einer „nationalen Besinnung“ und einem breiten Geschichtsinteresse. Zusätzlich brachten die Industrialisierung und die Emanzipation des Bürgertums im späteren 19. Jahrhundert Veränderungen der Lebensbedingungen mit sich.[1] Als Reaktion auf diesen Wandel entstand ein großes Bedürfnis, lokale Traditionen in Vereinen und Museen zu sammeln und zu bewahren.[2]

1 Vgl. Sfedu: Museumsgründung und bürgerliches Selbstverständnis, S. 19, 23, 24 f., 28; Ruppel: Als die Börde boomte, S. 303; Panteleon: Georg Kolbe – Skulpturen für Peseckendorf, S. 3.
2 Vgl. Panteleon: Zum Ursprung des Sammelns, S. 3 f.

https://doi.org/10.1515/9783111494616-010

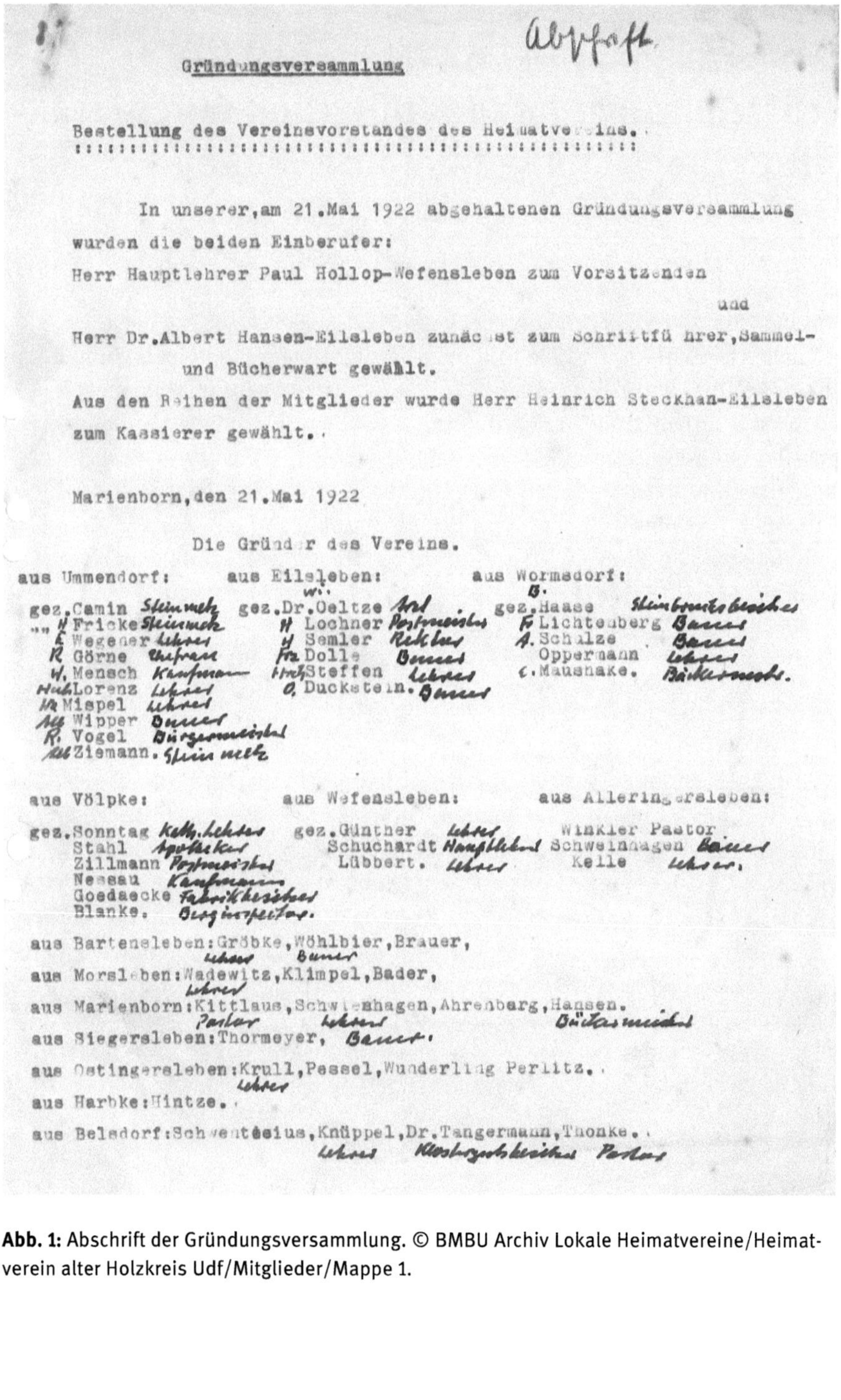

Abschrift

Gründungsversammlung

Bestellung des Vereinsvorstandes des Heimatvereins.

In unserer, am 21. Mai 1922 abgehaltenen Gründungsversammlung wurden die beiden Einberufer:

Herr Hauptlehrer Paul Hollop-Wefensleben zum Vorsitzenden

und

Herr Dr. Albert Hansen-Eilsleben zunächst zum Schriftführer, Sammel- und Bücherwart gewählt.

Aus den Reihen der Mitglieder wurde Herr Heinrich Steckhan-Eilsleben zum Kassierer gewählt.

Marienborn, den 21. Mai 1922

Die Gründer des Vereins.

aus Ummendorf:
gez. Camin Steinmetz
" H. Fricke Steinmetz
E. Wegener Lehrer
R. Görne Ehefrau
W. Mensch Kaufmann
Lorenz Lehrer
Mispel Lehrer
Wipper Bauer
R. Vogel Bürgermeister
Ziemann. Steinmetz

aus Eilsleben:
gez. Dr. Oeltze Arzt
H. Lochner Postmeister
Semler Rektor
Dolle Bauer
Steffen Lehrer
O. Duckstein. Bauer

aus Wormsdorf:
gez. B. Haase Steinbruchsbesitzer
F. Lichtenberg Bauer
A. Schulze Bauer
Oppermann Lehrer
C. Mausnake. Bäckermeister

aus Völpke:
gez. Sonntag kath. Lehrer
Stahl Apotheker
Zillmann Postmeister
Nessau Kaufmann
Goedaecke Fabrikbesitzer
Blanke. Bergingenieur

aus Wefensleben:
gez. Günther Lehrer
Schuchardt Hauptlehrer
Lübbert. Lehrer

aus Alleringersleben:
Winkler Pastor
Schweinhagen Bauer
Kelle Lehrer

aus Bartensleben: Gröbke, Wöhlbier, Brauer,

aus Morsleben: Wadewitz, Klimpel, Bader,

aus Marienborn: Kittlaus, Schweinhagen, Ahrenberg, Hansen.

aus Siegersleben: Thormeyer, Bauer.

aus Ostingersleben: Krull, Pessel, Wunderling Perlitz.

aus Harbke: Hintze.

aus Belsdorf: Schwentesius, Knüppel, Dr. Tangermann, Thonke.

Abb. 1: Abschrift der Gründungsversammlung. © BMBU Archiv Lokale Heimatvereine/Heimatverein alter Holzkreis Udf/Mitglieder/Mappe 1.

1922 gründete sich der „Heimatverein im alten Holzkreis“ mit zunächst 51 Mitgliedern.[3] Es schlossen sich unter anderem Lehrer*innen, Pastoren, Ärzte*innen, Kaufleute und, in der landwirtschaftlich geprägten Börde, natürlich auch Landwirte zusammen. Ihre Intention war, historische Zeugnisse zu sammeln, zu erforschen und in einer Sammlungsstätte zu präsentieren. Als Vorstandsmitglieder des „Heimatvereins im alten Holzkreis“ waren der Tierarzt Dr. Albert Hansen (1892–1963) und der Lehrer Paul Hollop (1894–1969) die treibende Kraft, als der Verein eine solche Sammlungsstätte aufbauen wollte. Nach einigen Fehlschlägen gelang es mit Unterstützung des Vereinsmitglieds Reinhold Vogel, in der Burganlage in Ummendorf ansässig zu werden.[4]

Auf den 30. Juli 1924 datiert die Genehmigung, zwei Räume im „Ostflügel“ der Burg sowie den Pavillon im Burggraben für die Errichtung einer Ausstellung zu nutzen.[5] Am 16. November 1924 eröffnete man das Heimatmuseum. Durch sonntägliche Öffnungszeiten sollte es von Anfang an der Öffentlichkeit zugänglich sein. Darüber hinaus verpflichtete sich das Museum, einem Bildungsauftrag nachzukommen. In § 5 des Mietvertrags heißt es, dass „die Sammlungen der hiesigen Schule jederzeit zur Besichtigung zur Verfügung stehen“. Auch die Schule wurde in den 1920er-Jahren in der Burg angesiedelt und eröffnete am 2. November des gleichen Jahres.[6]

Auch außerhalb des Vereins fand die Museumsgründung Unterstützer. Ihnen dankte Albert Hansen in einem Beitrag von 1937. Hierbei erwähnt er Anwohner*innen aus den nahegelegenen Ortschaften, die den Sammlungsausbau durch Schenkungen erweiterten, sowie die Gemeindeverwaltungen und die Kreisverwaltung, die das Museum finanziell unterstützten. Ab dem 21. August 1924 wird mit dem „Alten Hauptkatalog Mus. Ummendorf“ ein Inventarbuch geführt.[7] Zunächst gibt es dabei keine erkennbare Sammlungssystematik. Es sind verschiedene Objekte, die in den Bestand aufgenommen wurden. Der damalige Ortschronist Reinhold Vogel führt in seiner Chronologie zehn Objekte aus Ummendorf auf.[8] In der Auflistung und dem Hauptkatalog findet sich dabei

3 Vgl. Breer: Erstcheck Ummendorf, S. 5. „Vereinsleiter war bis 1933 der Lehrer Paul Hollop, der als frühes NSDAP-Mitglied 1933–1945 als Ortsgruppenleiter der Partei in Schönebeck/Elbe Karriere machte. Nach Hollop übernahm Bernhard Becker die Vereinsleitung.“ Vgl. Archiv des BMBU Heimatvereins, u. a. Abschrift der Gründungsversammlung am 21. Mai 1922.

4 Vgl. Hansen: Das Volkskunde- und Heimatmuseum Burg Ummendorf. Albert Hansen dankte Reinhold Vogel 25 Jahre später durch ein Fotoalbum. Vgl. Archiv BMBU/Heimatvereins.

5 Im ersten Inventarbuch des Museums befindet sich eine Abschrift des Mietvertrags. Diese Abschrift datiert auf den 21. August 1924 (im Folgenden Hauptinventarbuch BMBU 1924 ff. S. 1).

6 Vgl. Panteleon: Zum Ursprung des Sammelns, S. 6.

7 Vgl. Breer: Erstcheck Ummendorf, S. 8 f.

8 Vgl. Vogel: Ummendorf.

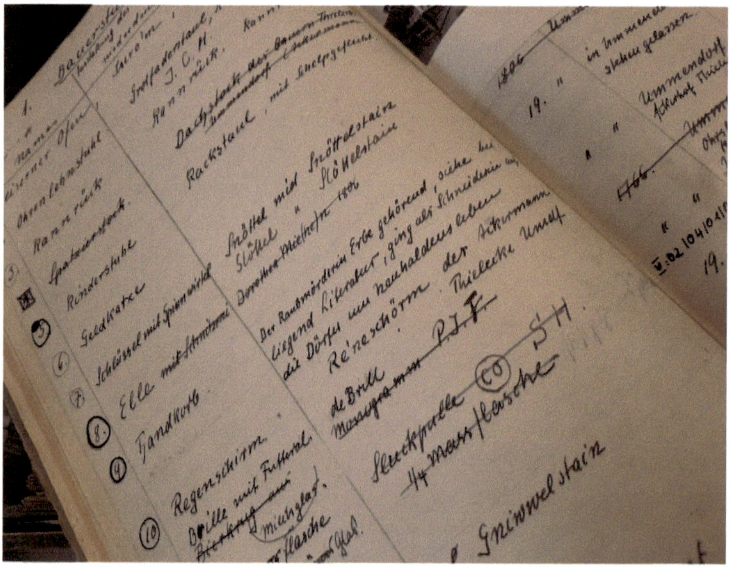

Abb. 2: Inventarbuch mit dem Eintrag zum Handkorb © Foto: N. Panteleon BMBU – Landkreis Börde.

eine Eintragung zu einem Handkorb[9] mit ominöser Geschichte. Der Korb kam laut der Eintragung 1898 zum Vorbesitzer und soll davor der Raubmörderin Erbe (Dorothee Buntrock) gehört haben.[10]

„Diesen hatte die Raubmörderin, die um 1900 ihr Unwesen in den Waldungen um Neuhaldensleben trieb, bei dem Hausieren in unserm Dorfe im Jahre 1898 in der Wohnung von Heinrich Falke (jetzt Hartmann Schäferstr. 10) stehen lassen. Ihr Kumpane war der berüchtigte Raubmörder Buntrock aus Holzminden".[11]

Dorothee Buntrock beging mit ihrem Partner 1890 zwei Raubmorde. Eines der Opfer war Emma Kasten. Sie wurde in einem Wald bei Neuhaldensleben getötet. Verhaftet wurde Buntrock zum Jahresbeginn 1892, am 19. Juni 1892 wurde sie in Magdeburg schuldig gesprochen und zum Tode verurteilt; am 24. Mai 1893 wurde das Urteil durch einen Scharfrichter aus Berlin vollstreckt. Auf einem in der Presse veröffentlichten Foto, welches im Zuge ihrer Verhaftung angefertigt wurde, trug sie einen ähnlichen Korb, so dass die Geschichte ihres Vor-

9 Inv. Nr. V:02/07/04/04.

10 Vgl. Neumann: Sogenannter Handkorb der Raubmörderin Erbe, S. 81–89.

11 Vogel: Ummendorf, S. 6.

besitzes wohl deshalb entstand. Auf der Flucht kann sie diesen zumindest 1898 kaum abgestellt haben. Zu diesem Zeitpunkt war sie bereits seit fünf Jahren tot.

Im Zeitungsbericht zur Museumseröffnung finden darüber hinaus mehrere Objekte Erwähnung, die dem Verein geschenkt wurden, darunter ein Mammutstoßzahn[12] aus der Grube Bismarck aus Völpke, überreicht von Berginspektor Blanke; eine Urne aus der Latène-Eisenzeit brachte Dr. Wieprecht vom Allerverein in Haldensleben mit. Zudem erhielt der „Verein im alten Holzkreis“ von Frau Direktor Gropp eine Kiste mit Trachten aus einem Bauernhaus in Ummendorf.[13] Im Inventarbuch finden sich darüber hinaus ein paar weitere Eintragungen mit dem Zugangsjahr 1924. Dazu gehört eine Zinnkanne sowie das Petschaft eines Baders.

1924 wurde Albert Hansen zum Museumswart und somit zum ehrenamtlichen „Museumsleiter“. Er bemühte sich nicht nur um die Pflege der Ausstellung und Exponate, sondern auch um die wissenschaftliche Erforschung der Region. Dabei war er vielseitig interessiert und widmete sich gleichermaßen den Naturwissenschaften wie der Vor- und Frühgeschichte, der Volkskunde, der Geschichte und den Sprachwissenschaften. Innerhalb seiner Forschungen stand er in regem Austausch mit Wissenschaftlern sowie Heimatforschern, wovon sein Nachlass zeugt.[14] Nach dem Tod Hansens am 19. Februar 1963 übergab seine Ehefrau Emmy dem Börde-Museum seinen Nachlass, verbunden mit dem Wunsch, seine unveröffentlichten Manuskripte in seinem Andenken herauszugeben. Helmut Schönfeld und Max Bathe überarbeiteten in der Folge zwei seiner Werke, die 1964 und 1965 erschienen.[15]

Museumsverein und Partizipation

„A museum is a not-for-profit, permanent institution in the service of society that researches, collects, conserves, interprets and exhibits tangible and intangible heritage. Open to the public, accessible and inclusive, museums foster diversity and sustainability. They operate and communicate ethically, professio-

12 Inv. Nr. III. 465.

13 Zeitungsbericht eingeklebt im Hauptinventarbuch BMBU 1924 ff. S. 2.

14 Insgesamt umfasst der Nachlass im BMBU 34 Ordner mit über 150 Mappen. Hinzu kommen die von Hansen angelegte Kartei über archäologische Funde und seine Sprachkartei.

15 Vgl. Hansen: Holzland-Ostfälisches Wörterbuch; sowie Hansen: Die Namenlandschaft zwischen Ober-Aller und Sarre (Bode).

Die zunächst nach dem Ende des Krieges neu eingerichtete Ausstellung wurde in den 1980er-Jahren neugestaltet. Der damals gewählte Aufbau der Ausstellung kann als klassisch definiert werden und umfasste in der Mehrzahl Installationen von historischen Wohnräumen und vor allem Texte als Informationsmedien.[22]

Partizipation im Zuge der Ausstellungsneugestaltung

Das Museum ist als Regionalmuseum eingebunden in das dörfliche Leben;[23] Märkte und Feste finden regelmäßig in Kooperation statt. Viele Anwohner*innen identifizierten sich bis 2019 mit der „alten Ausstellung". Diese hatte sich seit den 1980er-Jahren nur geringfügig verändert. Erst in den Jahren 2015 und 2016 wurden dann zwei Räume grundlegend neugestaltet: zunächst eine archäologische Einheit mit Zeugnissen seit dem Neolithikum, dann ein Raum, der sich den Themen Zuckerrübenanbau und seiner Weiterverarbeitung widmet.

2019 wurde das Börde-Museum für eine Sanierung durch Mittel des Europäischen Fonds für regionale Entwicklung (EFRE) geschlossen.[24] Im Zuge dessen wurde der Baukörper – eine Burg, deren Ursprung in romanischer Zeit liegt – saniert. Die Sanierung wurde aber auch zum Anlass genommen, eine neue Dauerausstellung zu gestalten. Diese sollte kulturelle Teilhabe[25] durch diverse Zugänge und Elemente wie Barrierefreiheit umfassen. Gefährdet diese Veränderung nun die Beziehung der Menschen zum Museum, oder ist sie eine Chance? Durch die Partizipation von Bürger*innen an dem Wachsen der neuen Ausstellung sollte eine neue Art der Identifikation mit dem Museum und der Ausstellung ermöglicht werden. Grundlage dafür war das Abgeben von Hoheiten.[26] Nicht nur die Museumsmitarbeiter*innen sollten über die neue Daueraus-

22 Mit der Wiedervereinigung Deutschlands war es wieder möglich, Vereine zu gründen. Für die damals zusammengehörenden Museen in Oschersleben und Ummendorf gründete sich ein Förderverein. Mitglieder*innen nahmen an Veranstaltungen des Museums teil und unterstützten das Museum auch finanziell bei Projekten.

23 Ummendorf hat 926 Einwohner*innen (Zensus 2022), vgl. https://citypopulation.de/de/germany/sachsenanhalt/b%C3%B6rde/15083505__ummendorf/ (12.09.2024).

24 Projekt: Ein verborgener Schatz in Ummendorf (EFRE-Förderung).

25 Vgl. Piontek: Museum und Partizipation, S. 16.

26 Vgl. Piontek: Museum und Partizipation, S. 26; Scheytt: Kultur für alle und von allen, S. 25.

stellung befinden. Es wurde ein wissenschaftlicher Beirat[27] berufen und es wurden Möglichkeiten zur Partizipation geschaffen.

Im Beirat trafen sich Mitarbeiter*innen des Museums, Wissenschaftler*innen aus verschiedenen Fachrichtungen,[28] Museumsmacher*innen aus anderen Häusern, Vertreter*innen vom Landesheimatbund, vom Museumsverband Sachsen-Anhalt e. V. und vom Landesinstitut für Schulqualität und Lehrerbildung in Sachsen-Anhalt (LISA).[29] Hier wurden Inhalte thematisch abgestimmt und diskutiert und es wurde auf eine zielgruppenorientierte Umsetzung geachtet.

Die partizipativen Möglichkeiten können in passive und aktive Anteile getrennt werden.[30] Ein Bestandteil war eine Besucherumfrage, die zwischen 2015 und 2018 stattfand.[31] Sie umfasste grundlegende statistische Angaben (Anreisedistanz, Alter des Besuchenden etc.). Zudem konnten hier jedoch bereits aktiv Kritik bzw. Vorschläge für Verbesserungen angebracht werden.[32] Um auch denjenigen eine Mitsprache zu ermöglichen, die das Museum (noch) nicht besucht haben, wurde über Social Media und andere öffentliche Auslagestellen ein (Nicht-)Besucherfragebogen verbreitet. Hier fanden sich als zentrale Fragen folgende: Was verbinden Sie mit dem Börde-Museum? Worüber möchten Sie im Börde-Museum mehr erfahren? Was verbinden Sie mit der Magdeburger Börde? Dieser Prozess mündete in einem Workshop am 15. September 2020: 15 Teilnehmer*innen[33] trafen sich. Ihnen wurden die Ergebnisse der Umfragen und die

27 Prof. Dr. Ulrich Joger (ehem. Leiter des Staatlichen Naturhistorischen Museums, Braunschweig); Dr. Hajo Neumann (Leiter des Technikmuseums Magdeburg); Dr. Christian Marlow (damals Volkskundliche Beratungsstelle des Landesheimatbund Sachsen-Anhalt); Dr. Immo Heske (Kustos der Lehrsammlung für Ur-und Frühgeschichte der Universität Göttingen); Paul Beaury (Geschäftsführender Gestalter bei „museeon“); Museumsverband; Dr. Jochen-Alexander Hoffmann (Amt für Kultur und Bildung, Salzwedel); Dr. Jürgen Weisser (Leiter des Deutschen Landwirtschaftsmuseums Hohenheim/Stuttgart); Landesheimatbund; die Hochschule Bernburg und das Landesinstitut für Schulqualität und Lehrerbildung (LISA); Dr. Nadine Panteleon (Leiterin des Börde-Museums).

28 Landtechnik, Gestaltung und Design, Archäologie, Naturwissenschaften/Geologie.

29 Der Beitrat kam erstmals am 30. März 2020 digital zusammen. Am 30. Juni 2020 wurden Ergebnisse der Umfragen und die Pläne des Umbaus thematisiert; am 14. Juli 2021 folgten inhaltliche Themen der Ausstellung, es wurden der erster Gestaltungsentwurf und die Besucherformate präsentiert.

30 „Passive Anteile“ definiere ich dabei als vorgegebene Auswahlmöglichkeiten im Sinne von *Multiple Choice*. „Aktive Anteile“ stellen offene Aufgaben dar, bei denen eigene Gedanken zum Ausdruck gebracht werden können.

31 Nach Piontek: Museum und Partizipation, S. 27 f., handelt es sich auch dabei schon um eine aktive Tätigkeit im Sinne der Partizipation.

32 518 Fragebögen konnten in der Auswertung berücksichtigt werden.

33 Einwohner*innen der Magdeburger Börde und Mitarbeiter*innen aus der Verwaltung.

neuen Raumpläne präsentiert. Zudem wurden die museumsinternen *SWOT*-Analysen und Evaluationen vorgestellt. Das Börde-Museum nahm dabei eine moderierende Funktion ein.[34] Hierbei wurden auch erstmals konkret Sorgen von Anwohner*innen ausgesprochen, ob bestimmte Themeneinheiten (das ländliche Wohnen mit Bauerstube und Tracht) weiterhin Bestandteil der Ausstellung sein wird. Diese Frage konnte mit „ja" beantwortet werden, da es für die Region eine wichtige Thematik ist, jedoch wurde klar zum Ausdruck gebracht, dass dies nicht in der vormaligen Art und Weise passieren wird, sondern im Zuge einer Gesamtkonzeption.

Innerhalb des Konzeptions- und Umsetzungsphase wurde das Museum von museeon GbR unterstützt.[35] Bereits in der Ausschreibung und den ersten Workshops wurde klar eruiert, dass Partizipation und Aktionsformate Bestandteile der neuen Ausstellung seinen sollen. So können die Besucher*innen an Hands-On Stationen probieren, einen Torbogen zu bauen oder auch eine Botschaft der Optischen Telegraphenlinie zu dechiffrieren.[36] Diese stellen Aktionsformate dar, bei denen man dazu angeregt wird, nicht nur zu konsumieren, sondern selber tätig zu werden. Da sich die Ausstellung dadurch nicht merklich verändert, handelt es sich nach Piontek um passive Partizipation.

Innerhalb der Ausstellung gibt es zusätzlich die „Galerie der Börde". Hier wurden nach Petersburger-Hängung[37] Exponate und korrespondierende Bilder angebracht. Inhaltlich soll die Galerie die Vielfalt der Menschen in der Region aufzeigen. Soweit wie möglich wurden dafür reale Personen herangezogen. Etwa die Urkunde der Weltausstellung in Wien von 1873 des Schmieds Friedrich Behrendt (1822–1905)[38], die Tasche der Hebamme Emma Loof (1894–1978)[39] und ein Schauglas von Rübensaat aus dem Betrieb Saatgut Strube nebst dazugehörigen Porträts[40]. In diesem Kontext gibt es zudem eine Selfie-Station. Hier können nun Besucher*innen Bestandteil der Galerie werden. Drei historische Fotografien stehen als Hintergrund zur Wahl: zwei Landschaftsaufnahmen und eine Gruppe von Erntehelfern. Alle Aufnahmen sind aus dem Sammlungsbestand und vom gleichfalls hier präsentierten Fotografen Fritz Giesecke (1905–

34 Vgl. Tietmeyer: Partizipation im Museum und die Frage der Nachhaltigkeit, S. 51.
35 Im Besonderen danke ich Oraide Bäß für ihren Einsatz.
36 Optischer Telegraphenflügel, vgl. Archiv des BMBU, Inv. Nr. A96:623 a-k; Grajek: Indikator, S. 8–14.
37 Versetzte Aufhängung mit unterschiedlichen Rahmen und Formaten.
38 Vgl. Archiv des BMBU, Inv.-Nr. V:23/01/05/05; Schmidt: Der Wanzlebener Pflug, S. 24–32; https://mbl.ub.ovgu.de/Biografien/0147.htm (13.09.2024).
39 Vgl. Vogel: Eine Hebammentasche aus Ummendorf, S. 16–23.
40 Vgl. https://mbl.ub.ovgu.de/Biografien/0497.htm (13.09.2024).

1984).[41] Die Bilder bleiben bei Wunsch in der Galerie und nachfolgende Besucher*innen können hier in der digitalen Galerie stöbern und sich, wenn gewünscht, ebenfalls hinzufügen.

Abb. 4: Börde-Galerie mit Selfie-Station. © N. Panteleon – BMBU Landkreis Börde.

Als ein Bestandteil der Präsentation wurden seit Beginn der Konzeptionsphase Däumlinge diskutiert, die als „Suchspiel“ in der Ausstellung zu finden sein sollten. Diese erste Version wurde später verworfen und als Partizipationsformat umgesetzt. Diese Möglichkeit entstand, nachdem 2022 im Zuge eines Digitalisierungsprojekts 3-D-Scanner und Drucker angeschafft wurden.[42] In Aufrufen lud das Museum 2023 Anwohner*innen ein, sich zu melden, um als Bördinger

41 Vgl. Panteleon: Historische Fotografie vom Eistransport (Fritz Giesecke), S. 40–43; https://st.museum-digital.de/people/31 (13.09.2024).

42 Mein Dank gilt Guido Skirlo, der hier immer wieder Ruhe bewies, wenn die Technik nicht funktionierte. Projekt: Süß und Sauer (Förderung durch EU-React).

Abb. 5: Bördinger auf den zugehörigen Sprechblasen. © N. Panteleon – BMBU Landkreis Börde.

Bestandteil der Ausstellung zu werden. Die Teilnehmer*innen sollten zunächst gescannt und dann als ca. 12 cm große Miniaturen wieder ausgedruckt werden.[43]

Elf Männer und zwölf Frauen nahmen an dem Partizipationsformat teil.[44] Zunächst wurden Treffen für den Scanvorgang geplant. Hierfür entstand ein Gesprächsleitfaden, da zusätzlich jede Figur eine Sprechblase erhalten sollte. Außerdem galt es auch für die Personen, in der Ausstellung eine passende Position zu finden. Innerhalb des Gesprächs wurde die Beziehung zur Börde und zum Museum thematisiert, auch der persönliche Grund, warum man an dem Aufruf teilnahm, gehörte zum Gesprächsinhalt. Auf Grundlage dieses Gesprächs entstanden – zum Teil schon währenddessen – die O-Töne. Andere Vorschläge unterbreiteten wir den Teilnehmern*innen im Nachgang. Dies schien uns deshalb wichtig, da die Figuren langfristig in der Ausstellung stehen sollen.

---

43 Unabdingbar waren dabei Gedanken zum Datenschutz. Hierbei konnten die Teilnehmer*innen etwa wählen, ob ihre Daten im Anschluss an den Druck gelöscht oder im Archiv für mögliche Nachdrucke gespeichert werden sollten.

44 In einem Fall stellte sich eine Person mit ihrem Kind zur Verfügung. Trotz Einverständnis der Eltern entschied ich nach reiflicher Überlegung, keine 3-D-Drucke von Minderjährigen auszustellen. Natürlich gehören diese zur Gesellschaft, obliegen jedoch einem besonderen Schutz und sind noch nicht geschäftsfähig.

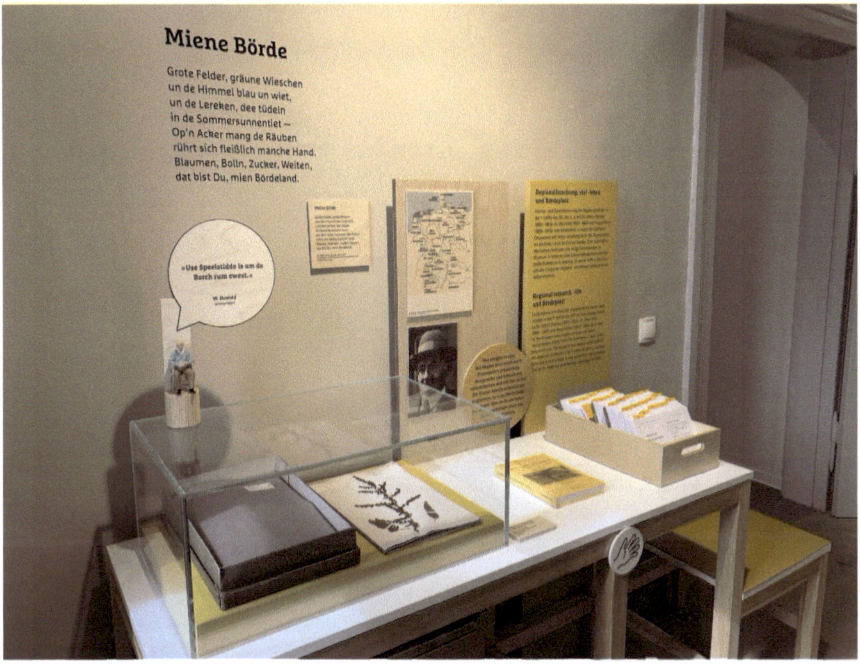

Abb. 6: Bördinger, Regionalforschungen und Mundart. © N. Panteleon – BMBU Landkreis Börde.

Innerhalb des Scans galt es auch, technische Hürden zu überwinden, da nicht alle Oberflächen und Strukturen gleichermaßen gut erfasst werden. So kam es etwa zunächst zu Dopplungen oder auch Fehlstellen. Letztere traten insbesondere am Kopf oder an Schuhen mit glatten schwarzen Oberflächen auf. Hier wurden am gedruckten Modell, wenn nötig, Ergänzungen vorgenommen. Da es immer wieder zu minimalen Körperbewegungen während des Scans kam, mussten Haltungen und Posen gewählt werden, die besonders ruhig waren. Trotzdem gelang es, eine gewisse Vielfalt an Posen zu bekommen. Unter den Probanden waren auch drei Paare, hier entstand etwa auch eine Anordnung wie auf einem historischen Studiofoto.

Darüber hinaus wendete sich das Museum an Personen des öffentlichen Lebens, wie den Bürgermeister und die Leiterin der örtlichen Grundschule. Um den Besuchern*innen auch die Menschen hinter der Ausstellung zu zeigen, ließen sich zudem einige der beteiligten Museumsmitarbeiter*innen scannen.[45]

---

45 Dazu gehören: Marian Heiß (Volontariat 2021–2023), Uwe Schmidt, Denise Linder (Volontariat 2023–2025), Nadine Panteleon.

Die Resonanz bei den Beteiligten und Besuchern*innen ist ausgesprochen positiv. Dies zeigte sich auch daran, dass fast alle Bördinger zur Ausstellungseröffnung am 5. Juni 2024 erschienen. Ob die weitere Identifikation mit der Börde und dem Museum erfolgreich war, bleibt natürlich abzuwarten. Neuerliche Umfragebögen liegen seit August 2024 aus und auch in einem Gästebuch können Besucher*innen ein Feedback geben.

Quelle

Archiv des BMBU/Heimatverein.

Bibliografie

Breer, Sabine: Erstcheck Ummendorf, Ummendorf/Halle 2018.

Gesser, Susanne/ Gorgus, Nina/ Jannelli, Angela (Hrsg.): Das subjektive Museum – Partizipative Museumsarbeit zwischen Selbstvergewisserung und gesellschaftspolitischem Engagement, Bielefeld 2020.

Grajek, Pierre: Indikator, in: SammlungsStücke (2017), 3, S. 8–14.

Hansen, Albert: Holzland-Ostfälisches Wörterbuch; besonders der Mundarten von Eilsleben und Klein Wanzleben. Aus dem Nachlass bearb. u. hrsg. v. Helmut Schönfeld (Die Magdeburger Börde, Bd. 4), Ummendorf 1964.

Hansen, Albert: Die Namenlandschaft zwischen Ober-Aller und Sarre (Bode). Aus dem Nachlass bearb. u. erg. v. Max Bathe (Die Magdeburger Börde, Bd. 5, 1. Hlbbd.), Ummendorf 1965.

Hansen, Albert: Das Volkskunde- und Heimatmuseum Burg Ummendorf, in: Heimatkalender Kreis Neuhaldensleben 1937, Magdeburg 1937, S. 83–86.

Neumann, Gesche: Sogenannter Handkorb der Raubmörderin Erbe, in: SammlungsStücke (2018), 5, S. 81–89.

Nowak, Heinz: Albert Hansen †, in: Jahresschrift für mitteldeutsche Vorgeschichte 49 (1965), S. 259–260.

Panteleon, Nadine: Historische Fotografie vom Eistransport (Fritz Giesecke), in: SammlungsStücke (2016), 2, S. 40–43.

Panteleon, Nadine: Georg Kolbe – Skulpturen für Peseckendorf (Die Magdeburger Börde – Veröffentlichungen zur Geschichte von Natur und Gesellschaft, Bd. 12), Ummendorf 2015.

Panteleon, Nadine: Zum Ursprung des Sammelns, in: SammlungsStücke (2015), 1, S. 3–6.

Piontek, Anja: Museum und Partizipation. Theorie und Praxis kooperativer Ausstellungsprojekte und Beteiligungsangebote (Edition Museum, Bd. 26), Bielefeld 2017.

Ruppel, Thomas: Als die Börde boomte. Begleitpublikation zur gleichnamigen Sonderausstellung (Kleine Schriften aus dem Börde-Museum, Bd. 23), Ummendorf 2008.

Scheytt, Oliver: Kultur für alle und von allen. Ein Erfolgs- oder Auflaufmodell?, in: Birgit Mandel: Kulturvermittlung zwischen kultureller Bildung und Kulturmarketing, Bielefeld 2005, S. 25–35.

Schmidt, Uwe: Der Wanzlebener Pflug, in: SammlungsStücke (2016), 2, S. 24–32.

Sfedu, Tatiana: Museumsgründung und bürgerliches Selbstverständnis. Die Familie Leiner und das Rosgartenmuseum in Konstanz, Konstanz 2006 (Diss.), https://kops.uni-konstanz.de/server/api/core/bitstreams/33208cc3-9b6a-4ad6-be6e-1aaf6e19b121/content (13.9.2024).

Tietmeyer, Elisabeth: Partizipation im Museum und die Frage der Nachhaltigkeit: Ein Widerspruch?, in: Das Museum für alle – Imperativ oder Illusion? Internationales Bodensee-Symposium 18. Juni – 20. Juni 2015, o. O. [Zürich] 2016, S. 50–60.

Vogel, Reinhold: Ummendorf (Unsere Dorfgeschichte, Bd. 2), Ummendorf 1960.

Vogel, Sabine: Eine Hebammentasche aus Ummendorf, in: SammlungsStücke (2021), 7, S. 16–23.

https://citypopulation.de/de/germany/sachsenanhalt/b%C3%B6rde/15083505__ummendorf/ (12.09.2024).

https://mbl.ub.ovgu.de/Biografien/0147.htm (13.09.2024).

https://mbl.ub.ovgu.de/Biografien/0497.htm (13.09.2024).

https://st.museum-digital.de/people/31 (13.09.2024).

https://icom-deutschland.de/netzwerk/museumsdefinition/ (25.4.2025).

Patizipativer Sammlungsaufbau in der Vergangenheit

Isobel Muir

Jewish members of Britain's National Art Collections Fund, 1903–1930

"It is high time that the Art loving patriots of this country should launch their new ship and I am prepared to work for it if my services are wanted".[1] This was Isidore Spielmann's (1854–1925), President of the Jewish Historical Society of England, reply to an invitation from the Chairman of the National Gallery, to join a new charity, The National Art Collections Fund (hereafter NACF). The charity was established in 1903 by Christiana Herringham (1852–1929), a tempera artist and women's suffrage campaigner, on recognizing that a fundraising society was needed in Britain to help its national museums compete with their foreign rivals.

Although initially framed as "the Society of Friends of the National Gallery", emulating the Kaiser Friedrich Museumsverein, Berlin and the Société des amis du Louvre (both established in 1897), Herringham stressed that the NACF was primarily an acquisitions fund for national museums, which its name should reflect. The NACF was an overtly "national" cause – envisioned by its founders to protect Britain's cultural heritage from "foreign" hands. Unlike its Continental antecedents, the charity did not raise money for one museum in a specific location or collect fine art exclusively.[2] The cause was promoted to a

1 Isidore Spielmann to the 27th Earl of Crawford and Balcarres, July 25, 1903, Crawford Muniments (Edinburgh: National Library of Scotland) Acc. 9769/97/18.

2 Ireland was not excluded. One of the first acquisitions made by the Fund was a watercolour by Arthur Hughes, *Marianna in the Moated Grange*, bought by Mrs Herbert Cohen, and presented to Dublin's Municipal Art Gallery (now the Hugh Lane Gallery, no. 388), in October 1904. In her offer letter, she wrote that she hoped that the £20 picture "would please the Dublin folk". See Mrs Herbert Cohen (née Jennie Salaman, 1865–1921) to Hugh Lane, October 23, 1904, *Sir Hugh Lane Papers* (National Library of Ireland, Dublin). Another painting was bought for the National Gallery of Ireland in the same year. It was thought to be by Antoine Watteau.

Note: I would like to thank Heidi Egginton and staff at the National Library of Scotland, and Miles Clemson at the Whitechapel Art Gallery, for their assistance while I gathered my case studies. I am most grateful to Jon Hilary for his insightful and generous comments. I would like to thank The Earl of Crawford & Balcarres for granting permission for me to consult and reproduce passages from the Crawford Muniments. Research costs towards producing this essay were supported by the 3Landesmuseen, Braunschweig, Germany, the National Gallery, London, and the Arts and Humanities Research Council.

https://doi.org/10.1515/9783111494616-011

broad spectrum of British society. Some historians have recognized the diversity of its membership in terms of gender; few have acknowledged the other ways this organization was diverse. The National Art Collections Fund gave Jewish members a means of demonstrating their allegiance to "the nation" but perhaps more importantly, encouraged sociability among those who shared aesthetic and philanthropic interests. Isidore Spielmann identified his own motivations: his love of art and his patriotism, were not incompatible with his Jewishness. He was not alone in this belief, even if he and other Jewish members of the NACF would have their allegiances questioned.

The first work of art ever donated to the NACF, as opposed to a financial donation like Herringham's "seed funding", was given by a German Jewish merchant, Max Rosenheim (1849–1911). London's *Times* newspaper recorded that he left some of his personal wealth to charity, no mention was made of his support for the NACF.[3] A "Correspondent" wrote to the newspaper to rectify this oversight: "[He]e was one of the most enthusiastic supporters of the National Art-Collections Fund, took the keenest interest in the increase of the national collections, and was [...] a generous benefactor both to the British and the Victoria and Albert Museum".[4] Rosenheim's reputation as a collector of antique medals and a dedicated volunteer in the British Museum has not been acknowledged, despite his contemporaries' efforts to grant him (albeit posthumous) recognition.

Jewish jeweller and art dealer Mosheh Oved's autobiography, *Visions and Jewels* provides a description of the Rosenheim brothers (Max was business partners with his brother Maurice (1852–1922):

> I once had two Jewish customers – two brothers who had wandered into this country from Germany in their youth, and who had built up a substantial export business in the very heart of the City of London. The first time they strayed into my little shop they were already, both very ripe in years and in wealth, and collecting had long ago become a highly cultivated passion with them [...]. The elder brother – the bachelor of seventy-five years of age – interested himself, with extraordinary diligence and intensity, in antiques, for the sake of knowledge, and to enrich the British Museum, "his home".[5]

Max Rosenheim's sense of being at "home" in the British Museum was significant when we consider his influence on the NACF. The Fund acquired examples

---

3 See Anon., "Gifts for Public Purposes", *The Times*, October 31, 1911, 11: "Mr Max Rosenheim of Belsize Park-gardens, Hampstead, bequeathed his case of mathematical instruments made by Bartholomew Newsome for Queen Elizabeth to the British Museum; £200 to the Society of Antiquaries; £100 each to the Hampstead General Hospital and the London Hospital".

4 "A Correspondent", *The Times*, September 22, 1911, 7.

5 Mosheh Oved (né Edward Goodack (1885–1958)), *Visions and Jewels* (E. Benn, 1952), 172–3.

of both fine and decorative arts, as well as antiquities, rather than focusing solely on fine art. As Hercules Read (1857–1929), Keeper of Medieval Antiquities at the British Museum wrote to the NACF's Chairman, Lord Balcarres (1871–1940), Rosenheim was also instrumental in bringing new members to the NACF: "Rosenheim quite agrees to sink the Friends of the B. M. in the more comprehensive scheme [NACF] [...] He [...] will be a most useful man to urge his City friends to contribute".[6] He indicated that his own museum's patron was already supporting a "Friends" scheme but was willing to combine his efforts with the NACF.[7] A letter from Baron Carmichael [Thomas Gibson-Carmichael, 1859–1926, (National Gallery trustee, 1906–1908; 1923–1926)] explained Rosenheim had "done something of the sort for the British Medieval Department [...]. [T]he way we did it was we put some money in Coutt's [the British bank] for Read to draw on [...]. [O]f course we gave fairly large subscriptions."[8]

Read alluded to Max Rosenheim's influence in London's financial district, where support might be found for the charity. His wealth, Oved mentioned, was considerable, and Rosenheim gave £105 to the NACF every year, even though membership fees were a modest £1. 1s.[9] Other wealthy Jewish members who joined the movement early on included Edward Albert Sassoon (1856–1912) born in Bombay, who was married to Aline de Rothschild (1867–1909), of the French branch of the banking family.[10] Although Read believed that Rosenheim's involvement in the NACF would inspire other businessmen, and that this would positively impact the organisation's membership and finances, other members of the NACF's executive committee were less keen to promote his involvement. As Mary Lago noted, the NACF's organizers prevaricated about publishing a membership list. While Gibson-Carmichael recognized Rosenheim as

---

6 Letter from Charles Hercules Read to Balcarres, July 31, 1903. Edinburgh: Crawford Muniments, Acc. 9769/97/19.

7 The "British Museum Friends" scheme was established formally as an integrated charity in 1968.

8 Thomas Gibson-Carmichael to Balcarres, July 28, 1903. Crawford Muniments, Acc. 9769/97/18.

9 Accounting for inflation, Rosenheim's annual donation was equivalent to around €18,000, compared with the society's annual membership fee of circa €16.

10 Edward Albert Sassoon to Balcarres, September 26, 1903. Crawford Muniments, Acc. 9769/97/19. He wrote that he had spoken to "Alfred Rothschild who thinks that as a trustee of the National Gallery, it would be inadvisable for him to join, although I have no doubt, his influence would be forthcoming at the proper moment and may be more effectual were he outside this organisation".

an enthusiastic supporter (of the NACF), he also advised the Chairman that in "Benson's view", Rosenheim's name "might go against the thing".[11]

A possible reason for certain NACF members' anxieties about publicising Rosenheim's name may have been his clear "foreignness"; he spoke German and Yiddish and reportedly spoke heavily accented English. As no antisemitism was directly expressed by either Benson or Gibson-Carmichael in their correspondence with the NACF Chairman, it was not clear why Rosenheim was specifically objected to among a published list of members. However, xenophobic sentiments *were* clearly articulated from the very outset of the establishment of the Fund, by its first members. The most vocal advocate for the Fund's protection of artworks from "foreign hands" was Herringham. In a letter to Balcarres, she hoped that "this society [...] would make England rather less of a market for the foreigner – it seems a terrible pity that the results of the long work of our aristocracy in collecting pictures and fostering art should all be cast to the winds".[12] The foreigner she referred to was more likely American plutocrats like John Pierpont Morgan (1837–1913), who spent large parts of the year in Europe buying art, rather than specifically those with Jewish heritage.[13] She was also concerned that she would not be the only woman in the "provisional" list of members, and encouraged Balcarres to reach out to "the most suitable person among my acquaintance [...]. Mrs Constance Jocelyn Ffoulkes [1858–1950] [...], I think that Mrs Flower [later Lady Battersea, née Constance de Rothschild, 1843–1931] would be a very good committee woman – she has such connoisseurship and has very good business judgement".[14] The women she proposed were well-known "connoisseurs" among the country's art world, but it is striking that she cited Jewish Lady Battersea's good business judgement as a potential asset for the NACF.[15] While on the surface this is a positive character assessment, it also

---

11 Thomas Gibson-Carmichael to Balcarres, July 28, 1903. Crawford Muniments, Acc. 9769/97/18. Robin Benson (1850–1929) was Treasurer of the Art Fund from 1906, and a Trustee of the National Gallery from 1912 until his death.

12 Christiana Herringham to Balcarres, July 16, 1903. Edinburgh: Crawford Muniments, Acc. 9769/97/18.

13 A contemporary journalist described "in plain English, the National Art Collections Fund is a society formed for the purpose of outbidding the American millionaire [...]. It is to be a conflict between unlimited dollars and limited pounds". Anon., *Free Lance*, October 3, 1903, press cutting from Crawford Muniments, Acc. 9769/97/19.

14 The other women she mentions were "Miss Jane Harrison (1850–1928), who has [...] as expert Greek art knowledge as is to be had in the country [...] Miss [Sarah] Prideaux (1853–1933) is also [...] well known to members of the Burlington Club [...]. If you secured Lady [Harriet] Wantage (1837–1920) she would very likely suggest women members".

15 In the end, Lady Battersea did not support the NACF among her many charitable works, preferring to support specifically Jewish communal and both Jewish and non-Jewish women's

played on antisemitic tropes, as "Mrs Flower" actually had no business of her own. Her connection to the wealthy Jewish Rothschild family was being alluded to and considered advantageous to the NACF's cause.

In the papers of the early meetings of the fund, we find that descriptions of the types of members who were considered "desirable" was at best vague, and at worst, prejudicial. As the artist Charles Ricketts observed, the NACF had an inauspicious start, its first meeting in November 1903 was "polite but futile", the scene described as "England in miniature [...] pompous nobodies nobbling everything".[16] A turning point, however, came quickly with an offering made by Rosenheim in 1904, of an 18th-century watch by English horologist Daniel Quare (Fig. 1).[17] Another NACF member who attended the earliest meeting and was later appointed the official "buyer" of paintings on its behalf, was Anglo-Jewish journalist Claude Phillips (1846–1924).[18] Born in London, he trained as a stockbroker, before a second career writing for *The Manchester Guardian*, Paris's *Gazette des Beaux-Arts*, and London-based *Magazine of Art* (edited by Isidore Spielmann's brother Marion Spielmann, 1858–1948), the *Arts Journal*, and his uncle's paper, *the Daily Telegraph.*[19] In his youth he studied in France and Germany, and as a young lawyer had spent time in Italy, where he fostered a love of Italian Renaissance painting. His scholarly background made him an ideal appointment for Keeper of the newly opened Wallace Collection. A collector himself, Phillips not only acquired works for the NACF. He made purchases using the £ 400 that was initially provided for the acquisition of pictures, including a *Madonna and Child* by Lazzaro Bastiani in November 1904, for the National Gallery. [20] At the same 1905 meeting where the Bastiani was accepted,

charities and suffrage movements. See Thomas Stammers, "L'exception anglaise?: Constance Battersea et la philanthropie artistique des Rothschild d'outre-manche", in *De la sphère privée à la sphère publique: les collections Rothschild dans les institutions publiques françaises*, ed., Pauline Prevost-Marcilhacy, Laura de Fuccia, and Juliette Trey (INHA, 2019); Ellery Weil, "Constance Rothschild, Lady Battersea", *The Shalvi/Hyman Encyclopedia of Jewish Women*, https://jwa.org/encyclopedia/article/rothschild-constance-lady-battersea, updated June 23, 2021, accessed April 12, 2024,

16 Andrea Geddes Poole, *Stewards of the Nation's Art: Contested Cultural Authority, 1890–1939* (University of Toronto Press, 2010), 107–8.

17 This was the first work of art donated to the nation via the National Art Collections-Fund. See the entry for "Repeating Watch" on the Art Fund website, https://www.artfund.org/supporting-museums/art-weve-helped-buy/artwork/6/repeating-watch, accessed 9 March 2023.

18 Phillips was knighted for services to the arts, on his retirement as the first Keeper of the Wallace Collection in London (1897–1911).

19 Phillip's maternal uncle was Joseph Moses Levy (1812–1888), owner of both *The Times* and *The Daily Telegraph* (from July 1855 onwards).

20 Richard Verdi, ed. *Saved! 100 Years of the National Art Collections Fund* (Scala, 1999), 53.

Phillips gave two of his own Rodin drawings to the British Museum.[21] In 1906, Phillips resigned from the NACF's Executive Committee, citing poor health, but continued to support the National Gallery in a personal capacity, as that year he gave a cartoon by Frederick Walker, *The Woman in White*, in his sister Eugenie's memory.[22] This gift was followed by several in 1910: Benedetto Diana's painting *Christ Blessing* and John Ruskin's drawing *Olive Branch.*[23] Phillips's most significant gift to the National Gallery was his bequest of 13 (largely Italian) paintings on his death in 1924, and a further £10,000 "Phillips Fund" for acquisitions.[24] The bequest also included "£200 to be divided between the Gallery warding staff".[25] Such was the Gallery's esteem for Phillips that he was considered for its directorship, but he declined for the same reasons as for leaving the NACF – poor health. Had he accepted, he would have been the Gallery's first (and to date only) Jewish director, though it has had several Jewish trustees.

In a posthumous profile of Phillips, his successor at the Wallace Collection and also a founder member of the NACF, Dugald Sutherland MacColl (1859–1948) wrote: "[H]e was anxiously wide minded, honourably and fiercely independent of personal influence or any taint of commerce".[26] Despite being the NACF's buyer, and the sound knowledge of the art market necessary for this role, here Phillips was praised for his disinterest in "commerce". This is significant when we consider that in endorsing Rosenheim's participation, Roger Fry (1866–1934) wrote that "he is, or will be, really one of the staunchest of our supporters as he has done a good deal in a quiet way by himself. [...] I am sure his advice about appointing buyers will be very valuable as he knows a great deal practically about the difficulties and dangers of buying a certain class of work".[27] Fry added, somewhat gnomically, that Rosenheim was keen to join as

---

21 National Art Collections Fund, *Minutes, 1903–1917*, meetings on November 29, 1904; January 26, 1905, 99–106. The Bastiani work is NG1953. The drawings by Auguste Rodin are *Nude Woman and Child* (British Museum 1905,0412.1) and *Nude Standing Figures* (British Museum, 1905,0412.2).

22 As it was by a contemporary artist, it was accepted by the National Gallery's trustees but immediately put on display at the National Gallery of British Art, Millbank (now Tate). It is now Tate N02080.

23 National Gallery, NG2725 and Tate, N02726 respectively.

24 See online catalogue entry for Fabritius, *Self-Portrait*, National Gallery, NG4042.

25 See National Gallery Archive, NG21/11; and NG24/1924/3.

26 Mary Lago, quoting from D. S. MacColl's *Oxford Dictionary of National Biography* entry for "Sir Claude Phillips", in Lago, *Christiana Herringham and the Edwardian Art Scene* (Lund Humphries, 1996), 71.

27 Roger Fry to Lord Balcarres, August 3, 1903. Edinburgh: Crawford Muniments, Acc. 9769/97/18.

Fig. 1: Daniel Quare, *Repeating Watch*, c. 1705–1715, gold, presented to the National Art Collections Fund by Max Rosenheim, 1904, given to the British Museum, London. British Museum inventory number: 1905,0418.2. © The Trustees of the British Museum.

"he wants to safeguard against certain dangers which he foresees".[28] It was not clear whether Rosenheim was aware of prejudicial comments made about him, but it would seem he and Claude Phillips were recognized rather differently by the NACF's members. On balance, perhaps initially at least, Claude Phillips and fellow Jewish committee member Isidore Spielmann were more widely accepted by the "national" art collecting establishment as assimilated members of the Anglo-Jewry, than foreign-born collectors like Rosenheim.

By 1904, Isidore Spielmann had been appointed official "Director of Art" for the Board of Trade, responsible for organizing the British displays at international exhibitions. This government role provided Spielmann with a useful network, and experience negotiating with potential lenders of works of art. He came to the role of joint Honorary Secretary of the NACF with a valuable address book. Spielmann was the son of a Polish immigrant, Adam Spielmann, who had married into the Liverpool-based Samuel family, his uncle was Sir Samuel Montagu, first Baron Swaythling (1832–1911). Isidore's wife Emily Sebag-Montefiore (1859–1929) was great-niece of Sir Moses Montefiore and was both more religious and wealthier than Isidore. Despite five children, theirs was not a love match, and Emily professed no interest in art, preferring "racing and

28 Roger Fry to Lord Balcarres, August 3, 1903. Edinburgh: Crawford Muniments, Acc. 9769/97/18.

bridge".[29] It was therefore surprising to come across a donation of £10. 10s made to the NACF's 1924 campaign to acquire Tintoretto's *Vincenzo Morosini* for the National Gallery from both "Sir Isidore and Lady Spielmann", his wife (he was knighted in 1905).[30] So committed was Spielmann to his role, which he shared with Robert Witt (1872–1952), as Joint Secretaries of the Fund, that he offered his office at 47 Victoria Street as the NACF's headquarters, and ceased all other paid work. As he put it, to dedicate himself to fundraising he was prepared to "have to take other irons out of the fire".[31]

Isidore Spielmann utilized his friends, business associates, and family in his NACF fundraising. For example, in 1904, Belfast-born John Jaffé, who lived in Nice, France, wrote expressing his interest in making a bequest to the new charity.[32] At the meeting on November 29, 1904, Spielmann suggested that Max Rosenheim should visit Jaffé to inspect his collection, to encourage the donor to leave it to "the nation".[33] Spielmann also promised to "convert some of his men" to the society, though it was not clear whether he meant Jewish men, or merely his friends. Of those he was able to introduce, he mentioned several artists: Sir Lawrence Alma-Tadema (1836–1912), Sir Ernest Waterlow (1850–1919), Sir Wyke Bayliss (1835–1906), and the art historian Guy Francis Laking (1875–1919).[34] Of those he promised to invite, the majority were Jewish. He described his "surprise" that his uncle Samuel Montagu was not keen, as "he thinks the Government should do more" for the arts, while stating of Sir Ernest Cassel (1852–1921) that it "would not suit [...] to become a member", but "we

29 Ruth Sebag-Montefiore, "From Poland to Paddington: the early history of the Spielmann family, 1828–1948", *Jewish Historical Studies* 32 (1990–1992): 246

30 The work was acquired for the Gallery in 1924, the gift marking the 20th anniversary of the NACF, and the centenary of the National Gallery. It is now NG4004. There were at least 37 Jewish donors to this campaign. See the Art Fund acquisition file (London: Tate Gallery Archive), 9328.3.2.14.

31 Isidore to Spielmann to Balcarres, July 28, 1903. Crawford Muniments, Acc. 9769/97/18.

32 See Judit Kiraly, "John and Anna Jaffé: the art lovers from Belfast who gave the Emperor's Library to a nation", *Riviera Reporter* (2012), online edition, np. The couple were advised by von Bode and built a significant collection of around 500 Old Master paintings, several of which they chose to donate to their local Musée Messina in Nice in their own lifetimes. The collection was inherited by their nieces and nephews, and was subject to Nazi confiscation in 1942. See also Doreen Carvajal, "Jewish Heirs Sue Swiss Museum to Recover Constable Painting", *New York Times*, January 25, 2016, on the family's descendants' attempts to reclaim John Constable's *Dedham from Langham*, c. 1813, from the Musée des Beaux-Arts in La Chaux-de-Fonds, Switzerland, https://archive.nytimes.com/artsbeat.blogs.nytimes.com/2016/01/25/jewish-heirs-sue-swiss-museum-to-recover-constable-painting/, accessed March 7, 2023.

33 National Art Collection-Fund, *Minute Book, 1903–1917*, London, Tate Gallery Archive, 9328.1.3.110, 110.

34 Isidore Spielmann to Balcarres, September 6, 1903, Crawford Muniments, Acc. 9769/97/19.

might consult the 3 big men – Ld Rothschild, Ld Iveagh and Mr Cotes upon it – if we can get hold of them".[35] When sent some suggested names by Balcarres and Witt), Spielmann replied: "I think [Sydney] Goldman should be asked; he is a useful 'S. African millionaire' you know".[36]

Despite detecting hesitancy among some Jewish men like Lord Alfred de Rothschild who believed joining would be "improper", as he was a trustee of the National Gallery, nevertheless Isidore Spielmann proved an effective fundraiser.[37] His participation was the subject of internal debate, as Robert Witt wrote admiringly:

> If they [Herringham] want to get rid of Spielmann they are wrong. I had never heard of him before I met him over this, but I have got to like him and he is invaluable as having unlimited leisure. Apparently, they are all working a dead set against him a being among other things "under the thumb of the Rothschilds" and "in the packet of dealers" and stuff of that kind and that "he is too fond of intrigue". It is too absurd even to notice and I know no one to whom these epithets would less justly apply – its worthy of Paul Devonléde! However, otherwise, they all seem rather ashamed of themselves (except C. P.) [Claude Phillips].[38]

The accusation from some members that Spielmann was "under the thumb" of a Jewish banking family revealed how antisemitism was deeply ingrained in élite British society. In the same breath, Witt identified it as "absurd". Despite no real acquaintance with the Rothschilds, who often declined to participate in the NACF (indeed Spielmann claimed to have had "a row" with Lord Rothschild, perhaps over the 1906 Whitechapel Art Gallery's *Jewish Art and Antiquities* exhibition), the accusation that Spielmann was "in the packet of dealers" was also a thinly veiled criticism of Jewish art dealers.[39] This "Jewish" association would dog Spielmann's career at the NACF, though the same criticism was not faced necessarily by other Jewish members.

Spielmann showed his strength as a campaigner during the NACF's acquisition of Diego Velasquez's *Venus and Cupid* ("the Rokeby Venus"), which was on offer at Agnews' London gallery in 1905, for £ 40,000 (Fig. 2). The purchase was

---

35 Isidore Spielmann to Balcarres, September 6, 1903, Crawford Muniments, Acc. 9769/97/19. Lord [Walter] Rothschild (1868–1937), Lord Iveagh (1847–1927) and Mr [Merton Russell]-Cotes (1835–1921) were all prominent businessmen with famous art collections. The last part of Spielmann's phrase suggests that he was not well-known to any of them.

36 Charles Sydney Goldman (1868–1958) was German Jewish, and was born in Cape Colony, South Africa, where he later became a director of S. Neumann mines. He married Agnes [Mary] Peel (1869–1959) in England in 1899, becoming Lord Peel's son-in-law.

37 Alfred de Rothschild to Balcarres, August 6, 1903, Crawford Muniments, Acc. 9769/97/19.

38 Witt to Balcarres, November 16, 1903, Crawford Muniments, Acc. 9769/97/19.

39 Spielmann to Balcarres, September 11, 1903, Crawford Muniments, Acc. 9769/97/18.

controversial, as some of London's museum trustees like Lord Ronald Sutherland Gower (1845–1916) thought the nude painting indecent. Gower's contemporaries commented upon the "strangeness" of his criticism but not the irony that Gower cast himself as moral "protector", when he was a well-known homosexual, then a criminal offence.[40] Spielmann may himself have been keen to be identified as contributing to British cultural life, both as a Jew and as a "patriotic art lover", because he was the subject of some suspicion during his 1906 campaign to secure the Rokeby Venus for the nation. Gower wrote privately to Balcarres in 1905, resigning his membership. In a later letter he cited a Jewish conspiracy to acquire the "immoral" painting for "a ludicrous sum [...] which some shady individuals in the picture trade will well enrich themselves – I think you might discuss the amount the Jew Spielmann [...] and Witt would make of the forty thousand".[41] The inference made here was that as a Jew, Spielmann must have an ulterior motive in the acqusition; personal "benefit" through a relationship with "rascally Jew dealers and picture brokers".[42]

Spielmann, if he was aware of Gower's antisemitic prejudice, was not dissuaded from campaigning for the picture's purchase. He sought contributions from friends including the King's financier, Ernest Cassel (1852–1921): "I have gone down on my knees to Sir Ernest Cassel to save us & the Venus".[43] Like Cassel, a significant number of Jews (both NACF members and non-members) made contributions to the *Venus* acquisition, and as a result several were made life members, including Herbert Stern, Lord Michelham (1851–1919), Joseph Duveen (1843–1908), Ludwig Mond (1839–1909), and his non-Jewish son-in-law, Sigismund Goetze (1866–1939).[44] Lord Rothschild refused to offer any funds, as "all the money he could spare would be given to [...] the unemployed in the East End and to the families of the Jews massacred in Russia long before he

40 Anon., "Velasquez and Values", *The Evening Standard*, November 21, 1905. See also Martin Spychal, "The 'beautiful boy' of the Commons: Lord Ronald Gower (1845–1916) and sexual identity in Parliament at the time of the Second Reform Act", *The Victorian Commons*, November 12, 2020, https://victoriancommons.wordpress.com/2020/11/12/the-beautiful-boy-of-the-commons-lord-ronald-gower-1845-1916-and-sexual-identity-in-parliament-at-the-time-of-the-second-reform-act/, accessed April 14, 2024.

41 Lord Ronald Sutherland Gower to Balcarres, December 7, 1905, Edinburgh, Crawford Muniments Acc. 9769 /97/22.

42 Lord Ronald Sutherland Gower to Balcarres, December 7, 1905, Edinburgh, Crawford Muniments Acc. 9769 /97/22.

43 Spielmann to Balcarres, December 3, 1905, Crawford Muniments, Acc. 9769/97/22.

44 See National Art Collections Fund, *Minute Book, 1903–1917*, December 12, 1906, London, Tate Gallery Archive, 9328.1.3.110, 196.

Fig. 2: (B&W) Diego Velasquez, *The Toilet of Venus, 'the Rokeby Venus'*, 1647–1651, oil on canvas, presented by the Art Fund, 1906. Museum inventory number: NG2057. © The National Gallery, London.

thought of pictures", with Spielmann privately worrying that his was "a view a great many will take".[45]

The 1905 Odessa pogrom occupied much Jewish charitable activity in London during this period.[46] At a meeting for the proposed *Jewish Art and Artists* exhibition, hosted by Isidore's brother Marion, the "idea [of the exhibition] generally met with strong opposition [...]. [S]o much had recently been required of the community for matters of absolute necessity, that 'communal funding' was inopportune; and [...] the Jewish people had been too much in the public eye of late [...] objections had been raised by Lord Rothschild, Sir Samuel Montagu

45 Gardiner, in Verdi, *Saved!*, quoting letter from Spielmann to Lord Balcarres, November 15, 1905, 23.

46 Much earlier, in 1891, Spielmann had edited a supplement of *The Jewish Chronicle* on the theme of "Darkest Russia", in which he warned of the plight of Russian Jews in the face of top-down antisemitism, using the platform to address "a range of charges that Jews encountered in Russia", largely advocating for religious toleration, rather than specifically for a cessation of the persecution of Jews.

and Mr Claude Montefiore".[47] The observation that Jewish people were too visible, also related to the 1905 "Aliens Act", Britain's first modern piece of anti-immigration legislation. As playwright Alfred Sutro (1863–1933) summarized in his letter declining his support for the Whitechapel *Jewish Art and Artists* exhibition, he felt "as an English Jew [he] would rather he died an English, than a Jewish, artist", and did not want to be identified by others with the Jewish exhibition's aims.[48]

However, for many proud spokespeople among the Jewish community, contributions to national causes like the NACF provided a clear way of demonstrating one's sympathy with "British" values. Though patriotism inspired many to join the NACF, not least its members with Jewish heritage, arguably the cosmopolitanism of its members was the charity's key strength. Spielmann's work on international exhibitions involved collaboration with foreign governments, resulting in 1910 in honours for brothers Marion and Isidore from the Belgian Government. Other Jewish philanthropists gave to foreign causes, supporting the Red Cross in Britain and France during the First World War, while Henry Van den Bergh left £4,950 to 12 Jewish and non-Jewish charities in England and the Netherlands.[49]

Despite the inference that a fear of standing out led Jewish would-be philanthropists towards the NACF, in fact its campaigns were most successful when they sought support from those with a genuine interest in the promotion of the arts, rather than simply wealthy individuals wanting to offset their reputations as wealthy businesspeople. Several Jewish NACF members donated consistently throughout their lifetimes and donated their own art collections to the nation through the NACF. Among these was Isidore Spielmann, whose collection of Turkish rugs and Delftware went to the Victoria and Albert Museum (V&A). He also donated "the Original Sketch by Verrio for the ceiling of the Hampton Court Banqueting House" to the V&A in 1916 (Fig. 3).[50]

47 Jewish Art and Artists Exhibition Committee, *Minute Book*, March 20, 1905, np, Whitechapel Art Gallery Archive, WAG/EAR/4/13/1.
48 Alfred Sutro to Canon Barnett, November 22, 1905, Whitechapel Art Gallery Archive, WAG/EAR/4/13/1.
49 Harry Schneiderman, "Necrology", *The American Jewish Yearbook* 39 (September 6, 1937, to September 25, 1938/5698): 588
50 National Art Collections Fund, *Minutes 1903–1917*, November 9, 1916, London, Tate Gallery Archive, 9328.1.3.110.

Fig. 3: Antonio Verrio, *Minerva with Allegorical Figures of the Arts and Sciences (sketch for the ceiling of the Banqueting House, Hampton Court Palace)*, c. 1700–1702, oil on paper mounted on panel, given to the Victoria and Albert Museum, London, by Sir Isidore Spielman, through the National Art Collections Fund, 1916. Museum Inventory number E.1085–1916. ©Victoria and Albert Museum, London.

While facing accusations of disingenuous behaviour, Jews made hitherto unrecognized valuable supporters of the National Art Fund, particularly in its infancy. Their presence among its founder members brought the esteem of non-Jewish peers and proved to have a positive effect on Jewish and non-Jewish relations, as their actions disproved antisemitic fears about their "ulterior motives". Moreover, the NACF gave its Jewish members a visible means of proving that their "communal values" were not incompatible with national interests, and indeed those members of the Jewish community both British and "foreign" played a valuable role in upholding and promoting the nation's cultural wealth.

Bibliography

Lago, Mary. *Christiana Herringham and the Edwardian Art Scene*. Lund Humphries, 1996.

Geddes Poole, Andrea. *Stewards of the Nation's Art: Contested Cultural Authority, 1890–1939*. University of Toronto Press, 2010.

Oved, Mosheh. *Visions and Jewels*. E. Benn, than 1927.

Schneiderman, Harry. *The American Jewish Yearbook* 39 (September 6, 1937, to September 25, 1938/5698).

Sebag-Montefiore, Ruth. "From Poland to Paddington: the early history of the Spielmann family, 1828–1948." *Jewish Historical Studies* 32 (1990–1992): 237–57.

Spychal, Martin. "The 'beautiful boy' of the Commons: Lord Ronald Gower (1845–1916) and sexual identity in Parliament at the time of the Second Reform Act." *The Victorian Commons*. November 12, 2020. https://victoriancommons.wordpress.com/2020/11/12/the-beautiful-boy-of-the-commons-lord-ronald-gower-1845-1916-and-sexual-identity-in-parliament-at-the-time-of-the-second-reform-act/.

Stammers, Thomas. "L'exception anglaise?: Constance Battersea et la philanthropie artistique des Rothschild d'outre-manche." In *De la sphère privée à la sphère publique: les collections Rothschild dans les institutions publiques françaises*, edited by Pauline Prevost-Marcilhacy, Laura de Fuccia, and Juliette Trey. INHA, 2019.

Verdi, Richard, ed. *Saved! 100 Years of the National Art Collections Fund*. Scala, 1999.

Hansjörg Pötzsch

Passion – Partizipation – Profession. Karl Steinacker, bürgerliches Engagement und das Vaterländische Museum zu Braunschweig (heute: Braunschweigisches Landesmuseum)

Das Vaterländische Museum zu Braunschweig – das heutige Braunschweigische Landesmuseum – ist 1891 aus bürgerlichem Engagement heraus gegründet worden und es wurde bis zu seiner Verstaatlichung 1935 auch aus bürgerlichem Engagement heraus ehrenamtlich getragen. In diesem Zeitraum der Museumsgeschichte kam der aus dem Bildungsbürgertum stammenden Braunschweiger Familie Steinacker eine besondere Rolle zu. Die Familie war dem Museum von Anfang an mit Leidenschaft eng verbunden, zunächst nur partizipativ, später auch professionell. Diese Verbundenheit besteht indirekt bis heute weiter, und das nicht nur mit Blick auf das Braunschweigische Landesmuseum. Denn die umfangreiche private, aus der Familie geerbte und durch ihn selbst stetig vermehrte „Universalsammlung" Karl Steinackers (1872–1944) (Abb. 1) wurde 1946 zwei Jahre nach seinem Tod zwischen dem Braunschweigischen Landesmuseum, dem Herzog Anton Ulrich-Museum und dem Städtischen Museum Braunschweig aufgeteilt.[1]

Wer war Karl Steinacker?[2] Der Kunsthistoriker Karl Steinacker war von 1910 bis 1935 der erste professionelle Leiter des Vaterländischen Museums. Sein Vater, der Gymnasialschullehrer und Naturwissenschaftler Eduard Steinacker (1839–1893), und seine Mutter, Ilse Steinacker (1843–1935), geborene von Strombeck, sammelten Kunst- und Kulturgüter, von Ölgemälden und Kupferstichen bis zu Fürstenberger Porzellan. Darüber hinaus waren beide der Braunschweigischen Geschichte und Heimat eng verbunden. So verwundert es nicht, dass sich Eduard Steinacker 1890 mit diversen Objekten aus seiner Privatsammlung an der auf einer Bürgerinitiative beruhenden Ausstellung „vaterländischer Erinnerungen" an den 75 Jahre zuvor im Krieg gegen Napoleon gefallenen Herzog Friedrich-Wilhelm von Braunschweig beteiligte.[3] Die alle Erwartungen

1 Pötzsch: Von Damenunterwäsche bis Dix, S. 167–169, 176–181.
2 Zu Karl Steinacker vgl. Seeleke: Erinnerungen an Karl Steinacker.
3 Vgl. Könnecke: Braunschweig in den Jahren 1806–1815.

https://doi.org/10.1515/9783111494616-012

Abb. 1: Karl Steinacker (1872–1944), Leiter des Vaterländischen Museums zu Braunschweig (heute: Braunschweigisches Landesmuseum), 1910–1935. © Fotograf:in unbekannt. Braunschweigisches Landesmuseum, Anja Pröhle (Repro).

übertreffende Ausstellung war die Initialzündung zur Gründung eines Vaterländischen Museums in Braunschweig. Das neue Museum sollte nicht nur die vor allem aus bürgerlichem Privatbesitz zusammengetragene temporäre Sammlung bewahren. Es sollte in Abgrenzung zum Herzoglichen Kunstmuseum (dem heutigen Herzog Anton Ulrich-Museum) und zum Städtischen Museum in aller Breite Objekte zur Veranschaulichung der Geschichte des Herzogtums Braunschweig und seines Herzogshauses sammeln und präsentieren und so zu einem zentralen Heimatmuseum ausgebaut werden.[4] Eduard Steinacker schloss sich dem Ausschuss zur Gründung des Museums an. Er gehörte damit neben Generalleutnant Robert von Wachholtz (1816–1897) als Ausschussvorsitzendem, Landsyndikus Albert Rhamm (1849–1924), Bankdirektor Paul Walter (1849–1909), Stadtbaurat Ludwig Winter (1843–1930) und Archivdirektor Paul Zimmermann (1854–1933) zu den Gründungsmitgliedern des Vaterländischen Museums.[5] Kurz vor seinem Tod 1893 hatte sich Eduard Steinacker wohl sogar mit dem Gedanken getragen, sich pensionieren zu lassen und sich ganz dem Vaterländischen Museum zu widmen.[6] Doch die Leitung einer musealen Sammlung war ihm nicht mehr vergönnt, dafür aber seinem Sohn Karl, der die von beiden Elternteilen geerbte Passion für die Braunschweigische Geschichte und Heimat und für Kunst und Kultur zu seiner Profession werden lassen sollte.

4 Zur Gründungsgeschichte des Vaterländischen Museums vgl. Hagen: Von der Gründung bis zur Gegenwart, S. 8–12; Zimmermann: Das Vaterländische Museum in Braunschweig.

5 Vgl. Zimmermann: Das Vaterländische Museum in Braunschweig, S. 38.

6 Vgl. Zeitungsartikel zum Tode Eduard Steinackers 1893, Braunschweigisches Landesmuseum (BLM), Schuber 126.

Der 1872 in Wolfenbüttel geborene Karl Steinacker hatte Kunstgeschichte, Archäologie und Geschichte studiert. Nach Abschluss seines Volontariats Ende Februar 1902 am Museum für Kunst und Gewerbe in Hamburg trat er eine Stelle als wissenschaftlicher Hilfsarbeiter für die Inventarisation der Bau- und Kunstdenkmäler des Herzogtums Braunschweig am Herzoglichen Kunstmuseum in Braunschweig an.[7] Der Direktor des Museums, Paul Jonas Meier (1857–1946), war gleichzeitig ehrenamtliches Mitglied im Stiftungsvorstand des Vaterländischen Museums. Als der Stiftungsvorstand aufgrund der nicht kostendeckenden staatlichen Zuschüsse 1906 an „alle Städte und Gemeinden Braunschweigs und an alle Männer und Frauen des Heimatlandes, welche den patriotischen Bestrebungen des Museums freundlich gegenüberstehen", appellierte, das Vaterländische Museum „durch jährliche Beiträge" zu unterstützen,[8] standen Persönlichkeiten des gehobenen Bürgertums nicht fern, erwarben Dauerkarten und bekannten sich dadurch zum Vaterländischen Museum. Unter den in der Dauerkarten-Liste genannten 586 Männern und Frauen, Christen und Juden aus dem gesamten Herzogtum Braunschweig, finden sich Gemeindevorsteher, Staatsdiener, Bankiers, Unternehmer, Fabrikanten, Apotheker, Ärzte, Juristen, diverse Räte, Professoren, Pastoren oder Landwirte und so prominente Braunschweiger Namen wie der Bankier Bernhard Meyersfeld (1841–1920), der Bankier Alfred Löbbecke (1855–1944), der Kommerzienrat und Unternehmer Max Jüdel (1845–1910), der Staatsminister und Vorsitzende des Museumsvorstandes Albert von Otto (1836–1922), der Direktor des Naturhistorischen Museums Wilhelm Blasius (1845–1912), der Justizrat Otto Magnus (1836–1920), der Unternehmer Heinrich Büssing (1843–1929) oder die Verlegerin und Kunstsammlerin Helene Tepelmann-Vieweg (1868–1939), aber auch Karl Steinacker, dessen Mutter Ilse und deren Schwester Charlotte von Strombeck.[9]

Vier Jahre nach diesem finanziellen Engagement für das Vaterländische Museum wechselte Karl Steinacker von der Partizipation zur Profession. Denn am 1. April 1910 wurde Steinacker Museumsinspektor am Herzoglichen Kunstmuseum, das ihn parallel dazu als ersten professionellen Leiter und, damit verbunden, ersten – und einzigen – wissenschaftlichen Mitarbeiter an das Vaterländische Museum abordnete.[10] Das Vaterländische Museum war 1903 aus einer lockeren, informellen in eine feste, formelle Organisation in Form einer Stiftung

7 Vgl. Seeleke: Erinnerungen an Karl Steinacker.

8 Vgl. Aufruf des Vorstandes des Vaterländischen Museums, Braunschweig 1906, BLM, Schuber 126.

9 Vgl. Dauerkarten-Liste v. 21.06.–27.08.1906, BLM, Mappe Jahres-Beiträge 1909.

10 Vgl. Schreiben Karl Steinackers zu seinem Dienstantritt v. 01.04.1910, BLM, Schuber 88.

Abb. 2: Der 1906 eröffnete Gebäudekomplex des Vaterländischen Museums mit der Aegidienkirche (links) und dem Pauliner-Chor (rechts). © Fotograf:in unbekannt. Braunschweigisches Landesmuseum, Ingeborg Simon (Repro).

unter Oberaufsicht des Staatsministeriums umgewandelt worden.[11] Eine Verstaatlichung des Museums ging damit aber noch nicht einher. Der Museumsvorstand konnte in alter partizipativer Form bestehen bleiben. Das Staatsministerium erhielt jedoch das Recht, ein Vorstandsmitglied als Regierungsvertreter zu ernennen, um die Kontrolle über die jährlichen staatlichen Zuschüsse gewährleisten zu können. Als Regierungsvertreter wurde Paul Jonas Meier ernannt, der schon längere Zeit Mitglied des Museumsvorstandes gewesen war.[12] Kontrolle über staatliche Mittel war auch der Grund dafür, warum Steinacker als Leiter des Vaterländischen Museums nicht dessen Angestellter wurde, sondern als Staatsdiener weiterhin am Herzoglichen Kunstmuseum verortet blieb.

Als Museumsleiter hatte Steinacker das Erbe des 1909 verstorbenen Braunschweiger Bankdirektors und ehrenamtlichen Leiters des Vaterländischen Museums, Paul Walter, angetreten. Nach dessen Tod war niemand aus dem Muse-

11 Vgl. Satzung für das Vaterländische Museum zu Braunschweig und Geschäfts-Ordnung für den Vorstand des Vaterländischen Museums v. 31.03.1910, BLM, Schuber 88.
12 Vgl. Hagen: Von der Gründung bis zur Gegenwart, S. 19 f.

umsvorstand bereit und in der Lage gewesen, das Museum ehrenamtlich zu leiten. Walter war Mitbegründer des Vaterländischen Museums. Er hatte sich besonders für Heimat- und Militärgeschichte interessiert und mit Begeisterung, Eifer, Zeit und Geld die ehrenamtliche Leitung des Museums nach dessen Gründung übernommen. Im Gegensatz zu Steinacker fehlten ihm allerdings die Ausbildung und die Erfahrung zur professionellen Leitung, zur musealen Gestaltung und zur wissenschaftlichen Begleitung eines Museums mit ständig auch in der Themenbreite wachsenden Sammlungsbeständen.[13]

Mit Enthusiasmus leitete Steinacker das Museum, das sein Vater mitgegründet hatte und dem seine Mutter, seine Tante Charlotte von Strombeck und er selbst durch Schenkungen, Leihgaben und finanzielle Unterstützungen eng verbunden waren.[14] Er stellte sich der neuen Herausforderung und entwarf Pläne zur Umgestaltung, zum Finanz- und Personalbedarf des nicht einfach zu bespielenden Museums, das seit 1906 in einer ausgesegneten gotischen Hallenkirche, der Aegidienkirche (Abb. 2), untergebracht war. Doch die chronische Unterfinanzierung durchkreuzte alle Pläne. Um der schwierigen finanziellen Situation entgegenzuwirken, setzte sich Steinacker zusammen mit dem Museumsvorstand wiederholt für die Verstaatlichung des Museums ein, die aber erst mit seiner vorzeitigen Pensionierung 1935 erfolgte.[15] Der anfängliche Enthusiasmus wich der Ernüchterung und schließlich der Resignation. Dazu kam seine angegriffene Gesundheit, mit der er sein vorzeitiges Ausscheiden aus dem Museums- und Staatsdienst begründete. Die suboptimalen finanziellen und strukturellen Gegebenheiten des Vaterländischen Museums hatten ihm allein alle anfallenden Tagesaufgaben von der Inventarisierung bis zur Leitung zugewiesen. Sein einziger fest angestellter Mitarbeiter war der Museumsdiener, wie er im Januar 1913 beklagte, der „zugleich Portier, Heizer, Fremdenführer, Restaurator und Handlanger war, ausserhalb seiner Museumsstunden auch Bote und Schreiber".[16] Darüber hinaus war Steinacker personell auf die ehrenamtliche Mitarbeit von Mitgliedern des Museumsvorstandes angewiesen. Zu nennen ist dabei neben dem Museumsvorstand und Apotheker Robert Bohlmann (1854–1944), der das Museum auch während Steinackers Abwesenheit im Ersten Weltkrieg leitete,[17] allen voran die einzige Frau im Museumsvorstand und wohl engste ehrenamtliche Mitarbeiterin Steinackers im musealen Alltag, die Lehrerin Margarethe Sack (1854–1936) (Abb. 3).

13 Vgl. ebd., S. 30–34.

14 Vgl. Dauerkarten-Liste v. 21.06.–27.08.1906, BLM, Mappe Jahres-Beiträge 1909.

15 Vgl. Pötzsch: Von Damenunterwäsche bis Dix, S. 168, 181.

16 Karl Steinacker: Bemerkungen über den Ausbau des Vaterländischen Museums in Braunschweig, maschinenschriftliches Manuskript v. 31.01.1913, S. 11, BLM, Schuber 88.

17 Vgl. Schreiben Robert Bohlmanns v. 30.09.1935 (Kopie), BLM, Schuber 88.

Abb. 3: Margarethe Sack (1854–1936), ehrenamtliche Mitarbeiterin am Vaterländischen Museum unter Karl Steinacker. © Fotograf:in unbekannt. Braunschweigisches Landesmuseum, Anja Pröhle (Repro).

Wie Karl Steinacker wies auch Margarethe Sack schon über die Familie erste Verbindungslinien zur Braunschweigischen Heimatgeschichte auf. Margarethe Sack war die Enkelin des Registrators und Heimatforschers Carl Wilhelm Sack (1792–1890), der eine Quellensammlung zur Geschichte der Stadt Braunschweig angelegt hatte, die sich heute als „Sacksche Sammlung" im Stadtarchiv Braunschweig befindet.[18] Ihre Mutter, Dorette Sack (1822–1898), gehörte zu den ersten Braunschweigerinnen und Braunschweigern, die dem neuen Vaterländischen Museum Objekte zur Verfügung stellten. Sie ist als zweite Person und als erste Frau im Inventarbuch des Museums mit einem Objekt als Dauerleihgabe verzeichnet.[19] Dorette Sack war die Gründerin und Vorsitzende des Braunschweiger Frauenvereins oder Frauenbildungsvereins, eines Zweigvereins des Allgemeinen Deutschen Frauenvereins, dem eine Fortbildungs- und Handarbeitsschule angeschlossen war.[20] Ihre Tochter, Margarethe Sack, hatte 1906 als Gesangleh-

18 Vgl. Stadtarchiv Braunschweig, H V Sacksche Sammlung.
19 Vgl. BLM, Inventarbuch 1, VMB 1-1684, 04.07.1890–22.12.1893.
20 Vgl. Hirsch: Der Frauen-Anwalt, S. 144–146.

rerin an der Abend-Fortbildungsschule für Frauen und Mädchen in Braunschweig gelehrt. Sie hatte darüber hinaus „Unterricht in sämtlichen Handarbeiten, englischen und französischen Sprachunterricht, Literatur- und Gesangunterricht“ angeboten.[21]

Am Vaterländischen Museum betreute Margarethe Sack ehrenamtlich die Musik-Abteilung. Anlässlich einer Tagung des Allgemeinen Deutschen Frauenvereins im Herbst 1911 in Braunschweig stellte sie darüber hinaus die Sonderausstellung „Braunschweig und die Frauen“ über bedeutende Braunschweigerinnen zusammen, die von Fürstinnen über Schriftstellerinnen, Gründerinnen, Stifterinnen, Wohltäterinnen und „interessante Frauen“ bis zu Äbtissinnen reichte.[22] Während des Ersten Weltkriegs hielt sie über einen umfangreichen Schriftwechsel Kontakt zu Karl Steinacker an der Front und tauschte sich mit ihm über das Museum aus. Zu ihren Aufgaben während der kriegsbedingten Abwesenheit Steinackers gehörte das Sammeln von Bekanntmachungen, Verordnungen, Flugblättern und anderem Material für das Museum, mit dem Steinacker später die Kriegszeit in der Stadt Braunschweig dokumentieren wollte.[23]

Steinacker war immer bemüht, neues Material und neue Themen für das Museum zu erschließen, die Ausstellung und die Sammlungen in alle Richtungen zu diversifizieren, die soziale, kulturelle, religiöse und politische Vielfalt des Herzogtums in ihrer gesamten Bandbreite im Museum zu sammeln und neutral zu präsentieren. Er ging dabei durchaus auch schon zielgruppenorientiert vor. So unternahm er mit der Erwerbung von zwei Automobilen, ein 1907 in Arnstadt bei Ley gefertigtes und 1909 in Braunschweig zugelassenes Automobil des Typs Loreley aus dem Vorbesitz von Klara Schiller und ein Luxusautomobil unbekannter Marke aus dem Vorbesitz der Braunschweiger Bankiersfamilie Löbbecke,[24] und einem Flugzeug, eine Rumpler Taube aus dem Ersten Weltkrieg, das nach seiner Restaurierung hinzukommen sollte, zwischen 1933 und 1935 erste Schritte zum Aufbau einer Technik-Abteilung, mit der er explizit die Jugend für das Museum begeistern wollte.[25]

21 Verzeichnis der Schulen und sonstigen Bildungsanstalten des Herzogtums Braunschweig, S. 108 f., 122.

22 BLM, „Braunschweig und die Frauen“, in: Braunschweiger Neueste Nachrichten v. 05.10.1911, und „Vom Weltkriege 1914/1918“, maschinenschriftliches Manuskript (Pressemeldung), undatiert, BLM, Schuber 88. Korrespondenz – Kuratorin Margarethe Sack – Ausstellung Damenbildnisse 1911, BLM, BLM-D 2022 0283.

23 Vgl. Schreiben von Margarethe Sack an das stellvertretende Generalkommando des X. Armeecorps Hannover v. 14.04.1915, BLM, BLM-D 2022 0414 a-c.

24 Vgl. Pressemeldung Karl Steinackers v. 05.07.1934, maschinenschriftliches Manuskript, BLM, Schuber 88.

25 Vgl. Schreiben Karl Steinackers an den Leiter der Deutschen Verkehrsfliegerschule (DVS), Braunschweig, [Alfred] Keller, v. 02.05.1934, BLM, Schuber 125.

Abb. 4: Inneneinrichtung der Hornburger Synagoge im Braunschweigischen Landesmuseum, Standort Museum Hinter Aegidien. © Braunschweigisches Landesmuseum, Anja Pröhle.

Zu seinen Leistungen als Museumsleiter zählt auch die Realisierung zweier Großprojekte: die Translozierung der überregional bedeutenden, vom Verfall bedrohten barocken Inneneinrichtung der nicht mehr in Gebrauch befindlichen Hornburger Synagoge[26] (Abb. 4) in das Vaterländische Museum 1924 und die Translozierung eines historischen Bortfelder Bauernhauses in den hinteren Hof des Museums im Jahr 1928. Die Ursprünge beider Projekte reichen bis in die Zeit vor dem Ersten Weltkrieg zurück. Mit der Umsetzung des Bortfelder Bauernhauses schuf Steinacker einen zentralen und authentischen Ort zur Präsentation bäuerlich-ländlicher Kultur der Region Braunschweig. Unterstützt wurde die Umsetzung des Bauernhauses vom Braunschweigischen Landtag, vom Kreistag, von der Kreisdirektion sowie von privater Seite.[27] Dagegen musste die Umsetzung der Synagogeneinrichtung von Hornburg nach Braunschweig ganz ohne staatliche Unterstützung auskommen. Sie ist ein besonderes Beispiel für vielfäl-

26 Zur Hornburger Synagoge und zum Aufbau einer Judaica-Abteilung am Vaterländischen Museum zu Braunschweig vgl. Hoppe: Jüdische Geschichte und Kultur in Museen, S. 91–112.
27 Vgl. Karl Steinacker: Das Bauernhaus des Vaterländischen Museums in Braunschweig, in: Braunschweigische Landeszeitung v. 06.10.1928, BLM, Schuber 88.

tiges bürgerliches Engagement für das Museum, von finanzieller Unterstützung bis zu tatkräftigem Anpacken.

Spätestens 1912 war der Ausschuss für Denkmalpflege im Herzogtum Braunschweig bei seinen Ausflügen in die Region zusammen mit Studierenden des Baufachs der TH Braunschweig auf die im Verfall befindliche Hornburger Synagoge in der an das Herzogtum Braunschweig angrenzenden preußischen Provinz Sachsen aufmerksam geworden. Gleichzeitig wurden wohl erste Maßnahmen zur Sicherung der vom Verfall bedrohten Synagoge vorgenommen.[28] Ob Karl Steinacker 1912 an dem Ausflug nach Hornburg teilgenommen hat, ist nicht bekannt. Ausgeschlossen ist es nicht. Denn Steinacker war seit 1909 Mitglied des Ausschusses für Denkmalpflege.[29] Klar ist, dass Steinacker sich am 25. Januar 1914 an den Bankier und Vorsteher der jüdischen Gemeinde Braunschweig Bernhard Meyersfeld wandte, der dem Museum seit 1891 durch Schenkungen und finanzielle Unterstützungen verbunden war, um ihn für die Umsetzung der Synagogeneinrichtung zum Vaterländischen Museum zu begeistern. Dazu schrieb er ihm unter anderem:

> „Wir haben soviele christliche kirchliche Altertümer [im Vaterländischen Museum]; daneben auch solche der verwandten, wenn auch teilweis[e] gegensätzlichen Kultusgemeinschaft vorzuführen[,] wäre eine eines Geschichtsmuseums im höchsten Grade würdige Aufgabe. [...] Welch einen historischen Wandel würde das anzeigen, wenn dann in unserem Museum Kirche und Synagoge in wissenschaftlicher Gleichberechtigung friedlich nebeneinander vorgeführt würden!“[30]

Meyersfeld wandte sich daraufhin an den Braunschweiger Landesrabbiner Gutman Rülf (1851–1915), der ihm antwortete: „Der Vorschlag des Herrn Dr. Steinacker ist mir sympathisch.“[31] Wenn sowohl klar sei, dass der letzte männliche Hornburger Jude, Sigmund Schwabe (1839–1918), berechtigt sei, über die Synagoge zu verfügen, als auch welche Mittel Meyersfeld für den Erwerb bereitstellen könne, dann wollte Rülf zusammen mit einem Rechtsanwalt, vielleicht Norbert Regensburger (1886–1933), Schwabe besuchen und versuchen, den Plan Steinackers umzusetzen.[32] Der erste Versuch, die Hornburger Synagogeneinrichtung ins Vaterländische Museum zu bekommen, scheiterte allerdings, wie Steinacker dem Stadtoldendorfer Geheimen Kommerzienrat Max Levy (1850–

28 Vgl. Meier: Bericht über die Tätigkeit des Ausschusses für Denkmalpflege im Jahre 1912, S. 71.

29 Vgl. Meier: Bericht über die Tätigkeit des Ausschusses für Denkmalpflege im Herzogtum Braunschweig i. J. 1909, S. 37.

30 Schreiben Karl Steinackers an Bernhard Meyersfeld v. 25.01.1914, BLM, Schuber 90.

31 Schreiben von Gutman Rülf an Bernhard Meyersfeld v. 26.01.1914, BLM, Schuber 90.

32 Ebd.

1927) am 5. März 1914 mitteilte. Schwabe war offenbar nicht bereit gewesen, die Synagogeneinrichtung abzugeben beziehungsweise zu verkaufen, obwohl er vorher selbst schon Objekte aus der Synagoge verschenkt haben soll.[33]

Nachdem Steinacker 1922 bei einem Besuch in Hornburg festgestellt hatte, dass sich die baufällige Synagoge kurz vor dem Abbruch befand, unternahm er einen zweiten Anlauf zur Überführung der Synagogeneinrichtung in das Vaterländische Museum. Zur Unterstützung seines Vorhabens wandte er sich an den Grafiker und Illustrator Ephraim Moses Lilien (1874–1925) und den Braunschweiger Landesrabbiner Hugo Schiff (1892–1986). Dazu kamen verständnisvolle und zum finanziellen Engagement bereite Gönner der jüdischen Gemeinden Braunschweig, Wolfenbüttel und Stadtoldendorf, zum Beispiel die Stadtoldendorfer Weberei A. J. Rothschild Söhne, die schon 1905 zu den Förderern des Museums gehört hatte,[34] deren Teilhaber Richard Wolff (1888–1940) Steinacker persönlich ansprach. Auch der Vorsitzende des Museumsvorstandes Robert Bohlmann stand hinter Steinackers Plänen. So gelang der zweite Anlauf zur Rettung der Hornburger Synagogeneinrichtung und deren Umsetzung in das Vaterländische Museum. Ende 1923 konnte mit den Abbauarbeiten begonnen werden.[35] Amalie Schwabe, das letzte weibliche Mitglied der Hornburger jüdischen Gemeinde, war am 12. Dezember 1923 verstorben,[36] ihr Bruder Sigmund bereits Anfang 1918.[37] Den Abbau in Hornburg und den Wiederaufbau im Vaterländischen Museum überwachten Studierende der Hochbauabteilung der TH Braunschweig.[38] Den Abtransport der Synagogeneinrichtung am 15. und 19. April 1924 nach Braunschweig hatten Erich (1887–1982) und Paul Scheyer (1886–1956) ermöglicht, die Inhaber der Braunschweiger Konservenfabrik Maseberg, deren Vater Leopold Scheyer (1852–1909) das Museum bereits 1906 finanziell unterstützt hatte.[39] Ohne Kosten zu berechnen, hatten die Scheyers einen

---

33 Vgl. Schreiben Karl Steinackers an Max Levy v. 05.03.1914, handschriftliches Manuskript, BLM, Schuber 90.

34 Vgl. Schreiben der Aktiengesellschaft A. J. Rothschild Söhne an den Vorstand des Vaterländischen Museums v. 09.11.1905, BLM, Mappe Geldzuweisungen von Privatpersonen 1906.

35 Vgl. Fotokopie eines unvollständigen und undatierten Berichts Karl Steinackers (1924), BLM, Schuber 88.

36 Vgl. Handschriftliche Notiz im Hängeregister „Kaatz-Repetzky", BLM, Akten Hans-Jürgen Derda.

37 Vgl. Hornburg. (Das Erlöschen einer jüdischen Gemeinde.), in: Israelitisches Familienblatt, 7 (14.02.1918), S. 4, https://sammlungen.ub.uni-frankfurt.de/cm/periodical/pageview/11319541?query=Schwabe (05.06.2024).

38 Vgl. Karl Steinacker: Die Hornburger Synagoge im Vaterländischen Museum zu Braunschweig, in: Braunschweigische Landeszeitung v. 26.03.1925, BLM, Schuber 88.

39 Vgl. Dauerkarten-Liste v. 21.06.–27.08.1906, BLM, Mappe Jahres-Beiträge 1909.

Lastwagen zur Verfügung gestellt.[40] Beeindruckt vom bürgerlichen Engagement bei der Umsetzung der Hornburger Synagogeneinrichtung schrieb Steinacker voll des Lobes:

> „Nur mittels so vieler freiwilliger Helfer war es möglich, die vielen und unerwarteten Schwierigkeiten der seltenen Aufgabe beiseite zu schaffen und die sich immer wieder drohend auftürmenden finanziellen Schwierigkeiten zu überwinden, denn das Museum hatte dafür nur seinen *guten Willen, aber kein Geld.*"[41]

Im Frühjahr 1925 waren die Umsetzungsarbeiten abgeschlossen und die Hornburger Synagoge konnte der Öffentlichkeit zusammen mit verschiedenen Dauerleihgaben aus der jüdischen Gemeinde Braunschweig und aus der Gandersheimer Synagoge präsentiert werden.[42] Damit war der Grundstein für eine eigene jüdische Abteilung im Vaterländischen Museum gelegt. Bis 1933 sollte die jüdische Abteilung um weitere Objekte von der jüdischen Gemeinde Braunschweig und von Braunschweiger Jüdinnen und Juden aus Stadt und Land bereichert werden, die dem Museum und Steinacker offenbar ihr Vertrauen schenkten.[43] Unter ihnen war die Künstlerin, Malerin und Linolschneiderin Helene Lilien (1880–1971) (Abb. 5), die Witwe des 1925 verstorbenen Ephraim Moses Lilien.

---

40 Vgl. Fotokopie eines unvollständigen und undatierten Berichts Karl Steinackers (1924), BLM, Schuber 88.

41 Karl Steinacker: Die Hornburger Synagoge im Vaterländischen Museum zu Braunschweig, in: Braunschweigische Landeszeitung v. 26.03.1925, BLM, Schuber 88 (Im Original ist „guten Willen, aber kein Geld" gesperrt gedruckt).

42 Vgl. ebd.

43 Vgl. Hoppe: Jüdische Geschichte und Kultur in Museen, S. 95–103. – Umso mehr überrascht, dass sich sowohl in einem Beitrag Steinackers in der „Braunschweigischen Heimat" von 1924 als auch in Steinackers am 21. Februar 1943 abgeschlossener, zwar unveröffentlichter, aber wohl für die Publikation vorgesehener Autobiografie bezogen auf einzelne Personen antijüdische Stereotype finden, die darauf schließen lassen, dass Steinacker offensichtlich nicht frei von antijüdischen, vielleicht sogar antisemitischen Ressentiments war. Auch der Kontakt Steinackers zu Houston Stewart Chamberlain (1855–1927), einem der Wegbereiter des Nationalsozialismus, dessen Schriften auch Hitler beeinflussten, wirft Fragen auf. Der NSDAP ist Steinacker nicht beigetreten. Vgl. dazu Pötzsch: Von Damenunterwäsche bis Dix, S. 168 f., 179–181; Steinacker: Schützenfest und fahrendes Volk, S. 108; Karl Steinacker: Entsagen und Beharren. Eine Lebensrückschau, 1943, unveröffentlichtes handschriftliches Manuskript in 2 Bänden, Bd. I: S. 35, 93 f., 212, Bd. II: S. 381 f., 502, 527, 531 f., Stadtarchiv Braunschweig, G IX 30, Nr. 50 I-II. Zu Steinackers zwar distanzierter, aber doch auch ambivalenter Haltung zum NS-Staat vgl. Tagebücher/Notizkalender Karl Steinackers v. 1933, 1935 und 1941 (mit beigelegten Manuskripten, u. a. der Begründung dafür, warum Steinacker nicht der NSDAP beitreten wollte), Stadtarchiv Braunschweig, G IX 30, Nr. 49.

Abb. 5: Die Braunschweiger Künstlerin Helene Lilien (1880–1971), um 1935/40. © Fotograf:in unbekannt. Privatbesitz.

Helene Lilien war geschäftsführendes Mitglied der Administration des Samsonschen Legatenfonds der 1928 aus finanziellen Gründen geschlossenen jüdischen Wolfenbütteler Samsonschule.[44] In dieser Funktion übergab sie dem Vaterländischen Museum 1929 diverse Kunstwerke aus der Samsonschule als Dauerleihgabe für die jüdische Abteilung.[45] Spätestens nach den Terrorakten des Novemberpogroms von 1938 dürfte sich Helene Lilien wie viele andere Jüdinnen und Juden dazu entschlossen haben, Deutschland zu verlassen. 1939 emigrierte sie zunächst nach Großbritannien, 1943 dann in die USA. Vor ihrer Emigration hatte sie vom Vaterländischen Museum beziehungsweise Braunschweigischen Landesmuseum, wie das Museum ab 1938 hieß, im Dezember 1934 und im März/April 1939 insgesamt zehn Kunstwerke zurückgefordert und gegen Quittungen zurückerhalten.[46] Bei den Kunstwerken handelt es sich vor allem um Portraits aus der namengebenden Gründerfamilie der Schule, Samson, mit der Helene Lilien über ihren Vater, den Justizrat und Vorsteher der jüdischen Gemeinde Braunschweig Otto Magnus, verwandt war, der das Vaterländische Museum

44 Zur Samsonschule vgl. Busch: Samsonschule Wolfenbüttel (1786–1928).

45 Vgl. Schreiben Helene Liliens an Karl Steinacker v. 24.01.1929 und von Helene Lilien und Karl Steinacker beglaubigte Liste mit den dem Museum leihweise überlassenen Objekten aus dem Samsonschen Legatenfonds v. 26.01.1929, BLM, Schuber 58.

46 Vgl. Rückgabebescheinigung v. 27.12.1934, BLM, Schuber 128, sowie Rückgabebescheinigungen v. 31.03.1939 und v. 06.04.1939, BLM, Schuber 119.

1906 durch den Kauf einer Dauerkarte unterstützt hatte.[47] Dessen Mutter Minna (1809–1883) war eine geborene Samson. Helene Lilien wollte die Kunstwerke aus ihrer Familie mit in die Emigration nehmen und verpackte sie zum großen Teil in ihrem Umzugsgut, das sie allerdings nicht ausführen durfte. Ihr Umzugsgut wurde 1941 von der Gestapo konfisziert und später versteigert.[48] Der Verbleib ist unbekannt. Nach 1945 hat Helene Lilien vergeblich nach den Kunstwerken in ihrem Umzugsgut gesucht.[49] 2021 haben ihre Nachkommen die verschollenen Kunstwerke mit Unterstützung des Braunschweigischen Landesmuseums bei „Lost Art“ gemeldet.[50] Die im Braunschweigischen Landesmuseum verbliebenen Kunstwerke aus der Samsonschule beließ Helene Lilien auch nach 1945 als Dauerleihgabe dort, wo sie heute noch in der Dauerausstellung zu sehen sind.

Ohne Menschen wie Helene Lilien, Otto Magnus, Margarethe Sack oder Paul Walter und ihr vielfältiges bürgerliches Engagement von der finanziellen Unterstützung durch eine Dauerkarte, über Schenkungen, Verkäufe oder Dauerleihgaben bis zur aktiven ehrenamtlichen Mitarbeit am Aufbau, an der Leitung und an der Gestaltung wäre das Vaterländische Museum nicht entstanden und hätte nicht bestehen können. Ohne Karl Steinacker hätte sich das Vaterländische Museum nicht zu einem zwar chronisch unterfinanzierten und unterbesetzten, aber doch professionell geführten und sich diversifizierenden Museum mit einer auch überregional herausragenden Judaica-Abteilung entwickeln können. Davon profitiert das Braunschweigische Landesmuseum in seinen Sammlungen bis heute.

Und auch heute bedarf es neben einem professionellen Museumsteam bürgerlichen Engagements, bedarf es der Partizipation von Bürgerinnen und Bürgern, um notwendige Mittel etwa für Veranstaltungen einzuwerben, um das Museum weiter zu diversifizieren, um es für bisher museumsferne Menschen und *Communities* attraktiv zu gestalten und zu öffnen, um es zu einem partizipativen Ort weiterzuentwickeln. Ansätze für all das bieten auf der einen Seite die beiden Fördervereine des Braunschweigischen Landesmuseums, der 1968 gegründete „Freundeskreis“ und der 1996 entstandene „FABL e. V.“ („Freunde der

47 Vgl. Dauerkarten-Liste v. 21.06.–27.08.1906, BLM, Mappe Jahres-Beiträge 1909.

48 Vgl. Kleibl/Kiel (Hrsg.): LostLift Datenbank.

49 Vgl. Schreiben von Helene Lilien an den Central Collecting Point Wiesbaden v. 22.08.1951, NARA M1947, EU, Ardelia Hall Collection: Wiesbaden Administrative Records, 1945–1952, p. 100, fold3, https://www.fold3.com/image/231973592/claims-inquiries-and-claims-by-private-individuals-after-july-1-1951-page-100-eu-ardelia-hall-collec (05.06.2024).

50 Vgl. Deutsches Zentrum Kulturgutverluste, Lost Art-Datenbank, Lilien, Helene geb. Magnus, https://www.lostart.de/de/suche?term=Lilien%2C%20Helene%20geb.%20Magnus&filter[type][0]=Objektdaten (05.09.2024).

Archäologie im Braunschweiger Land e. V."),[51] auf der anderen Seite erste Partizipationsprozesse. So wurde in Zusammenarbeit mit den „Why Guys" zwischen 2022 und 2023 in einem Partizipationsprozess ein Konzept zur künftigen Nutzung des seinerzeit zum Braunschweigischen Landesmuseum gehörenden Bauernhauses Bortfeld in der Gemeinde Wendeburg entwickelt, das nach 1945 das kriegszerstörte alte Bortfelder Bauernhaus in Hinter Aegidien ersetzt hatte.[52] Ganz aktuell läuft der Partizipationsprozess 2024/25 „back to the roots", der die Neueinrichtung der Basisausstellung des in der Restaurierung befindlichen Haupthauses des Braunschweigischen Landesmuseums, des Vieweghauses, in der Öffentlichkeit thematisieren und mit kleinen Veranstaltungen begleiten will. Nicht zu vergessen ist aber auch die ehrenamtliche Mitarbeit engagierter Einzelpersonen für das Museum, die es nach wie vor gibt. So erschließt die pensionierte Juristin Erika Gonnermann den handschriftlichen Teil-Nachlass der Braunschweiger Juristenfamilie Dedekind im Braunschweigischen Landesmuseum. Sie schlägt damit einen Bogen zu den Anfängen des Vaterländischen Museums, zu den Männern und Frauen um Karl Steinacker, die das Museum aus einer Passion heraus ehrenamtlich gefördert und tatkräftig unterstützt haben.

Archivalische Quellen

Braunschweigisches Landesmuseum (BLM)

Akten Hans-Jürgen Derda.

BLM-D 2022 0283: Korrespondenz – Kuratorin Margarethe Sack – Ausstellung Damenbildnisse 1911.

BLM-D 2022 0414 a-c: Schreiben von Margarethe Sack an das stellvertretende Generalkommando des X. Armeecorps Hannover v. 14.04.1915.

Braunschweig und die Frauen, in: Braunschweiger Neueste Nachrichten v. 05.10.1911.

Mappe Geldzuweisungen von Privatpersonen 1906.

Mappe Jahres-Beiträge 1909.

Schuber 58, 88, 90, 119, 125, 126, 128.

Inventarbuch 1, VMB 1-1684, 04.07.1890–22.12.1893.

Stadtarchiv Braunschweig

H V Sacksche Sammlung.

G IX 30, Nr. 49: Tagebücher/Notizkalender Karl Steinackers v. 1933, 1935 und 1941.

---

51 Vgl. Braunschweigisches Landesmuseum, Freundeskreise des Braunschweigischen Landesmuseums, https://3landesmuseen-braunschweig.de/braunschweigisches-landesmuseum/das-museum/freundinnen-und-foerderinnen (06.06.2024).

52 Vgl. The Why Guys GmbH, Bauernhaus Bortfeld, Zusammenfassung des Projekts, https://www.bauernhaus-bortfeld.de/ (06.06.2024).

G IX 30, Nr. 50 I-II: Karl Steinacker, Entsagen und Beharren. Eine Lebensrückschau, 1943, unveröffentlichtes handschriftliches Manuskript in 2 Bänden.

Fold3

NARA M1947, EU, Ardelia Hall Collection: Wiesbaden Administrative Records, 1945–1952, p. 100, fold3, https://www.fold3.com/image/231973592/claims-inquiries-and-claims-by-private-individuals-after-july-1-1951-page-100-eu-ardelia-hall-collec (05.06.2024).

Bibliografie

Busch, Ralf: Samsonschule Wolfenbüttel (1786–1928), Ausstellung aus Anlaß der 200. Wiederkehr des Gründungstages, Wolfenbüttel 1986.

Hagen, Rolf: Von der Gründung bis zur Gegenwart (Braunschweigisches Landesmuseum für Geschichte und Volkstum, 1), Braunschweig 1966.

Hirsch, Jenny (Hrsg.): Der Frauen-Anwalt. Organ des Verbandes deutscher Frauenbildungs- und Erwerbvereine, 1 (1871).

Hoppe, Jens: Jüdische Geschichte und Kultur in Museen. Zur nichtjüdischen Museologie des Jüdischen in Deutschland, Münster u. a. 2002.

Israelitisches Familienblatt, 7, (14.02.1918), https://sammlungen.ub.uni-frankfurt.de/cm/periodical/pageview/11319541?query=Schwabe (05.06.2024).

Kleibl, Kathrin/Kiel, Susanne (Hrsg.): LostLift Datenbank, Deutsches Schifffahrtsmuseum – Leibniz-Institut für Maritime Geschichte, Umzugsgut: Helene Emma Lilien, geb. Magnus, https://lostlift.dsm.museum/de/detail/collection/42551d9c-6c8c-428e-b5d2-a45d9208d385 (zuletzt aktualisiert am 02.01.2024) (05.06.2024).

Könnecke, Otto: Braunschweig in den Jahren 1806–1815. Zweites Heft. Ein Bilder-Verzeichniss zusammengetragen für die im Juni 1890 zu Braunschweig veranstaltete Ausstellung vaterländischer Erinnerungen aus der Zeit von 1806 bis 1815, Braunschweig ^{2}1890.

Meier, Paul Jonas: Bericht über die Tätigkeit des Ausschusses für Denkmalpflege im Herzogtum Braunschweig i. J. 1909, in: Braunschweigisches Magazin (1910), 3, S. 36–38.

Meier, Paul Jonas: Bericht über die Tätigkeit des Ausschusses für Denkmalpflege im Jahre 1912, in: Braunschweigisches Magazin (1913), 6, S. 70 f.

Pötzsch, Hansjörg: Von Damenunterwäsche bis Dix. Recherchen in heterogenen Beständen am Beispiel des Kooperationsprojekts „Sammlertum in Braunschweig“, in: Jochen Meiners (Hrsg.): NS-Kunstraub lokal und europäisch. Eine Zwischenbilanz der Provenienzforschung in Celle, Celle 2018, S. 166–203.

Seeleke, Kurt: Erinnerungen an Karl Steinacker, in: Braunschweig: Berichte aus dem Kulturellen Leben, Braunschweig 1972, S. 24 f.

Steinacker, Karl: Schützenfest und fahrendes Volk, in: Braunschweigische Heimat 15 (1924), 4, S. 104–108.

Verzeichnis der Schulen und sonstigen Bildungsanstalten des Herzogtums Braunschweig nebst ausführlichen Angaben über Aufsicht, Schulvorstand, Leitung, Lehrkörper, Gehaltsverhältnisse, Schülerzahl, Schulgeld, Mittel, Lehrgang u. Lehrziel und Geschichte, Braunschweig/Leipzig 1906.

Zimmermann, Paul: Das Vaterländische Museum in Braunschweig, in: Braunschweigisches Magazin (1906), 4, S. 37–44.

https://www.bauernhaus-bortfeld.de/ (06.06.2024).

https://www.lostart.de/de/suche?term=Lilien%2C%20Helene%20geb.%20Magnus&filter[type][0]=Objektdaten (05.09.2024).

https://3landesmuseen-braunschweig.de/braunschweigisches-landesmuseum/das-museum/freundinnen-und-foerderinnen (06.06.2024).

Christopher Galler

Das Bomann-Museum Celle als Resultat einer lokalen Bürgerbewegung

Das heutige Bomann-Museum Celle war das Resultat einer Initiative aus dem Bürgertum und reiht sich damit in die typischen Museumsgründungen des 19. Jahrhunderts ein, als zunächst in zahlreichen großen Städten Museen als fester Bestandteil bürgerlichen Lebens entstanden und dieser „Trend“ allmählich auch in der Fläche Einzug hielt.[1]

Bereits ab 1877 sind Initiativen zur Gründung eines Museums in Celle nachweisbar, als sich ein erster Verein bildetet, der sich sowohl um den Aufbau einer Sammlung als auch um die Gewinnung finanzieller Mittel bemühte. Allerdings war dieser Initiative noch kein nachhaltiger Erfolg beschieden. Erst das 1892 anstehende 600-jährige Stadtjubiläum von Celle sowie das Engagement geeigneter Persönlichkeiten sorgten dafür, dass sich ein Museum nun fest etablieren konnte.[2] Einerseits schärfte das Jubiläum das Interesse an einem Ort zur Erhaltung der historischen Zeugnisse, und andererseits engagierte sich zu diesem Zeitpunkt schon der spätere Namensgeber Wilhelm Bomann (1848–1926) (Abb. 1) maßgeblich für das Projekt.[3] Daher wird er auch als Gründer betrachtet, obwohl er erst 1898 den Vorsitz des Museumsvereins übernahm. Bomann entstammte einer Fabrikantenfamilie, die einige Generationen zuvor von Schweden nach Celle gekommen war. Sie betrieb eine Wollgarnfabrik, die sogar eine Filiale in New York unterhielt, wo Bomann zwischen 1868 und 1871 selbst lebte und arbeitete. Nach seiner Rückkehr übernahm er 1877 die Leitung der Fabrik und führte sie bis 1909 neben dem Engagement für das Museum weiter. Natürlich war es keineswegs Bomann allein, der das Gelingen des Museumsprojekts ermöglichte, jedoch kommt ihm sicherlich von Beginn an die führende Rolle zu.[4]

1 Vgl. Galler: Von der Heimatbewegung zur Nazibewegung?, S. 44 f.; Korff: Museumsdinge deponieren – exponieren, S. 52.

2 Vgl. Galler: Von der Heimatbewegung zur Nazibewegung?, S. 57 f.

3 Vgl. ebd., S. 58 f.

4 Vgl. ebda., S. 73–76; Hack: Wilhelm Bomann, S. 25–42.

https://doi.org/10.1515/9783111494616-013

Abb. 1: Museumsgründer Wilhelm Bomann, um 1914 © Bomann-Museum Celle.

Dies gilt auch für die feste und nachhaltige Etablierung des 1892 gegründeten Museumsvereins, dessen Mitgliederzahl nun schnell anstieg. Bereits wenige Monate nach seiner Gründung hatte er 178 Mitglieder in seinen Reihen und bis 1913 wuchs die Zahl kontinuierlich weiter auf 811 Personen. Somit hat sich die Mitgliederzahl in diesen zwei Jahrzehnten mehr als vervierfacht. Selbst wenn darunter auch Auswärtige vertreten waren, stellt dies doch eine erhebliche Mobilisierungsleistung dar, da in diesem Zeitraum nur rund 20.000 Menschen in Celle lebten. Allerdings rekrutierten sich die Mitglieder keineswegs aus allen Bevölkerungsschichten, sondern es waren vor allem Lehrer, Pastoren, Ärzte, Architekten, Juristen, höhere Beamte sowie Fabrikanten und Industrielle vertreten. Frauen tauchen nur sehr wenige in den Mitgliederlisten auf, in der Regel sind dies die Ehefrauen der wohlhabenden Fabrikanten in Celle.[5] Obwohl sich im Kontext der aufkommenden Heimatbewegung die ländliche Kulturgeschichte zu einem wesentlichen Bestandteil des Museums entwickelte, war die bäuerliche Bevölkerung kaum vertreten. Lediglich einige adlige Rittergutsbesitzer finden sich in den Mitgliederlisten. Dieses Bild deckt sich allerdings mit anderen Vereinigungen der Heimatbewegung, die vor allem eine Bewegung des städtischen Bürgertums darstellte.[6]

---

5 Galler: Von der Heimatbewegung zur Nazibewegung?, S. 66 f.

6 Im Heimatbund Niedersachsen waren beispielsweise zwischen 1903 und 1909 keine Arbeiter vertreten und nur 1,5 Prozent waren Bauern, die lediglich zusammen mit den weit stärker ver-

Im Gegensatz zur vorherigen Initiative von 1877 konnte 1892 auch das Raumproblem zumindest vorläufig gelöst werden, da das neue Museum das Gebäude der ehemaligen Bürgerschule in Celle nutzen konnte.[7] Auch die Sammlung wurde neben gezielter Akquise durch Zuwendungen aus der Bevölkerung und häufig auch durch Mitglieder des Museumsvereins zusammengetragen. Zu Beginn wurde das grob gehaltente Sammlungskonzept, dass den Schwerpunkt auf Objekte aus Celle und seiner Umgebung legte, nicht konsequent eingehalten. Erst mit der Übernahme des Vorsitzes durch Wilhelm Bomann wurde das Konzept genauer gefasst und stärker beachtet. In der Anfangszeit wurden auch Gegenstände in die Sammlung aufgenommen, die von einzelnen Mitgliedern des Vereins als museumswürdig betrachtet wurden, auch wenn sie nicht aus Celle oder der Umgebung stammten. So wurde 1892 auch eine naturkundliche Sammlung aufgebaut und teilweise gelangten Objekte in den Bestand, die in kolonialen Zusammenhängen ihren Weg nach Europa und Celle gefunden hatten. Zu nennen ist hier etwa Schmuck, den Missionare der Mission in Hermannsburg bei Celle mitgebracht hatten, oder Waffen und sonstige Gegenstände aus der Südsee.[8] In den ersten Ausstellungen wurde dieses Kulturgut auch direkt den heimischen Zeugnissen bäuerlichen Lebens gegenübergestellt, geprägt von dem damaligen europäischen Überlegenheitsgefühl hinsichtlich anderer Kulturen.[9]

Wenige Jahre nach der Gründung sammelte Bomann jedoch gezielter und gab teilweise das außereuropäische Kulturgut ab, etwas an das damalige Provinzialmuseum in Hannover, dem heutigen Landesmuseum Hannover.[10] Vor allem drei Schwerpunkte etablierten sich für die Sammlung des Museums: Dies war einmal die lokale Stadtgeschichte, dann die hannoversche Militär- und Landesgeschichte sowie die bäuerliche Kulturgeschichte. Die beiden Letzteren waren in der Vorstellung von Bomann aber keineswegs auf die Region um Celle begrenzt, da er das Celler Museum, welches sich seit 1895 offiziell „Vaterländisches Museum" nannte, als das wesentliche Museum zur Erinnerung an das 1866 untergegangene Königreich Hannover betrachtete. In den Reihen des Museumsvereins waren mit dem Hauptmann a. D. Magnus von Loesecke auch sehr welfentreue Personen vertreten, die nicht nur die Erinnerung an das vormalige

tretenen Gutsbesitzern und -pächtern auf einen Anteil von 6,8 Prozent kamen. Vgl. Hartung: Konservative Zivilisationskritik und regionale Identität, S. 84.

7 Vgl. Galler: Von der Heimatbewegung zur Nazibewegung?, S. 58.

8 Vgl. ebd., S. 80–84.

9 Diese ist der damaligen Berichterstattung in einer örtlichen Zeitung zu entnehmen, vgl. Cellesche Zeitung, 15.10.1898.

10 Vgl. Galler: Von der Heimatbewegung zur Nazibewegung?, S. 81–83.

Königreich Hannover pflegen wollten, sondern die politische und territoriale Wiederherstellung anstrebten.[11]

Die Ausrichtung und der Anspruch des Vaterländischen Museums in Celle brachten es aber bald in Konkurrenz mit dem 1903 gegründeten Vaterländischen Museum in Hannover, das nahezu identische Ansprüche und Zielsetzungen verfolgte.[12] Generell war in Teilen der bürgerlichen und vor allem adeligen Kreise im ehemaligen Königreich Hannover noch eine starke Verbindung zum ehemals souveränen Staat vorhanden, die auch die Triebkraft für dessen museale Bewahrung bildete.[13] Weiterhin hatte die sich um 1900 herausbildende Heimatschutzbewegung einen starken Einfluss auf die Konzeption des Celler Museums. Wie schon erwähnt, war es vor allem eine Bewegung des städtischen Bürgertums, die besonders auf den Wandel der sozialen Strukturen im ländlichen Raum infolge von einsetzender Rationalisierung und Industrialisierung in der Landwirtschaft reagierte.[14] Daher strebte sie danach, die tradierte und oft idealisiert betrachtete bäuerliche Lebenswelt zumindest museal zu bewahren. Bauern selbst waren aber in der Heimatbewegung so gut wie gar nicht vertreten.

Das Engagement des städtischen Bürgertums zeigt sich am Beispiel des Vaterländischen Museums in Celle hingegen auf vielfältige Weise. Neben den schon genannten Stiftungen für die Sammlung wurde auch früh der Aufbau der Ausstellungen durch außerordentliche Zuwendungen finanziert. Hierbei taten sich die jüdischen Mitglieder des Vereins besonders hervor. Einige, wie der Lehrer Julius Löwenstein, waren von Beginn an dabei und der Museumsverein hatte zu Hochzeiten 16 jüdische Mitglieder in seinen Reihen, was bei einer jüdischen Gemeinde mit rund 80 Personen ein noch deutlicheres Engagement als in der Gesamtbevölkerung aufzeigt.[15] Unter den Vereinsmitgliedern waren auch Otto und Sartorius Rheinhold, die als Unternehmer durch die Förderung von Kieselgur und Erdöl vermögend geworden waren und sich vielseitig für wohltätige Zwecke einsetzten.[16] Sartorius Rheinhold übernahm beispielsweise in den Jahren 1896 und 1897 mit einem Neffen Arnold Daniel fast 30 Prozent der Kosten

---

11 Vgl. Obenaus: Der Museumsverein, seine jüdischen Mitglieder und das Bomann-Museum in Celle, S. 192; Buhr: Celle im Kaiserreich, S. 82–84. Zur welfischen Bewegung vgl. auch Aschoff: Die welfische Bewegung und die Deutsch-hannoversche Partei, S. 41–64.

12 Vgl. Galler: Von der Heimatbewegung zur Nazibewegung?, S. 61.

13 Vgl. Aschoff: Die welfische Bewegung und die Deutsch-hannoversche Partei, S. 41–64.

14 Vgl. Schmidt: Geschichte und Heimat, S. 1–44.

15 Vgl. Obenaus: Der Museumsverein, seine jüdischen Mitglieder und das Bomann-Museum in Celle, S. 170–195.

16 Vgl. Buhr: Die jüdischen Unternehmer Sartorius und Otto Rheinhold, S. 173–214; Schneider: Das Vaterländische Museum Hannover im Ersten Weltkrieg, S. 152.

für den Einbau einer Bauernstube im ersten Museumsgebäude.[17] Der Oberpostsekretär Iwan Dawosky (Abb. 2), der von Beginn an Mitglied im Museumsverein war, arbeitete nach seiner Pensionierung auch ehrenamtlich im Museum gegen eine kleine Entschädigung.[18]

Abb. 2: Ehepaar Lydia und Iwan Dawosky, um 1910 © Bomann-Museum Celle.

Da das 1892 bezogene ehemalige Schulgebäude aber eher ein Provisorium war, begannen wenige Jahre später die Planungen für ein neues und repräsentatives Museumsgebäude. Im Dezember 1900 bildete sich ein Ausschuss, dem unter anderem der königliche Baurat Lucas angehörte. Er war es auch, der knapp ein Jahr später einen ersten Entwurf vorlegte. Weitere Entwürfe folgten, unter anderem einer von Eduard Schlöbcke, der besonders von Neo-Renaissance-Elementen geprägt war.[19] Da Bomann sie aber für finanziell nicht machbar hielt, wandte er sich zunächst an den Lüneburger Architekten Franz Krüger. Letztlich überzeugten aber auch dessen Entwürfe nicht, sodass sich der Vorstand des Museumsvereins kurzfristig für Pläne des Architekten Alfred Sasse entschied und Krüger für die geleistete Arbeit schließlich entschädigen musste. Sasses Entwurf überzeugte vor allem, da die geplante Ehrenhalle der hannoverschen Armee auch im äußeren Baukörper deutlich hervortrat und ein Torbogen das

17 Vgl. Galler: Von der Heimatbewegung zur Nazibewegung?, S. 67; Obenaus, Der Museumsverein, seine jüdischen Mitglieder und das Bomann-Museum in Celle, S. 174.

18 Vgl. Riege: Iwan Dawosky – ein jüdischer Geschichtsschreiber von Celle, S. 205–226.

19 Vgl. Galler: Von der Heimatbewegung zur Nazibewegung?, S. 94–96; Otten: Das Treffen an der Göhrde, S. 45.

Gebäude mit dem nahen Pfarrwitwenhaus verband, das schon für eine spätere Erweiterung vorgesehen war. Zudem wurden verschiedene Stilelemente aufgegriffen, die auch beim Celler Rathaus und beim Celler Schloss zu finden waren (Abb. 3). Der Bau konnte nach dem Abriss der Alten Wache an repräsentativer Stelle gegenüber dem Celler Schloss errichtet werden.[20]

Abb. 3: Fassadenentwurf von Alfred Sasse, April 1903 © Bomann-Museum Celle.

Auch für den Entwurf von Sasse mussten Finanzmittel in damals nicht unerheblicher Höhe beschafft werden. Es gelang Wilhelm Bomann jedoch, das vormalige hannoversche Königshaus bzw. Ernst August von Cumberland zu einer erheblichen Unterstützung in Höhe von 45.000 Mark zu bewegen. Eine fast ähnlich hohe Summe von knapp 40.000 Mark konnte aber durch Spenden von Mitgliedern des Museumsvereins und der Celler Bevölkerung aufgebracht werden, was wiederum das starke bürgerschaftliche Engagement für das Projekt hervorhebt.[21] Die Resultate der Sammlungen wurden in Form von mehreren Gaben-Verzeichnissen in der Zeitung veröffentlicht. Das erste Verzeichnis (Abb. 4) wurde angeführt von Frau v. Adelebsen, geb. Reichsgräfin v. Schwicheldt, mit

20 Vgl. Galler: Die Sasse-Entwürfe und der Museumsbau, S. 127–132; Otten: Das Treffen an der Göhrde, S. 56.

21 Vgl. Galler: Von der Heimatbewegung zur Nazibewegung?, S. 98.

Erstes Gaben-Verzeichnis

für den

Neubau des Vaterländischen Museums.

Frau v. Adelebsen, geb. Reichsgräfin v. Schwicheldt, Schloß Schliestedt	Mk.	1000
Fabrikant Bomann	„	500
Lehrer Dehning	„	50
Oberbürgermeister Denicke	„	500
Dekorationsmaler Freudenthal	„	50
Rittergutspächter Görg, Neuhoff	„	1000
Fabrikant Haacke	„	500
Hannoversche Bank hierselbst	„	500
Landrat v. Harlem	„	100
Landschaftsdirektor v. Harling	„	100
Frau Oberstleutnant Heinicke	„	100
Geh. Regierungsrat Hurtzig, Hannover	„	100
Oberlandesgerichts-Präsident Krah	„	100
Hauptmann a. D. v. Loesecke	„	100
Kaufmann Meinerts	„	150
Redakteur Pfingsten	„	750
S. Rheinhold, Hannover	„	500
Lehrer Schlicht	„	150
Reichsgraf v. Schwicheldt, Söder	„	1000
Vorschuß- und Sparverein hierselbst	„	100
Stadt-Bauamts-Assistent Walter	„	25
Summa	Mk.	7275

Abb. 4: Erstes Gaben-Verzeichnis für den Neubau des Vaterländischen Museums, veröffentlicht in der Celleschen Zeitung vom 25. April 1904.

einer Zuwendung von 1.000 Mark. Wilhelm Bomann gab 500 Mark aus seinem privaten Vermögen, ebenso der schon erwähnte Unternehmer Sartorius Rheinhold.[22] Die weiteren veröffentlichten Gaben-Verzeichnisse enthielten dann auch kleine Zuwendungen.[23] Die Nennung der Namen sollte sicherlich die Spendenbereitschaft fördern und unterstreichen, dass jede Zusendung den gleichen ideellen Wert für das Gelingen des Projekts hatte.

Bei der inhaltlichen Ausgestaltung des neuen Museumsgebäudes und seiner Ausstellung dürfte Wilhelm Bomann tatsächlich die sehr maßgebende Kraft gewesenen sein. Allerdings war er dabei auch ohne Zweifel auf ein Netzwerk angewiesen und beteiligte je nach Thema auch geeignete Persönlichkeiten. Dies geschah etwa bei der Einrichtung einer kleinen „israelitischen Abteilung“. Judaica wurden von vielen Museen trotz Anfeindungen aus antisemitischen Kreisen zu Beginn des 20. Jahrhunderts aktiv gesammelt, beispielsweise auch vom

22 Vgl. Cellesche Zeitung, 25.04.1904.
23 Vgl. Galler: Von der Heimatbewegung zur Nazibewegung?, S. 69.

Germanischen Nationalmuseum in Nürnberg.[24] Dieser Umstand hat auch Bomann dazu angeregt, Objekte des jüdischen Kultus in die Ausstellung aufzunehmen. Dazu bat er den jüdischen Lehrer Julius Löwenstein um Unterstützung durch zügige Beschaffung entsprechender Objekte für die Ausstellung und sicherte ihm die Erstattung seiner Auslagen zu.[25]

Neben gezieltem Ansprechen rief der Vereinsvorstand auch immer wieder öffentlich zur Schenkung von Sammlungsgütern auf, so etwa 1901 für die bereits geplante Ruhmeshalle der hannoverschen Armee, die ein Kernstück der musealen Erinnerung an die hannoversche Armee und das Königreich allgemein bilden sollte. Die Anzeige wurde auch in überregionalen Zeitungen veröffentlicht, beispielsweise an Orten wie Langensalza, wo die letzte Schlacht der hannoverschen Armee stattgefunden hatte und Erinnerungsstücke vorhanden sein konnten.[26] Unter anderem durch solche Maßnahmen gelang es, zahlreiche Objekte für die Ausstattung der Ruhmeshalle zusammenzutragen. Allerdings reichten die finanziellen Mittel nicht aus, um zur Einweihung des Museumsgebäudes im Jahr 1907 das geplante große Schlachtengemälde zu realisieren. Daher wurde diese Leerstelle bewusst mit einem Schriftzug versehen, der zu weiteren Spenden hierfür aufforderte. Gleichzeitig bildete sich auch ein Komitee zur Mittelbeschaffung, in dem sich wiederum Sartorius Rheinhold maßgeblich engagierte. Die Lösung brachte in diesem Fall allerdings ein Unterstützungsgesuch an Kaiser Wilhelm II., der sich bei seinem Besuch am 19. Juni 1908 dazu bereiterklärte, die Kosten für ein solches Gemälde zu übernehmen. Er verfolgte hierbei aber auch politische Ziele, weil er an einer Aussöhnung mit dem Welfenhaus interessiert war und daher eine hannoversche Traditionspflege unterstützte, solange sie sich nicht gegen seinen Herrschaftsanspruch richtete. Zur Motivation des Kaisers passte auch das gewählte Motiv des Gefechtes an der Göhrde, wo 1813 die hannoversche Brigade unter anderem gemeinsam mit den Preußen gegen die Franzosen gekämpft hatte.[27]

Wilhelm Bomann stand nicht nur dem Museumsverein vor, sondern leitete bis 1912 auch maßgeblich die alltägliche Museumsarbeit. Mit Albert Neukirch (Abb. 5) erhielt Bomann 1912 einen Assistenten, der 1923 schließlich seine Nachfolge als Museumsdirektor antrat. Während zuvor ein aus dem Bürgertum stammender, aber dennoch in Museumsfragen auf der Höhe seiner Zeit agierender Autodidakt das Museum geleitet hatte, trat mit Neukirch eine wissenschaftlich

24 Vgl. Hoppe: Jüdische Geschichte und Kultur in Museen, S. 77–79.
25 Vgl. Galler: Von der Heimatbewegung zur Nazibewegung?, S. 88.
26 Vgl. ebd., S. 84–86.
27 Vgl. Galler: Von der Heimatbewegung zur Nazibewegung?, S. 102 f.; Obenaus: Das „Vaterländische Museum“ in Celle, S. 68 f.; Otten: Das Treffen an der Göhrde, S. 198 f.

vorgebildete Kraft an seine Stelle.[28] Auch dieser Schritt markiert den allmählichen Übergang von einer bürgerlichen Initiative zu einem deutlich stärker kommunal getragenen Museum. Auch der Museumsverein hatte vor Beginn des Ersten Weltkriegs seinen Höhepunkt erreicht. Einerseits erodierte durch den Krieg und seine Folgen der finanzielle Wohlstand des tragenden Bürgertums, und andererseits folgte nach dem Tod von Wilhelm Bomann auch keine Persönlichkeit an der Spitze nach, die eine vergleichbare Mobilisierungsleistung entfachen konnte. Somit trat nach 1914 zunächst eine Phase der Stagnation bei den Mitgliederzahlen ein; der Einfluss der Mitglieder auf die aktive Museumsarbeit nahm ab. Diese lag ab 1923 vor allem in den Händen von Albert Neukirch, der zwar offiziell noch für den Museumsverein tätig war, jedoch von der Stadt Celle besoldet wurde. Der seit 1924 amtierende Bürgermeister Ernst Meyer zeigte Interesse an Kultur, was aber auch dazu führte, dass der städtische Einfluss auf das Museum zunahm.[29]

Neu unter Albert Neukirch war seit Beginn der 1920er-Jahre, dass nun regelmäßig Sonderausstellungen angeboten wurden, wobei es sich nicht selten um Kunstausstellungen handelte. Diese boten andere Formen von Partizipation als bislang. So konnten zum Beispiel verschiedene Künstlervereinigungen ihre Werke ausstellen. Neben der dominierenden Heimatkunst waren gelegentlich auch moderne Kunstrichtungen wie abstrakte Malerei vertreten.[30] Weiterhin entwickelte sich seit Mitte der 1920er-Jahre eine sehr enge Zusammenarbeit mit den wichtigen Mitgliedern der Celler Ortsgruppe des „Verbands Deutsche Frauenkultur“[31], wie etwa den Schriftstellerinnen Carla Meyer-Rasch oder Lely Kempin. Diese kuratierten auch maßgeblich einige Ausstellungen, beispielsweise 1926 die Ausstellung „Porzellan aus Privatbesitz“, bei der Porzellan aus Privathaushalten gezeigt wurde (Abb. 6).[32] Zudem etablierten sich Ende der 1920er-Jahre die „Celler Modenspiele“, bei der vornehmlich Angehörige der Celler Frauenkultur in historischen Kostümen aus der Museumssammlung historische Szenen aufführten. Die Drehbücher hierfür fertigte in der Regel die schon erwähnte Carla Meyer-Rasch an. Die Celler Modenspiele erfreuten sich so großer Beliebtheit, dass sie schnell auch außerhalb von Celle aufgeführt wurden.[33]

28 Vgl. Galler: Von der Heimatbewegung zur Nazibewegung?, S. 119–130.

29 Vgl. ebd., S. 128–133; Hack: Wilhelm Bomann, S. 25–42.

30 Vgl. Galler: Von der Heimatbewegung zur Nazibewegung?, S. 196–201.

31 Vor 1933 führte der Verband den Namen „Verband für deutsche Frauenkleidung“.

32 Vgl. Galler: Von der Heimatbewegung zur Nazibewegung?, S. 202.

33 Vgl. ebd., S. 204–206.

Abb. 5: Museumsdirektor Albert Neukirch, um 1950 © Bomann-Museum Celle.

Der früher besonders wirkmächtige Celler Museumsverein erodierte hingegen mit dem Beginn der schweren Wirtschaftskrise ab 1929 regelrecht. Während vorher die Mitgliederzahlen noch einigermaßen konstant blieben und zwischenzeitlich sogar wieder leicht anstiegen, waren nun viele gezwungen, ihre Mitgliedschaft zu beenden. Hinzu kam, dass viele ältere Mitglieder verstarben und kaum neue nachkamen. Zudem schieden auch die verbliebenen Juden ab 1933 aufgrund der nationalsozialistischen Politik innerhalb weniger Jahre aus.[34] Somit hatte der Museumsverein 1933 nur noch 472 Angehörige und bis 1933 sank die Zahl immer weiter ab auf nur noch 320 Mitglieder. Das hohe Alter vieler Mitglieder fand auch darin seinen Ausdruck, dass der 1933 neu gewählte Vorsitzende Freiherr von dem Bussche selbst das 70. Lebensjahr erreicht hatte.[35] Der Zustand des Vereins bewegte den Schriftleiter der Niedersächsischen Tageszeitung, Wilhelm Bonneß, 1935 zu einer deutlichen Kritik:

> „Der Rahmen für die Jahresversammlung des Museumsvereins ist immer stilvoll anheimelnd. Bauerndiele, altes echtes Gefühl, gemütliche Stimmung, einige hübsche Blumen, Kerzenlicht, so ist es in jedem Jahr. Auch die wenigen Menschen, die hier zusammenkommen, sind immer die gleichen, 50 bis 100 Männer und Frauen in reiferen Jahren. Man muß annehmen, daß diese wenigen Personen die Träger des Museumsgedankens in Celle sind. Sonst niemand? Warum ist die Jugend nicht hier? HJ und BDM? Junge Soldaten! Junge Arbeiter! Junge Bauern! SA und SS! [...] Warum sind sie nicht im Beirat des Museums, den man ja beliebig vergrößern kann? Diese Führer werden schon dafür sorgen, daß die

34 Vgl. Obenaus: Der Museumsverein, seine jüdischen Mitglieder und das Bomann-Museum in Celle, S. 182–184.

35 Vgl. Galler: Von der Heimatbewegung zur Nazibewegung?, S. 227.

> Gefolgschaft kommt, und die Diele des Museums bald zu klein wird für Versammlungen."[36]

Die Schilderung von Wilhelm Bonneß im Hinblick auf die Altersstruktur der anwesenden Mitglieder dürfte zutreffend sein und deckt sich mit dem Befund, dass zu diesem Zeitpunkt kaum noch jüngere Menschen hinzukamen. Als Lösung brachte er vor allem die intensive Beteiligung nationalsozialistischer Organisationen ins Spiel, um so alle Gruppen der „Volksgemeinschaft" zu gewinnen. Wäre diese tatsächlich wie von ihm vorgeschlagen geschehen, so hätte dies zwar deutlich mehr Menschen aus vielen gesellschaftlichen Schichten aktiv in das Museum eingebunden, aber nicht jene, die von der „Volksgemeinschaft" ausgeschlossen waren, wie die zuvor sehr aktiven jüdischen Mitglieder. Zudem wäre es keine selbstorganisierte bürgerliche Partizipation mehr gewesen, sondern im Grunde eine vollkommene nationalsozialistische Durchdringung des Vereins und Museums.

Tatsächlich kam es nicht zur aktiven Einbindung der NS-Organisationen, und der Verein war immer weniger in der Lage, noch als Träger zu fungieren, selbst wenn der Direktor und das weitere Personal mittlerweile von der Stadt besoldet wurden. Daher gab es schon seit Anfang der 1930er-Jahre erste Verhandlungen mit der Stadt zur Übernahme der Trägerschaft, die aber noch zu keinem Ergebnis führten.[37] Erst 1936 wurden die Gespräche wieder aufgenommen, da vor allem die hohen Schulden des Vereins und die in Aussicht gestellte maßgebliche Finanzierung eines Erweiterungsbaus diesen Schritt notwendig bzw. durchaus attraktiv erscheinen ließen. 1937 wurde allerdings aufgrund der Bestimmungen des Vierjahresplans die Freigabe der nötigen Eisenkontingente für den Anbau verweigert. Da somit der Anbau zeitnah nicht realisiert werden konnte, regten sich im Verein und auch beim Museumsdirektor wieder Zweifel, die Trägerschaft an eine neu zu gründende Gesellschaft abzugeben.

Da die Stadt die Geschäftsführung übernehmen sollte, für die damals das „Führerprinzip" griff, konnte sie auch maßgeblich die künftige Richtung vorgeben. Zudem hatte sich der damalige Oberbürgermeister Meyer wenige Jahre zuvor gegenüber Dritten dahingehend geäußert, dass er die Arbeit des Museumsdirektors Neukirch als unzureichend empfand und diesen im Zweifelsfall auch ersetzen wollte, wovon Neukirch Kenntnis erlangt hatte.[38] Meyer war 1933 nicht Mitglied der NSDAP und wurde wegen seiner früheren Mitgliedschaft in einer Freimaurerloge erst 1941 per „Gnadenerlass" aufgenommen. Da ihm aber auch vom Gauleiter Otto Telschow eine gute fachliche wie auch loyale Amtsführung

36 Niedersächsische Tageszeitung (NTZ), 06.07.1935.
37 Vgl. Galler: Von der Heimatbewegung zur Nazibewegung?, S. 230–232.
38 Vgl. ebd., S. 232–234.

Abb. 6: Blick in die Ausstellung „Porzellan aus Privatbesitz“, 1926 © Bomann-Museum Celle.

gegenüber dem NS-Regime bescheinigt wurde, konnte er bis 1945 im Amt verbleiben, was deutschlandweit nur in wenigen Fällen vorkam.[39] Meyer war 1938 keineswegs mehr gewillt, einen Rückschritt des Museumsvereins zu akzeptieren. In diesem Fall erwog er sogar, Druckmittel einzusetzen, um den Museumsverein notfalls zu zerschlagen. Hierzu kam es allerdings nicht, da schließlich die wirtschaftlichen Verhältnisse den Verein zur Einwilligung zwangen.[40]

Daher entstand eine bis heute bestehende Trägergesellschaft, in der der bisherige Museumsverein neben der Stadt Celle, dem Landkreis und der Ritterschaft des vormaligen Fürstentums Lüneburg nur noch einer von vier Gesellschaftern ist. Natürlich wurden aber nach 1945 die nationalsozialistischen Elemente wie das „Führerprinzip“ aus dem Gesellschaftsvertrag gestrichen.[41]

39 Vgl. Droste: Gutachten zur Rolle des Oberbürgermeisters von Celle Ernst Meyer, S. 79–81.
40 Vgl. Galler: Von der Heimatbewegung zur Nazibewegung?, S. 234 f.
41 Vgl. ebd., S. 448 f.

Bibliografie

Aschoff, Hans-Georg: Die welfische Bewegung und die Deutsch-hannoversche Partei zwischen 1866 und 1914, in: Historische Kommission für Niedersachsen und Bremen (Hrsg.): Niedersächsisches Jahrbuch für Landesgeschichte, Bd. 53, Hildesheim 1981, S. 41–64.

Buhr, Karl-Heinz: Celle im Kaiserreich und in der Phase des politischen Umbruchs 1918/19. Bedeutende Ereignisse und Entwicklungen im Spiegel der Zeitgeschichte, Celle 2014.

Buhr, Karl-Heinz: Die jüdischen Unternehmer Sartorius und Otto Rheinhold – zwei Pioniere der Kieselgur und Erdölindustrie, in: Museumsverein Celle e. V. (Hrsg.): Celler Chronik, Bd. 14, Celle 2007, S. 173–214.

Cellesche Zeitung, 15.10.1898.

Cellesche Zeitung, 25.04.1904.

Droste, Daniel: Gutachten zur Rolle des Oberbürgermeisters von Celle Ernst Meyer im System der nationalsozialistischen kommunalen Selbstverwaltung, Celle 2007.

Galler, Christopher M.: Die Sasse-Entwürfe und der Museumsbaubau, in: Museumsverein Celle e. V. (Hrsg.): Celler Chronik, Bd. 22, Celle 2015, S. 127–132.

Galler, Christopher M.: Von der Heimatbewegung zur Nazibewegung? Die Geschichte der Heimatmuseen in Celle, Cloppenburg und Hannover in der ersten Hälfte des 20. Jahrhunderts, Celle 2022.

Hack, Angelika: Wilhelm Bomann – Leben und Wirken, in: Museumsverein Celle e. V. (Hrsg.): 100 Jahre Bomann-Museum Celle 1892–1992, Celle 1992, S. 25–42.

Hartung, Werner: Konservative Zivilisationskritik und regionale Identität. Am Beispiel der niedersächsischen Heimatbewegung. 1895–1919, Hannover 1991.

Hoppe, Jens: Jüdische Geschichte und Kultur in Museen. Zur nichtjüdischen Museologie des Jüdischen in Deutschland, Münster/Berlin/München 2002.

Korff, Gottfried: Museumsdinge deponieren – exponieren, Köln/Weimar/Wien 2002.

Niedersächsische Tageszeitung (NTZ), 06.07.1935.

Obenaus, Sibylle: Der Museumsverein, seine jüdischen Mitglieder und das Bomann-Museum in Celle (ein Überblick), in: Museumsverein Celle e. V. (Hrsg.): Celler Chronik, Bd. 9, Celle 2000, S. 170–195.

Obenaus, Sibylle: Das „Vaterländische Museum" in Celle und seine „Ehrenhalle der hannoverschen Armee", in: Museumsverein Celle e. V. (Hrsg.): Celler Chronik, Bd. 10, Celle 2002, S. 47–78.

Otten, Frank: Das Treffen an der Göhrde, in: Bomann-Museum Celle (Hrsg.): Einhundert Objekte, einhundert Jahre. Ausgewählte Werke aus den Beständen des Bomann-Museums Celle 1892–1992, Celle 1992, S. 54.

Riege, Anne-Luise: Iwan Dawosky – ein jüdischer Geschichtsschreiber von Celle, in: Brigitte Streich (Hrsg.): Juden in Celle. Biographische Skizzen aus drei Jahrhunderten, Celle 1996, S. 205–226.

Schmidt, Heinrich: Geschichte und Heimat. Zum Verhältnis von Heimatbewusstsein und Geschichtsforschung, in: Historische Kommission für Niedersachsen und Bremen (Hrsg.): Niedersächsisches Jahrbuch für Landesgeschichte, Bd. 39, Hildesheim 1967, S. 1–44.

Schneider, Gerhard: Das Vaterländische Museum Hannover im Ersten Weltkrieg, in: Thomas Schwark (Hrsg.): Deutungen, Bedeutungen. Beiträge zu Hannovers Stadt- und Landesgeschichte. Festschrift für Waldemar R. Röhrbein zum 75. Geburtstag, Hannover 2010, S. 124–173.

Claudia Selheim

Zuwendungen: Schenkungen und Stiftungen jüdischer Provenienz am Beispiel des Germanischen Nationalmuseums

Das Germanische Nationalmuseum (GNM) ist seit seiner Gründung 1852 stets auch auf Spenden und Schenkungen aus privater Hand für die Erweiterung seiner Bauten und Bestände angewiesen. Jüngst wurde der Fokus erstmals auf jüdische Schenker:innen und Stifter bis etwa zum Jahr 1933 gelegt. Ein Ziel war es, einen Eindruck von den für das Museum aktiven Jüd:innen zu gewinnen.

Eine wichtige Grundlage war das Buch „Mitten in Nürnberg. Jüdische Firmen, Freiberufler und Institutionen am Vorabend des Nationalsozialismus" von Gerhard Jochem,[1] weil hier konzentriert Namen von Juden zu finden sind. Ausgegangen wurde hinsichtlich der Aktivitäten für das GNM von der Annahme, dass der Anteil der Nürnberger Jüd:innen im Vergleich zu jenen von auswärts relativ hoch war. Stichprobenartig ausgewertet wurde nur das Zugangsregister der kunst- und kulturgeschichtlichen Sammlungen, weil bisher einzig dieses – im Gegensatz zu den der Graphischen Sammlung und der Bibliothek – automatisch nach Namen durchsuchbar ist. Namenstreffer führten zuweilen zu weiteren, von ihnen oder anderen Jüd:innen geförderten Projekten.

Auffällig ist zudem eine gewisse zeitliche Parallele zwischen der Gründung des Museums und der Zulassung von Juden als Bürger in Nürnberg 1850, weshalb hier ein kurzer Blick auf die Geschichte der jüdischen Gemeinde geworfen wird.

1298 gab es in Nürnberg die erste Judenverfolgung. Nach diesem Pogrom bauten Juden die Nürnberger Gemeinde um den Hauptmarkt wieder auf. Mitte des 14. Jahrhunderts zählte sie rund 2.000 Menschen, etwa ein Zehntel der Gesamtbevölkerung. Im Kampf um den Königsthron erlaubte Karl IV. dem Nürnberger Rat das Niederreißen der Siedlung. Die Bevölkerung tat ein Übriges: Sie ermordete 1349 etwa 570 jüdische Männer, Frauen und Kinder. Grabsteine des zerstörten jüdischen Friedhofs wurden im Laufe der Jahrhunderte als Baumaterial genutzt, einige von ihnen gelangten im 19. Jahrhundert ins GNM. Manche

1 *Der Aufsatz beruht auf dem sehr viel ausführlicheren Beitrag „Spurensuche. Stiftungen und Schenkungen jüdischer Provenienz", der in dem Band von Bernhard Purin und mir „Judaica – Menschen und Objekte" (Nürnberg 2025) erschien. Vgl. Jochem: Firmen.

https://doi.org/10.1515/9783111494616-014

Jüd:innen konnten sich retten und kehrten in die Stadt zurück. Doch erwirkte der Nürnberger Rat 1498 bei Kaiser Maximilian ihre Ausweisung, 1499 zwang man sie zum Verlassen der Stadt.

Als die Reichsstadt Nürnberg 1806 an das Königreich Bayern fiel, lebten dort 25.176 Einwohner – aber keine Jüd:innen, im Gegensatz zum benachbarten Fürth, wo sich 1807 ihr Anteil an der Gesamtbevölkerung auf 19 Prozent belief.[2] Dies änderte sich erst 1850, als Joseph Kohn nach über 350 Jahren als erster Jude in Nürnberg das Bürgerrecht erhielt. Mitglieder seiner Familie waren auch dem jungen Museum gewogen, wie Geschenke und Geldspenden belegen.[3] Der Anteil der Jüd:innen an der Gesamtbevölkerung machte in Nürnberg in der zweiten Hälfte des 19. Jahrhunderts allmählich etwa zwischen zwei und drei Prozent aus.

1864 kam es zur Gründung einer jüdischen Kultusgemeinde und zehn Jahre später konnte die das Stadtbild einst mitprägende Synagoge eingeweiht werden. Gleichsam städtebaulich markant sollte das GNM unter seinen Direktoren August von Essenwein und Gustav von Bezold werden.

Bereits Freiherr Hans von und zu Aufseß, dessen Sammlung Grundstock des Museums ist, erkannte die Notwendigkeit von Schenkungen und Stiftungen – auch finanzieller Art – für das Haus. Hilfreich war dabei das System der über die Grenzen des deutschsprachigen Raums hinaus agierenden Pflegschaften. Ihr Ziel war es, das Museum als ein gemeinsames deutsches Anliegen in der Gesellschaft zu verankern und Mitglieder zu gewinnen. Die Pfleger sammelten Jahresbeiträge ein, warben aktiv für Projekte und versuchten Objekte zu akquirieren. Der Architekt Essenwein, der zwischen 1866 und 1892 die Institution leitete, bewirkte vor allem die bauliche Expansion für die stets größer werdende Sammlung. So stieg die Zahl der Räume von zwölf auf 80 an,[4] was besonders seiner Kreativität und später auch der von Hans Boesch in Sachen Finanzierung von Projekten und der damit verbundenen Mittelakquise zu verdanken ist. Damals wurde die Architektur zum ersten – von außen sichtbaren – Exponat.[5] 1920 konnte zwar noch der Galeriebau eröffnet werden, doch die damalige vermehrte Hinwendung des Hauses zur Kunst und die Jahre der Inflation erschwerten es, an Gelder für neue Kunstwerke zu gelangen.

---

2 1809 waren das etwa 12.500 Einwohner.

3 Schenkung des Grabsteins des Jakob, Sohn des Abraham, Nürnberg, 1464; GNM, Inv.Nr. A3163.

4 Vgl. Springer: Zwischen Mittelalter und Moderne, S. 284.

5 Vgl. ebd., S. 312.

Großprojekte

Kauf und Umbau des Königsstiftungshauses

Für die Erweiterung des Museumsareals konnte das GNM 1897 das benachbarte, 1857 eingeweihte Königsstiftungshaus für 120.000 Mark erwerben.[6] Dort sollten Bibliothek, Archiv und Kupferstichkabinett untergebracht werden. Für den Umbau veranschlagte man 60.000 Mark. Der Zweite Direktor Hans Boesch hoffte, die Summe „durch Freunde und Gönner" des „nationalen Institutes" so einzuwerben, dass 180 von ihnen jeweils 1.000 Mark zahlten.[7] Unter ihnen waren selbstverständlich auch Juden und ihnen gehörende Unternehmen. Genannt wurden alle „hochherzigen Geber" im museumseigenen Publikationsorgan, dem Anzeiger des GNM, in einem gedruckten Verzeichnis[8] sowie auf einer im Erdgeschoss des 1902 eröffneten Gebäudes angebrachten Stiftertafel aus Marmor.[9] In dem Verzeichnis, der Einzeichnungsliste, wurden schließlich 140 Namen über Jahre ergänzt (Abb. 1). Keine Aufnahme fanden hier und auf der Tafel Personen oder Firmen, die weniger als 1.000 Mark zahlten.

Die in der Liste aufgeführten Juden zahlten alle jeweils 1.000 Mark. An dieser Stelle soll nur ein Eindruck des Personenkreises, seines beruflichen Umfelds sowie der lokalen Verortung gegeben werden. 1897 gehörten zu dem Kreis zahlreiche Personen und Firmen aus Nürnberg und Fürth, unter den Nürnbergern viele im Hopfenhandel tätige Juden, so die Brüder Wilhelm und Ludwig Gerngros, Hopf & Söhne, William Gütermann und Fritz Tuchmann. Oft betrieben sie das Gewerbe schon, bevor sie nach der Aufhebung des Niederlassungsverbots für Juden nach Nürnberg gezogen waren. Die Stadt entwickelte sich nach der Freigabe des Hopfenschwefelns 1858 bis zum Ausbruch des Ersten Weltkriegs zur Welthandelsmetropole, wovon auch andere jüdische Unternehmen profitierten, wie das Bankhaus der Brüder Max und Ernst Kohn, das Bankhaus Anton Kohn sowie die Leder- und Treibriemenfabrik Elias Kohn, die gleichfalls Geldgeber waren.

6 Vgl. Bahns: Museumsbauten, S. 451.

7 Chronik des germanischen Museums, S. 69.

8 Vgl. GNM, HA, GNM A-485, Einzeichnungsliste für den Erwerb des Königsstiftungshauses, Nürnberg 1898. – Anzeiger des Germanischen Nationalmuseums 1897, S. 69–70, 85; Anzeiger des Germanischen Nationalmuseums 1898, S. 3, 14, 23, 47, 55; Anzeiger des Germanischen Nationalmuseums 1899, S. 3, 11, 37.

9 Vgl. Hampe: Das Germanische Nationalmuseum, S. 133.

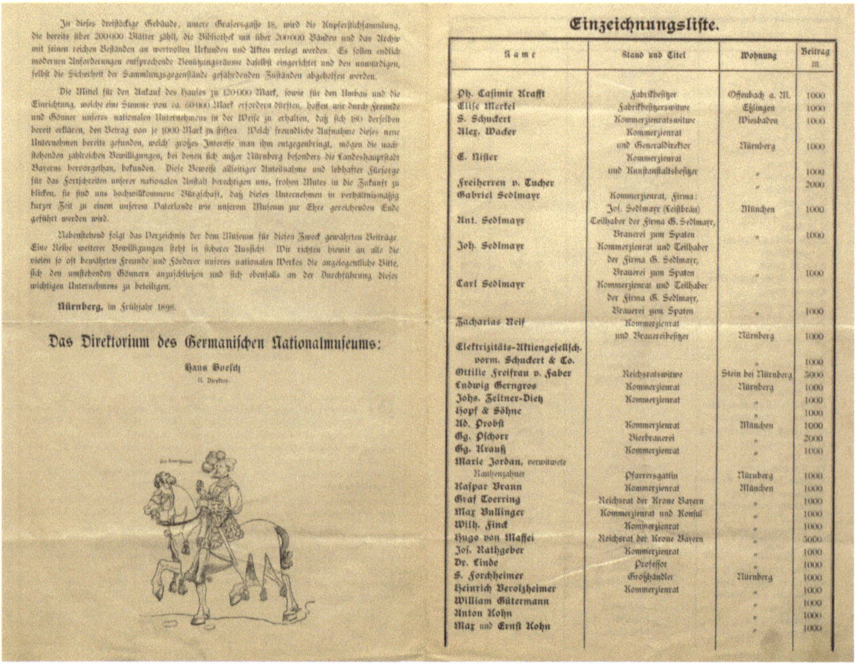

In dieses dreistöckige Gebäude, untere Grasersgasse 18, wird die Kupferstichsammlung, die bereits über 200000 Blätter zählt, die Bibliothek mit über 200000 Bänden und das Archiv mit seinen reichen Beständen an wertvollen Urkunden und Akten verlegt werden. Es sollen endlich modernen Anforderungen entsprechende Benützungsräume daselbst eingerichtet und den unwürdigen, selbst die Sicherheit der Sammlungsgegenstände gefährdenden Zuständen abgeholfen werden.

Die Mittel für den Ankauf des Hauses zu 120000 Mark, sowie für den Umbau und die Einrichtung, welche eine Summe von ca. 60000 Mark erfordern dürften, hoffen wir durch Freunde und Gönner unseres nationalen Unternehmens in der Weise zu erhalten, daß sich 180 derselben bereit erklären, den Betrag von je 1000 Mark zu stiften. Welch' freundliche Aufnahme dieses neue Unternehmen bereits gefunden, welch' großes Interesse man ihm entgegenbringt, mögen die nachstehenden zahlreichen Bewilligungen, bei denen sich außer Nürnberg besonders die Landeshauptstadt Bayerns hervorgethan, bekunden. Diese Beweise allseitiger Anteilnahme und lebhafter Fürsorge für das Fortschreiten unserer nationalen Anstalt berechtigen uns, frohen Mutes in die Zukunft zu blicken, sie sind uns hochwillkommene Bürgschaft, daß dieses Unternehmen in verhältnismäßig kurzer Zeit zu einem unserem Vaterlande wie unserem Museum zur Ehre gereichenden Ende geführt werden wird.

Nebenstehend folgt das Verzeichnis der dem Museum für diesen Zweck gewährten Beiträge. Eine Reihe weiterer Bewilligungen steht in sicherer Aussicht. Wir richten hiemit an alle die vielen so oft bewährten Freunde und Förderer unseres nationalen Werkes die angelegentliche Bitte, sich den umstehenden Gönnern anzuschließen und sich ebenfalls an der Durchführung dieses wichtigen Unternehmens zu beteiligen.

Nürnberg, im Frühjahr 1898.

Das Direktorium des Germanischen Nationalmuseums:

Hans Boesch

II. Direktor.

Einzeichnungsliste.

Name	Stand und Titel	Wohnung	Beitrag M.
Ph. Casimir Krafft	Fabrikbesitzer	Offenbach a. M.	1000
Elise Merkel	Fabrikbesitzerswitwe	Eßlingen	1000
S. Schuckert	Kommerzienratswitwe	Wiesbaden	1000
Alex. Wacker	Kommerzienrat und Generaldirektor	Nürnberg	1000
E. Nister	Kommerzienrat und Kunstanstaltsbesitzer	"	1000
Freiherren v. Tucher		"	2000
Gabriel Sedlmayr	Kommerzienrat, Firma: Jos. Sedlmayr (Leistbräu)	München	1000
Ant. Sedlmayr	Teilhaber der Firma G. Sedlmayr, Brauerei zum Spaten	"	1000
Joh. Sedlmayr	Kommerzienrat und Teilhaber der Firma G. Sedlmayr, Brauerei zum Spaten	"	1000
Carl Sedlmayr	Kommerzienrat und Teilhaber der Firma G. Sedlmayr, Brauerei zum Spaten	"	1000
Zacharias Reif	Kommerzienrat und Brauereibesitzer	Nürnberg	1000
Elektrizitäts-Aktiengesellsch. vorm. Schuckert & Co.		"	1000
Ottilie Freifrau v. Faber	Reichsratswitwe	Stein bei Nürnberg	5000
Ludwig Gerngros	Kommerzienrat	Nürnberg	1000
Johs. Zeltner-Dietz	Kommerzienrat	"	1000
Hopf & Söhne		"	1000
Ad. Probst	Kommerzienrat	München	1000
Gg. Pschorr	Bierbrauerei	"	2000
Gg. Krauß	Kommerzienrat	"	1000
Marie Jordan, verwitwete Rauhenzahner	Pfarrersgattin	Nürnberg	1000
Kaspar Braun	Kommerzienrat	München	1000
Graf Toerring	Reichsrat der Krone Bayern	"	1000
Max Bullinger	Kommerzienrat und Konsul	"	1000
Wilh. Finck	Kommerzienrat	"	1000
Hugo von Maffei	Reichsrat der Krone Bayern	"	5000
Jos. Rathgeber	Kommerzienrat	"	1000
Dr. Linde	Professor	"	1000
S. Forchheimer	Großhändler	Nürnberg	1000
Heinrich Berolzheimer	Kommerzienrat	"	1000
William Gütermann		"	1000
Anton Kohn		"	1000
Max und Ernst Kohn		"	1000

Abb. 1: Einzeichnungsliste für den Erwerb des Königsstiftungshauses, Nürnberg 1898. GNM, HA, GNM A-485.

Aus Fürth stammte der Bleistiftfabrikant, Kommerzienrat, Ehrenbürger von Nürnberg und Fürth Heinrich Berolzheimer, dessen Name bis heute in der Region aufgrund seiner vielen sozialen Stiftungen gegenwärtig ist. Der Spielzeugfabrikant und Kommerzienrat Ignaz Bing sowie der in seiner „Lithographischen Kunstanstalt" vor allem Bilderbücher produzierende und als spendenfreudig bekannte Kommerzienrat Max Löwensohn steuerten jeweils 500 Mark bei. Als das Projekt Königsstiftungshaus 1902 noch immer ein „Schmerzenskind" war, gab Löwensohn ebenso erneut Geld wie der Münchner Bankier Emil Freiherr von Hirsch und der in Frankfurt lebende Charles L. Hallgarten, die beide 1897 schon jeweils 1.000 Mark gestiftet hatten. Letztere waren gewiss über die Pflegschaften animiert worden.

Der US-amerikanische Staatsbürger Hallgarten war stiller Teilhaber der väterlichen Bank in New York. Der Philanthrop setzte sich in Frankfurt für verschiedene soziale Projekte inhaltlich und materiell ein. Angeregt durch den Direktor des Düsseldorfer Kunstgewerbemuseums Heinrich Frauberger fasste Hallgarten mit Gelehrten und Kunstfreunden 1897 den Entschluss zur Gründung der „Gesellschaft zur Erforschung jüdischer Kunstdenkmäler“, deren Vorsitzender er wurde.[10] Letztlich sollte die Gesellschaft auch das Ansehen jüdischer Bürger stärken. Ihr Schatzmeister war Georg Speyer, Teilhaber des Bankhauses „Lazard-Speyer-Ellissen“, der ebenso wie sein in London lebender Neffe Sir Edgar Speyer die Finanzierung des Königsstiftungshauses unterstützte. Dies taten weitere in der Stadt am Main angesiedelte Bankiers wie Moritz Benedict Goldschmidt, sein Schwager Baron Wilhelm Carl von Rothschild[11] sowie der Politiker, Kunstförderer und Stifter Theodor Stern.[12]

Aus München stellte neben dem Bankier Emil Freiherr von Hirsch der Mathematikprofessor und spätere Schwiegervater von Thomas Mann, Alfred Pringsheim, 1.000 Mark zum Erwerb der Immobilie zur Verfügung. Zum Jubiläum 1902 schenkte der eifrige Sammler Pringsheim dem Museum zwei ins 16. beziehungsweise ins 17. Jahrhundert datierte Kupferkrüge und eine fränkische Fayenceschüssel aus dem 18. Jahrhundert.[13] Sie können als Ausdruck seiner Wertschätzung gegenüber der Sammelinstitution der Nation betrachtet werden, doch trennte sich diese schon 1921 von diesen und anderen Objekten, weil sie die Kosten für die Neubauten und ihre Ausstattung auch durch Verkäufe bestreiten musste.

Eine sehr aktive Pflegschaft existierte in Berlin, wo folgende Personen spendeten: der Kaufmann und bedeutende Mäzen James Simon, der Verleger Rudolf Mosse, der Bankier Dr. James von Bleichröder – einer der reichsten Männer Preußens zu Beginn des 20. Jahrhunderts –, außerdem der vornehmlich in der Waffen-, Elektro- und Automobilindustrie tätige Kommerzienrat Isidor Loewe sowie der Bankier, Mäzen und Sozialreformer Valentin Weisbach.

Eine kleinere Summe stellte der Fabrikant Max Frankenburger bereit, der als Kaufmann seit 1887 gemeinsam mit Max Ottenstein die „Velocipedfabrik Frankenburger & Ottenstein“ in Nürnberg leitete. Bei Frankenburger kann man darüber hinaus von einem fachlichen Interesse am Museum ausgehen, hatte er sich doch der Kunstgeschichte verschrieben.[14] In Nürnberger Archiven trug er Material für seine Monografie über den Goldschmied Wenzel Jamnitzer zusammen.[15] Frankenburger wurde im Juni 1942 nach Theresienstadt deportiert und dort am 5. Januar 1943 ermordet.

---

10 Vgl. Frauberger: Zweck und Ziel, S. 5–7; Deneke: Geschichte der Sammlung, S. 137; Rauschenberger: Jüdische Tradition, S. 59–69.

11 Vgl. Schembs: Jüdische Mäzene, S. 126–128.

12 Vgl. ebd., S. 140–142.

13 Vgl. Anzeiger des Germanischen Nationalmuseums 1902, S. 46, 58.

14 Vgl. Ullein: Nürnberger Fahrradgeschichte(n), S. 2–4; Purin: Fahrradpionier und Privatgelehrter.

15 Vgl. Frankenburger: Beiträge zur Geschichte Wenzel Jamnitzers.

Von den allein in der Einzeichnungsliste aufgeführten 152.000 Mark kamen 22.000 Mark, also knapp ein Siebtel, von Juden oder ihren Unternehmen, was ihre Bedeutung für den Ausbau des GNM in der damaligen Zeit zeigt und ihren Willen zur gesellschaftlichen Teilhabe unterstreicht.

Der Kauf der Beckh'schen Fabrik

Am 1. Oktober 1910 ging die Beckh'sche Fabrik zur Erweiterung des Museums für 1.233.137,80 Mark einschließlich Nebenkosten in dessen Eigentum über.[16] Wiederholt stellten der bereits erwähnte Nürnberger Hopfenhändler Ludwig Ritter von Gerngros (20.000 Mark) sowie der ebenfalls bereits erwähnte Berliner Kaufmann James Simon (40.000 Mark) hohe Summen für den Erwerb bereit, doch zählten viele weitere Juden und ihre Firmen zu den Finanziers. Aus Berlin waren es der Geheime Kommerzienrat, Unternehmer und Kunstmäzen Eduard Arnhold (10.000 Mark), die Juristen und Bankiers Arthur Salomonsohn (5.000 Mark) und Franz von Mendelssohn (5.000 Mark), der Verleger Rudolf Mosse (3.000 Mark) und der Verlag Ullstein & Co. (1.000 Mark), dessen Gründer Leopold Ullstein aus Fürth stammte.

Unter den Bankiers, die sich jeweils mit 1.000 Mark beteiligten, fanden sich außerdem die Kölner Moritz Seligmann und Albert Moritz Philipp Freiherr von Oppenheim, ferner das in Frankfurt ansässige Bankhaus Jacob S. H. Stern, auf Schloss Planegg bei München Emil Freiherr von Hirsch und in London Sir Edgar Speyer.

In Nürnberg war es das Bankhaus Anton Kohn, das das Projekt mit 3.000 Mark förderte. Neben dem Privatier Max (500 Mark) und dem Bankier Ernst Kohn (1.000 Mark) kamen Nürnberger Unternehmen hinzu, die das Museum vielfach auch in anderen Belangen unterstützten, wie der Kaufmann Fritz Tuchmann (1.000 Mark) und die Firma Hopf & Söhne (2.000 Mark). Der in Fürth geborene Rechtsanwalt, Bankierssohn und Philanthrop Alfred Nathan (1.000 Mark), Stifter des Wöchnerinnen- und Säuglingsheims Nathanstift in seiner Heimatstadt, begünstigte den Ankauf ebenso wie der Fürther Metallwarenfabrikant und Kommerzienrat Max Eiermann (1.000 Mark). Gleiches gilt für den in Nürnberg lebenden Oberlandesgerichtsrat a. D. Max Berlin (300 Mark), der der erste Richter jüdischen Glaubens in Bayern war.

16 Vgl. GNM, HA, GNM 2626 (1909), 2648 (1910), 2690 (1911), 2706 (1913), Rechnungen über Stiftungen und Schenkungen zu den Erwerbungskosten der Beckh'schen Fabrik. Vgl. auch Bahns: Neubau der Gemäldegalerie, S. 470.

Letztlich gaben Juden oder deren Firmen rund 100.000 Mark für den Ankauf der Beckh'schen Fabrik, also rund ein Zwölftel der Kaufsumme. Beachtlich ist wiederum das deutschlandweite Engagement, insbesondere aus Berlin. Vermutlich zeitigte hier der Einsatz der dortigen Pflegschaft des Museums Erfolg, der unter anderem James Simon und Rudolf Mosse angehörten.

Das 75-jährige Museumsjubiläum

Als das GNM 1927 sein 75-jähriges Jubiläum feierte, geschah dies in einer intern durch Erweiterungsbauten geprägten Zeit und vor dem Hintergrund wirtschaftlicher Repressionen. Deshalb trat der damalige Erste Direktor Ernst Heinrich Zimmermann an den bayerischen Ministerpräsidenten heran und konnte erwirken, dass Personen bei einer entsprechend hohen Spende an das Museum den Titel eines Kommerzienrats verliehen bekamen.[17] Ein Geldbeitrag als Gegenleistung für den Titel war bereits im 19. Jahrhundert gängig, um finanzielle Engpässe im Staatswesen zu lindern, allerdings gaben staatliche Stellen die meist sozialen Belange vor. Die unmittelbare Finanzierung von Museumsobjekten und -projekten stellte ein Novum dar.

Zimmermann hatte sich wegen der Titelverleihung Ende Oktober 1927 an das Bayerische Staatsministerium für Unterricht und Kultus gewandt und schlug fünf Personen, drei Juden und zwei Christen, für die Auszeichnung vor, die dem Museum jeweils 25.000 Mark gestiftet hatten.[18] Erfolgreich war das Ansinnen bei einem christlichen Kaufmann und bei den Juden. Zu Letzteren gehörte der aus Pommern (Wolin, Polen) stammende Kaufmann Berthold Baruch Cohn. Er war 1883 nach Nürnberg gekommen und arbeitete seit 1891 im Textilkaufhaus „S. Guttmann". 1921, nach dem Tod des Firmengründers, wurde er einer von drei persönlich haftenden Gesellschaftern der Kommanditgesellschaft.[19] Zudem hatte er als Haupteigentümer die „Oberleitung" der Firma inne.[20] Im öf-

17 Vgl. StAN, Rep. 270/IV, Regierung von Mittelfranken Kammer des Innern Abgabe 1968, Tit. 1b. Nr. 151. Abdruck eines Schreibens (Nr. 1479) vom Präsidium der Regierung von Mittelfranken an das Staatsministerium für Handel, Industrie und Gewerbe, München, vom 01.12.1927.

18 Vgl. StAN, Rep. 270/IV, Regierung von Mittelfranken Kammer des Innern Abgabe 1968, Tit. 1b. Nr. 149. Schreiben vom 29.10.1927.

19 Vgl. Krauss: Die bayerischen Kommerzienräte, S. 425; Swoboda: Alfred Cohn, bes. S. 47–49.

20 GNM, HA, GNM 425.6, Sonderakt Titelverleihungen 1924–1929. – Vgl. auch Zahlaus: Nur Waren bester Qualität, bes. S. 117 f.

fentlichen Leben trat er „über die Kreise seines Wirtschaftszweiges“ hinaus nicht in Erscheinung.[21]

Im März 1933 wurden Berthold Cohn und sein Sohn der Devisenverschiebung von Firmenvermögen bezichtigt, was jedoch widerlegt werden konnte. Cohn zog sich nun aus der Geschäftsführung zurück. Durch die „Arisierung“ des Unternehmens geriet er zunehmend in finanzielle Bedrängnis. 1937 ging er mit seiner Frau nach München,[22] bevor das Paar 1939 in die Niederlande emigrieren konnte. In Amsterdam versuchte der einst angesehene Kaufmann mit dem Verkauf von Schreib- und Rauchwaren sowie Lederblumen das Überleben zu sichern. Er verstarb dort 1942, seine Frau wurde 1943 ins Vernichtungslager Sobibor (Polen) deportiert und ermordet.[23]

Sachspenden und Einzelengagement

Ein weiterer Aspekt in dem Beitrag „Spurensuche: Stiftungen und Schenkungen jüdischer Provenienz“ in dem Buch „Judaica – Menschen und Objekte“ gilt einzelnen Schenker:innen von Objekten, die teilweise aber auch finanziell an den genannten Großprojekten beteiligt waren. Von den untersuchten Einzelpersonen seien hier nur drei herausgegriffen. Zum einen der für das GNM überaus engagierte Ludwig von Gerngros, zum anderen Vater und Tochter Schnebel.

Für das Jahr 1910 verzeichnet das Zugangsregister der kunst- und kulturgeschichtlichen Sammlungen des Museums eine Stickerei als Zuwendung von Julie von Gerngros. 1916 schenkten sie und ihr Mann Ludwig Ritter von Gerngros ein 1769 datiertes, im Krieg verschollenes Elfenbeinrelief von Michael Knoll, das die römischen Kaiser deutscher Nation bis einschließlich Josef II. wiedergab und als das Hauptwerk des Künstlers galt.[24]

Diese Aktivitäten fallen in den Zeitraum von 1908 und 1916 als Ludwig Ritter von Gerngros dem Verwaltungsrat des GNM angehörte.[25] 1864 hatte er mit dem jüdischen Kaufmann Moritz Frauenfeld in Nürnberg die Hopfengroßhandlung „Gerngros & Frauenfeld“ gegründet. 1866 erlangte Gerngros das Bürger-

21 StAN, Rep. 270/IV, Regierung von Mittelfranken Kammer des Innern Abgabe 1968, Tit. 1b. Nr. 149. Schreiben der Polizeidirektion Nürnberg an das Präsidium der Regierung von Mittelfranken vom 11.11.1927.

22 Vgl. Zahlaus: Nur Waren bester Qualität, bes. S. 123.

23 Vgl. Swoboda: Alfred Cohn, bes. S. 69–71; Zahlaus: Nur Waren bester Qualität, bes. S. 124.

24 Vgl. Häußler: Ludwig von Gerngros; Gemeinhardt: Ludwig Ritter von Gerngros; Krauss: Die bayerischen Kommerzienräte, S. 461; Anzeiger des Germanischen Nationalmuseums 1916, S. 4–6, Abb. 1.

25 Vgl. Die Mitglieder der Verwaltungsausschuss und des Verwaltungsrates, S. 1044.

recht. Der wirtschaftliche Erfolg erlaubte es der Firma 1881/82, den Betrag von 600 Mark für die Stiftung eines gemalten Fensters für den Friedrich-Wilhelm-Bau des Museums zu geben.[26] 1889 zahlten die Kaufleute jeweils eine Summe für den Ankauf der Sulkowskischen Sammlung.[27] Im Mai 1895 stiftete Ludwig Gerngros dem Haus Geld für den Ankauf eines Kupferstichs. 1897 waren er und sein Bruder Wilhelm auch Geldgeber beim Erwerb des Königsstifungshauses.[28] Anlässlich des 50-jährigen Museumsjubiläums 1902 gehörte Ludwig von Gerngros wohl wegen seiner großzügigen Zuwendungen zu den Gästen, die an der königlichen Tafel im Rathaus Platz nehmen durften.

Bereits 1889 war der Nürnberg-Liebhaber Gerngros aufgrund vieler wohltätiger Stiftungen zum Kommerzienrat ernannt worden. Es folgten weitere Stiftungen, die ebenfalls zu Auszeichnungen führten. Ein besonderes Verdienst für die Noris stellte die Finanzierung der Nachbildung des Neptunbrunnens und dessen Aufstellung dar.[29] Für sein Engagement ernannte man Ludwig Gerngros zum Ehrenbürger der Stadt und Prinzregent Luitpold überreichte ihm 1902 das Ritterkreuz des Bayerischen Kronenordens, womit die Erhebung in den persönlichen Adelsstand verbunden war. Es schloss sich die Unterstützung anderer städtischer Großprojekte durch von Gerngros an. 1908 wurde er sowohl zum Geheimen Kommerzienrat ernannt als auch in den Verwaltungsrat des GNM berufen. Hier setzte er sich vor allem für die Beschaffung von Mitteln für den Ankauf der Beckh'schen Fabrik ein, die er selbst mit 20.000 Mark förderte.

Im Dezember 1912 unterzeichneten die Brüder Gerngros neben anderen einen Aufruf, in dem die Absicht erklärt wurde, dem GNM eine Sammlung von Altertümern anzugliedern, die für das Leben der Juden in Deutschland wertvoll und charakteristisch sei.[30] Die Aktivitäten gelangten jedoch nicht über Anfänge hinaus und die Zahl der in der Folge eingegangenen Objekte blieb bescheiden.[31]

Die Eheleute Gerngros tätigten auch eine Wohltätigkeitsstiftung für Beamte und Bedienstete der Stadt Nürnberg in Höhe von 75.000 Mark. Testamentarisch bestimmten sie zudem ein Kapital von 300.000 Mark zur Gründung der „Ludwig und Julie Gerngros'schen Kunststiftung", die dem Ausbau der Städtischen Galerie dienen sollte. Ferner überwiesen sie der städtischen Kunstsammlung

---

26 Vgl. Beilage zum Anzeiger für Kunde der deutschen Vorzeit; vgl. auch 28. Jahresbericht des Germanischen Nationalmuseums 1882, 1 (GNM, Inv.Nr. Glf2).

27 Vgl. Anzeiger des Germanischen Nationalmuseums 1889, S. 33.

28 Vgl. Anzeiger des Germanischen Nationalmuseums 1897, S. 69 f., S. 70; vgl. auch GNM, Inv. Nr. A3500.

29 Vgl. Mummenhoff: Der Neptunbrunnen zu Nürnberg, S. 42; Deneke (Hrsg.): Siehe, der Stein, S. 400 (Kat.Nr. 10/26).

30 Vgl. Deneke: Geschichte der Sammlung, S. 139; Hoppe: Jüdische Geschichte, S. 77.

31 Vgl. Purin: Judaica.

Gemälde aus der eigenen Sammlung, die sich heute teilweise als Leihgabe der Stadt Nürnberg im GNM befinden.

Die Stadt gab das Grabdenkmal für den verstorbenen Ehrenbürger und Mäzen Ludwig von Gerngros in Auftrag. Im Nachruf des Stadtmagistrats hieß es, dass sein „Name auf Jahrhunderte hinaus in der Geschichte Nürnbergs mit goldenen Lettern geschrieben sein wird."[32] Museumsdirektor Gustav von Bezold erinnerte in seiner Trauerrede besonders an Gerngros' Verdienste für den Erweiterungsbau.

Familie Schnebel

Geschenke übergaben auch Ignaz und Lilly Schnebel. Schnebel nahm aktiv am gesellschaftlichen Leben in Nürnberg teil; so war er Mitglied der Naturhistorischen Gesellschaft und in der 1873 gegründeten Gesellschaft Phönix, zudem verfasste er 1876 eine Denkschrift über die Anforderungen an eine Badeanstalt für Nürnberg.[33] 1887 rief er mit seinem Bruder Adolf die „Alice Schnebel-Stiftung" ins Leben, die „bedürftigen jüdischen Mädchen" Geld gewährte. Er wohnte in der Marienvorstadt, wo auch der Sitz der Hopfenhandlung „Michael Schnebel" war, deren Inhaber 1906 Ignaz und Michael Schnebel jr. waren.[34]

1884 übergab ein Herr Schnebel, vermutlich Ignaz, ein seidenes Taschentuch mit der Darstellung der Einnahme von Adrianopel durch die Russen.[35] 1916 stiftete Ignaz Schnebel u. a. ein Objekt mit familiengeschichtlichem Bezug.[36] Es war die Medaille auf die 1910 stattgefundene Hochzeit seiner Tochter Hedwig mit Paul Landauer, dem Mitinhaber der Augsburger Textilfabrik „M. S. Landauer" (Abb. 2).[37] Das Paar bekam vier Kinder; 1938 wurde die Firma „arisiert" und unter Wert verkauft, doch konnten die Eheleute 1939 noch nach Palästina emigrieren und überlebten so den Holocaust.[38]

---

32 StadtAN C 7/I Nr. 9904.

33 Vgl. Jahresbericht der Naturhistorischen Gesellschaft, S. 57; Die neue Bade-Anstalt, S. 177.

34 Vgl. Adreßbuch, S. 371.

35 Vgl. GNM, ZR 1884/8874, Inv.Nr. HB13130; Zander-Seidel: Politik als Dekor, S. 326 (Kat.Nr. 11).

36 Vgl. GNM, ZR 1916/62, Inv.Nr. HM922.

37 Vgl. GNM, ZR 1916/51, Inv.Nr. Med6439; Landauer: Chronik 1833–1933; Erlanger: Nürnberger Medaillen, S. 317 (Nr. 771).

38 Vgl. http://www.datenmatrix.de/projekte/hdbg/spurensuche/content/pop-up-biografien-landauer_herta.htm [20.10.2020].

Abb. 2: Hochzeitsmedaille für Hedwig und Paul Landauer, Bronze. Entwurf August Hummel. Prägeanstalt Lauer, Nürnberg 1910. Schenkung Ignaz Schnebel, Nürnberg 1916. GNM, Inv.Nr. Med6439.

Besonders anrührend erscheint im Rückblick ein 1915 erfolgtes Geschenk von Lilly Schnebel, der Tochter von Ignaz und Rosine Schnebel: ein kleines, eisernes Fünfpfennigstück aus eben dem Kriegsjahr (Abb. 3).[39] 1923 wurde die psychisch erkrankte Frau in die Heil- und Pflegeanstalt Erlangen aufgenommen und 1940 in die Pflegeanstalt Eglfing-Haar bei München „verlegt", um kurz darauf ins Schloss Hartheim bei Alkoven in Oberösterreich eingeliefert zu werden. In dieser Tötungsanstalt der Nationalsozialisten wurden Psychiatriepatienten und Menschen mit Behinderung in Gaskammern ermordet. Am 20. September 1940 setzten die Täter dem Leben von Lilly Schnebel ein gewaltsames Ende.[40]

Abb. 3: Fünfpfennig-Münze, Deutsches Kaiserreich, Eisen, verzinkt, 1915. Schenkung Lilly Schnebel, Nürnberg 1915. GNM, Inv.Nr. Mü17388.

39 Vgl. GNM, ZR 1915/202, Inv.Nr. Mü17388.
40 Vgl. Appell: Jüdische Euthanasie-Opfer, [S. 70].

Conclusio

Anders als an vielen anderen Orten fanden sich für das kulturgeschichtlich geprägte GNM keine (jüdischen) Kunstmäzene von großer oder gar überregionaler Bedeutung, dennoch wirkten einige von ihnen auch für das Museum, wie z. B. James Simon. Sicher war es nicht nur die im Kontext jüdischer Wohltätigkeit wiederholt angeführte Tradition der „Zedeka", die zum finanziellen Einsatz motivierte, sondern auch der Wunsch nach Integration oder gesellschaftlicher Teilhabe, insbesondere in die Stadtgesellschaft, wofür beispielsweise die große Zahl der Nürnberger Hopfenhändler spricht. Ein Ziel war es wohl auch, so dem zunehmenden Antisemitismus entgegenzuwirken. Das Sammeln von Kulturgütern gehörte dabei seit der Reichsgründung 1871 zum nationalstaatlichen Bildungsprogramm. Das GNM konnte dabei nicht nur als Symbol der Liebe zur (neuen) Vaterstadt, sondern auch als eines zur Nation betrachtet werden. Lief doch die Identifikation mit der eigenen Stadt oder mit dem Deutschen Reich vielfach über die Kultur. Sichtbar wurde sie für Museumsbesucher durch gestiftete Fenster, auf denen die Namen der Spender:innen standen, oder auf prominent angebrachten Stiftertafeln. Die wohltätigen jüdischen Personen hatten sich wie viele Stifter der christlichen Mehrheitsgesellschaft auch über die Bauteile sichtbar in die Geschichte des Museums eingeschrieben.

Quellen

GNM, HA = Germanisches Nationalmuseum, Nürnberg, Historisches Archiv.
StAN = Staatsarchiv Ansbach.
StadtAN = Stadtarchiv Ansbach.

Bibliografie

Adreßbuch von Nürnberg 1906. 29. Jg., Nürnberg [1906], 1. Abteilung.
Anzeiger des Germanischen Nationalmuseums 1889.
Anzeiger des Germanischen Nationalmuseums 1897.
Anzeiger des Germanischen Nationalmuseums 1898.
Anzeiger des Germanischen Nationalmuseums 1899.
Anzeiger des Germanischen Nationalmuseums 1902.
Anzeiger des Germanischen Nationalmuseums 1916.
Appell, Wolfgang: Jüdische Euthanasie-Opfer der Heil- und Pflegeanstalt Erlangen (Juden in Erlangen; Bd. 3), Erlangen 2016.

Bahns, Jörn: Die Museumsbauten von der Übernahme der Kartause im Jahre 1857 bis gegen 1910, in: Bernward Deneke/Rainer Kahsnitz (Hrsg.): Das Germanische Nationalmuseum Nürnberg 1852–1977. Beiträge zu seiner Geschichte, München/Berlin 1978, S. 257–469.
Bahns, Jörn: Der Neubau der Gemäldegalerie in den Jahren 1907 bis 1934, in: Bernward Deneke/Rainer Kahsnitz (Hrsg.): Das Germanische Nationalmuseum Nürnberg 1852–1977. Beiträge zu seiner Geschichte, München/Berlin 1978, S. 470–488.
Beilage zum Anzeiger für Kunde der deutschen Vorzeit, in: Anzeiger für Kunde der deutschen Vorzeit N. F. 29 (1882), Sp. 17.
Chronik des germanischen Museums. Stiftungen, in: Anzeiger des Germanischen Nationalmuseums 1897, S. 69.
Deneke, Bernward: Zur Geschichte der Sammlung jüdischer Altertümer im Germanischen Nationalmuseum, in: Anzeiger des Germanischen Nationalmuseums 1981, S. 137–148.
Deneke, Bernward (Hrsg.): Siehe, der Stein schreit aus der Mauer. Geschichte und Kultur der Juden in Bayern, Ausst.Kat. Germanisches Nationalmuseum, Nürnberg, Nürnberg 1988.
Die neue Bade-Anstalt für Nürnberg, in: Deutsche Bauzeitung 13 (1879), S. 177–178.
Erlanger, Herbert Justin: Nürnberger Medaillen 1806–1981. Die „metallene Chronik" der ehemaligen Reichsstadt im Zeitalter industrieller Kultur (Wissenschaftliche Beibände zum Anzeiger des Germanischen Nationalmuseums; Bd. 3, Teil 1), Nürnberg 1985.
Frankenburger, Max: Beiträge zur Geschichte Wenzel Jamnitzers und seiner Familie. Auf Grund archivalischer Quellen (Studien zur deutschen Kunstgeschichte; Bd. 30), Straßburg 1901.
Frauberger, Heinrich: Zweck und Ziel der Gesellschaft zur Erforschung jüdischer Kunstdenkmäler zu Frankfurt am Main (Mittheilungen der Gesellschaft zur Erforschung jüdischer Kunstdenkmäler zu Frankfurt am Main; Bd. 1), Düsseldorf 1900.
Gemeinhardt, Horst: Ludwig Ritter von Gerngros, in: Trägerverein Jüdisches Regionalmuseum Mittelfranken in Fürth und Schnaittach e. V. (Hrsg.): Aus der jüdischen Geschichte Baiersdorfs, Fürth 1992, S. 67–75.
Häußler, Helmut: Ludwig von Gerngros, in: Christoph von Imhoff (Hrsg.): Berühmte Nürnberger aus neun Jahrhunderten, Nürnberg 1989, S. 306–307.
Hampe, Theodor: Das Germanische Nationalmuseum von 1852 bis 1902, Nürnberg 1902.
Jahresbericht der Naturhistorischen Gesellschaft Nürnberg für 1898, Nürnberg 1899.
Hoppe, Jens: Jüdische Geschichte und Kultur in Museen. Zur nichtjüdischen Museologie des Jüdischen in Deutschland, Münster u. a. 2002.
28. Jahresbericht des Germanischen Nationalmuseums 1882, S. 1.
Jochem, Gerhard (Bearb.): Jüdische Firmen, Freiberufler und Institutionen am Vorabend des Nationalsozialismus (Quellen zur Geschichte und Kultur der Stadt Nürnberg; Bd. 28), Nürnberg 1998.
Krauss, Marita (Hrsg.): Die bayerischen Kommerzienräte. Eine deutsche Wirtschaftselite von 1880 bis 1928, München 2016.
Landauer, Otto: Chronik 1833–1933 der Firma M. S. Landauer, Augsburg, zu Ehren ihres hundertjährigen Bestehens, Augsburg 1934 (maschinenschriftliches Manuskript), https://digipres.cjh.org/delivery/DeliveryManagerServlet?dps_pid=IE8877610 (28.09.2021).
Die Mitglieder des Verwaltungsausschusses und des Verwaltungsrates. Unter Mitarbeit von Bernward Deneke, Rainer Kahsnitz und Horst Pohl zusammengestellt von Anna-Maria Kesting. Mit einer Einleitung von Rainer Kahsnitz, in: Bernward Deneke/Rainer Kahsnitz (Hrsg.): Das Germanische Nationalmuseum Nürnberg 1852–1977. Beiträge zu seiner Geschichte, München/Berlin 1978, S. 1035–1063.

Mummenhoff, Ernst: Der Neptunbrunnen zu Nürnberg, seine Entstehung und Geschichte, Nürnberg 1902.
Purin, Bernhard (Bearb.): Fahrradpionier und Privatgelehrter: Max Frankenburger (1860–1943), Ausst.Kat. Jüdisches Museum München, München 2021.
Purin, Bernhard / Selheim, Claudia, mit einem Beitrag von Susanna Brogi: Judaica – Menschen und Objekte, Nürnberg 2025.
Rauschenberger, Katharina: Jüdische Tradition im Kaiserreich und in der Weimarer Republik. Zur Geschichte des jüdischen Museumswesens in Deutschland (Forschungen zur Geschichte der Juden. Abteilung A: Abhandlungen 16), Hannover 2002.
Rettig, Dorothea / Voggenreiter, Marion: Sterbeurkunden wurden gefälscht. Vor 80 Jahren waren jüdische Patienten in der Heil- und Pflegeanstalt Erlangen die ersten Opfer der NS-Krankenmorde, in: Erlanger Nachrichten, 16.9.2020.
Schembs, Hans-Otto: Jüdische Mäzene und Stifter in Frankfurt am Main. Hrsg. von der Moses Jachiel Kirchheim'schen Stiftung, Frankfurt a. M. 2007.
Springer, Peter: Zwischen Mittelalter und Moderne. August Essenwein als Architekt, Bauhistoriker, Denkmalpfleger und Museumsmann, Braunschweig 2014.
Swoboda, Ulrike: Alfred Cohn – Stationen seines Lebens, in: Michael Diefenbacher/Ruth Bach-Damaskinos/Ulrike Swoboda (Hrsg.): „Höher geht's nimmer“ – die Welt der Viertausender. Fotografien des Nürnberger Alpinisten und Kaufmanns Alfred Cohn 1926–1929. Begleitband zur Ausstellung Stadtarchiv Nürnberg (Ausst.Kat. des Stadtarchivs Nürnberg; Bd. 25), Neustadt an der Aisch 2017, S. 47–85.
Ullein, Peter: Nürnberger Fahrradgeschichte(n). Von der „Velocipedfabrik Frankenburger & Ottenstein“ zur „Victoria-Werke AG“, Nürnberg 2018.
Zahlaus, Steven M.: Nur Waren bester Qualität zu den billigsten Preisen – Die Textilhandelsfirma S. Guttmann in Nürnberg 1877–1937, in: Michael Diefenbacher/Ruth Bach-Damaskinos/Ulrike Swoboda (Hrsg.): „Höher geht's nimmer“ – die Welt der Viertausender. Fotografien des Nürnberger Alpinisten und Kaufmanns Alfred Cohn 1926–1929. Begleitband zur Ausstellung Stadtarchiv Nürnberg (Ausst.Kat. des Stadtarchivs Nürnberg; Bd. 25), Neustadt an der Aisch 2017, S. 101–141.
Zander-Seidel, Jutta: Politik als Dekor. Zeitgeschichtliche Motive auf Stoffdrucken des 18. und 19. Jahrhunderts, in: Anzeiger des Germanischen Nationalmuseums 1989, S. 309–340.

Gabriele Köster

Magdeburg: Eine Stadt sucht ein Museum

Magdeburg war spät dran mit der Etablierung eines städtischen Museums. Als 1884 fünf Vereine gemeinschaftlich dem Magistrat und gleichzeitig der Stadtverordnetenversammlung eine „Denkschrift zur Einrichtung eines städtischen Museums“ überreichten, konnten sie bereits 60 Städte im Deutschen Reich aufführen, in denen es bis zu drei Museen in kommunaler Trägerschaft gab.[1] 53 dieser Kommunen waren kleiner als Magdeburg. Das nahegelegene und deutlich kleinere Quedlinburg hatte seit 1860 ein städtisches Museum, Braunschweig seit 1865, Wernigerode seit 1868.[2] Und nun, im Jahr des Manifests, wurde in Halle (Saale) ein Provinzialmuseum eröffnet, aus dem das heutige Landesmuseum für Vor- und Frühgeschichte hervorgegangen ist.[3] Magdeburg drohte nicht nur den Anschluss in der bürgerlichen Museumsbewegung des 19. Jahrhunderts endgültig zu verlieren, sondern die Verfasser der Denkschrift konnten auch bis heute immer wieder auftretende Ängste schüren, dass Objekte, die für Magdeburg gesammelt worden waren, an dieses neue Museum in Halle gegeben werden könnten und so „diese mit dem historisch weit berechtigteren Magdeburg schon genugsam rivalisierende Stadt noch mehr bereicherte[n]“. Es stehe zu befürchten, dass „auch alle künftig in der Provinz neu entdeckten [...] Gegenstände von Werth für öffentliche Sammlungen entweder auch nach Halle, oder nach Berlin verschleppt würden“.[4]

---

1 Die Denkschrift vom Pfingstsonntag, den 1. Juni 1884, ist überliefert in den „Acta des Magistrats der Stadt Magdeburg betreffend die Errichtung eines Museums 1884–1892“: StAM, A II M77, Bd. 1, Bl. 2r-4v. Vgl. auch Sombart: Zur Eröffnung des Kaiser Friedrich-Museums, S. 14 f. Am 19. Juni 1884 stimmte die Stadtverordnetenversammlung dem Antrag des Magistrats auf Herstellung eines Museums und Einsetzung einer Kommission zu (vgl. Sombart: Zur Eröffnung des Kaiser Friedrich-Museums, S. 16). Vgl. zu dem Manifest Kärgling: „...ein vereintes Streben, Beraten, Wirken und Schaffen“, S. 29 f., der allerdings ausschließlich den Kunstgewerbeverein als Urheber des Manifests nennt. Zu der Gründungswelle bürgerlicher Museen vgl. Hartung: Kleine deutsche Museumsgeschichte, S. 5–7 (mit älterer Literatur); Hochreiter: Vom Musentempel zum Lernort, bes. S. 58–125. Zu den gesellschaftspolitischen Hintergründen vgl. Mommsen: Bürgerliche Kultur und politische Ordnung, bes. S. 11–59.

2 In der Denkschrift heißt es, 46 Städte seien kleiner als allein die Altstadt Magdeburgs, fasse man aber die Schwesterstädte Altstadt, Neustadt und Buckau zusammen, so seien 54 kleiner (vgl. StAM, A II M77, Bd. 1, Bl. 2r-4v; vgl. auch Sombart: Zur Eröffnung des Kaiser Friedrich-Museums, S. 14 f.

3 Vgl. Rüster: Geschichte des Museums von 1884 bis 1912.

4 StAM, A II M77, Bd. 1, Bl. 4r-v.

https://doi.org/10.1515/9783111494616-015

Abb. 1: Das ehemalige Generalkommando am Domplatz 5 als städtisches Museum für Natur- und Heimatkunde. Historische Postkarte, nach 1906. © Stadtarchiv Magdeburg, Sammlung Lück (Stiftung Kunst und Kultur der Stadtsparkasse Magdeburg).

Die Eingabe der Vereine war erfolgreich. Die Stadtverordnetenversammlung setzte eine Museumskommission aus Stadtverordneten und Magistratsmitarbeitern unter Vorsitz des Oberbürgermeisters ein, die sowohl für die Unterbringung des Museums als auch für die auszustellenden Sammlungen Vorschläge erarbeiten sollte. Außerdem wurde 1886 in den Anleiheplan der Stadt ein finanzieller Grundstock in Höhe von 500.000 Mark für einen Museumsneubau aufgenommen.[5] Dennoch sollte es noch beinahe ein Jahrzehnt dauern, bis in der – wie es im Manifest heißt – siebtgrößten Stadt des Deutschen Reiches 1893 ein erstes städtisches Museum in einem Bestandsbau am Domplatz eröffnete (Abb. 1), und noch 13 weitere Jahre, bis Magdeburg einen repräsentativen Museumsneubau erhielt, der als Kaiser Friedrich Museum der Stadt Magdeburg am 17. Dezember 1906 in Anwesenheit des Kronprinzen feierlich eröffnet wurde (Abb. 2).[6]

5 Zur Zustimmung der Stadtverordnetenversammlung und Einstellung des Museumsneubaus in den Anleiheplan der 12-Millionen-Anleihe von 1886 vgl. Sombart: Zur Eröffnung des Kaiser Friedrich-Museums, S. 15 f.; vgl. auch Kärgling: „...ein vereintes Streben, Beraten, Wirken und Schaffen", S. 30; Kärgling: Kulturbürger und Vereine, S. 89.

6 StAM, A II M77, Bd. 1, Bl. 2v. Der Weg zur Museumsgründung ist ausführlich dargestellt in Sombart: Zur Eröffnung des Kaiser Friedrich-Museums. Vgl. auch Kärgling: „...ein vereintes Streben, Beraten, Wirken und Schaffen"; und Kärgling: Kulturbürger und Vereine.

Abb. 2: Kaiser Friedrich Museum der Stadt Magdeburg. Historische Aufnahme aus C. M. Sombart: Zur Eröffnung des Kaiser Friedrich-Museums der Stadt Magdeburg am 16. Dezember 1906. © Kulturhistorisches Museum Magdeburg. Foto: Charlen Christoph.

Doch soll im Folgenden der Blick nicht auf den mühevollen Weg zur Museumsgründung und zum Museumsneubau gerichtet werden, sondern vielmehr auf diejenigen, die ihn beschritten und so beharrlich verfolgten, aber auch auf diejenigen, die ein Museum nicht für notwendig hielten, sowie auf die Frage, für wen dieses Museum gedacht war.

Lobbyarbeit für ein städtisches Museum

Die fünf Vereine, die 1884 die „Denkschrift zur Einrichtung eines städtischen Museums“ an die Stadtverordnetenversammlung gaben, waren der Kunstgewerbeverein, der Geschichtsverein, der Naturwissenschaftliche Verein, der Kunstverein und der Gewerbeverein.[7] Kunst und Gewerbe, Geschichte und Naturwissenschaften sowie im Gewerbeverein die neu aufstrebende Ingenieurskunst waren vertreten, und damit die unterschiedlichsten Interessensgebiete. Und doch

7 StAM, A II M77, Bd. 1, Bl. 4v. Vgl. auch Sombart: Zur Eröffnung des Kaiser Friedrich-Museums, S. 14.

wird man davon ausgehen dürfen, dass in diesen Vereinen nur zwischen 5 und 15 % der städtischen Einwohnerschaft organisiert waren, nämlich diejenigen, die dem Bürgertum zuzurechnen sind.[8]

Es waren zunächst die Kaufleute und Gewerbetreibenden sowie die Bildungselite, das heißt höhere Beamte, Lehrer, auch die in der Garnisonsstadt Magdeburg stark vertretene Gruppe der Offiziere, die sich in diesen Vereinen organisierten und das Vereinsleben bestimmten, auch wenn sich die Vereine durchaus Handwerkern, kleineren Händlern, Gastwirten und einfachen Angestellten gegenüber öffneten. Die Bediensteten und die im Zuge der Industrialisierung beständig zunehmende Gruppe der Arbeiter waren hingegen in diesen Vereinen nicht vertreten.[9] Frauen waren nur in Ausnahmefällen Mitglieder.[10]

Die Vorherrschaft des Bildungs- und Wirtschaftsbürgertums in den Vereinen spiegelt sich auch in den Namen derjenigen Vorstände wider, die die Museumsdenkschrift von 1884 unterschrieben.[11] Es handelte sich um einen Ofenfabrikanten, um den Inhaber eines technisch-chemischen Labors, um den Rektor des Realgymnasiums sowie den der Oberrealschule Otto-von-Guericke, um mehrere Oberlehrer ebendieser Schulen sowie um einen Oberingenieur des größten Maschinenbauers und Rüstungsproduzenten am Ort.[12] Es waren somit

---

8 Vgl. zu der üblichen städtischen Bevölkerungsstruktur: Kocka: Bürgertum und bürgerliche Gesellschaft im 19. Jahrhundert, S. 13.

9 Mommsen: Bürgerliche Kultur und politische Ordnung, S. 50 f.; Klitzschmüller: Die Magdeburger Gesellschaft zur Zeit des Deutschen Kaiserreichs, S. 20.

10 Klitzschmüller: Die Magdeburger Gesellschaft zur Zeit des Deutschen Kaiserreichs, S. 19, 56.

11 StAM, A II M77, Bd. 1, Bl. 4v.

12 Für den Kunstgewerbeverein unterzeichneten für den Vorstand der Vorsitzende und Ofen- und Tonwarenfabrikant Otto Duvigneau, seit 1863 Stadtverordneter, 1884 bis zu seinem Tod 1899 unbesoldeter Stadtrat, sowie der angestellte Sekretär, Sammlungsleiter und Redakteur der Vereinsschrift *Pallas* Ludwig Clericus, für den Geschichtsverein die Direktoren des Realgymnasiums und der Oberrealschule Otto-von-Guericke Rudolph Holzapfel und Carl Paulsiek, für den Naturwissenschaftlichen Verein der Vorsitzende und Sudenburger Fabrikant Wilhelm König und der Mathematiker Prof. Dr. Adolf Hochheim, der als Oberlehrer an der Oberrealschule Otto-von-Guericke tätig war, für den Gewerbe-Verein die Chemiker Dr. Carl Reidemeister, der Oberlehrer an der Oberrealschule Otto-von-Guericke war, und Dr. Gustav Moeriës, Inhaber eines technisch-chemischen Labors, sowie der spätere Waffenfabrikant Dr. Eugen Polte, der zu dieser Zeit noch als Oberingenieur in der Maschinenbaufirma von Hermann Gruson beschäftigt war. Zu Duvigneau vgl. Willenius: Duvigneau, Johann Joseph *Otto*; Kärgling: Kulturbürger und Vereine, S. 94 f.; zu Clericus vgl. Sombart: Zur Eröffnung des Kaiser Friedrich-Museums, S. 22; Neubecker: Clericus, Ludwig; Heinrich: Clericus, *Ludwig* August; zu Holzapfel vgl. Mayrhofer: Holzapfel, Carl Albert *Rudolph*; zu Paulsiek vgl. Mayrhofer: Paulsiek, *Carl* Heinrich Diedrich; zu König vgl. Walter: Festschrift zur Feier des 25jährigeen Stiftungstages, S. 22, S. 25, S. 28, S. 36 f.; zu Hochheim vgl. Vogel: Hochheim, Adolf; Walter: Festschrift zur Feier des 25jährigeen Stiftungstages, S. 25; zu Reidemeister vgl. ebd., S. 18, S. 22, S. 26; zu Moeriës vgl. Wenzel (Hrsg.):

vor allem die neuen Bildungseliten der Ingenieurs- und Naturwissenschaften sowie die auf diesen Wissenschaften basierenden Produzenten, die die museumsaffinen Vereine dominierten.

Diese Vereine hatten bereits aus dem Vereinsinteresse heraus eigene Bibliotheken und Sammlungen angelegt, deren Umfang und seinerzeitige Unterbringung in der Denkschrift ebenso dargelegt wurde wie die der bereits existierenden städtischen Sammlungen. Letztere umfassten neben einer Bibliothek eine Münzsammlung, eine Gemäldegalerie sowie eine Sammlung prähistorischer Gegenstände mit Bezug zur Geschichte der Stadt, die in verschiedenen Räumen des Rathauses mehr schlecht als recht untergebracht seien. Unter den Vereinssammlungen ist vor allem die Sammlung des Kunstgewerbevereins mit 1.500 Einzelobjekten zu nennen, die zu dieser Zeit in der Kunstgewerbeschule aufbewahrt und bereits als „Museum" bezeichnet wurde, sowie die Gemäldesammlung des Kunstvereins, die zwar nicht sehr umfangreich sei, aber zum Teil „recht werthvolle Bilder" umfasse, die Sammlung prähistorischer Gegenstände und solcher von historischem Wert des Geschichtsvereins, die im Gymnasium Kloster Unser Lieben Frauen in einem durch Grundwasserrückflüsse ungeeignetem Raum gelagert sei, sowie die Lehrmittelsammlung des Naturwissenschaftlichen Vereins, die im Realgymnasium aufbewahrt werde. Außerdem wird auf Privatsammler verwiesen, von denen einzelne bereits den Wunsch geäußert hätten, ihre Sammlungen direkt nach Einrichtung eines städtischen Museums oder mit ihrem Ableben an ein solches abzugeben.[13] Mit den aufgeführten Sammlungen sind genau die Sammlungsgebiete benannt, die auch heute noch das Magdeburger Zweispartenhaus mit Kulturhistorischem Museum und Museum für Naturkunde auszeichnen: archäologische und kulturhistorische Sammlungen zur Regional- und Stadtgeschichte, historische Kunstsammlungen aus der Entstehungszeit des Museums, als es auch ein ambitioniertes Kunstmuseum war, und die paläontologischen, mineralogischen und biologischen Sammlungen des Museums für Naturkunde.

1884 zogen die Autoren der Denkschrift aus der Darstellung der bereits vorhandenen Sammlungen den Schluss, dass diese „schon den Grundstock eines

---

Adressbuch und Warenverzeichnis, S. 417; zu Polte vgl. Beckert: Polte, Eugen; Kärgling: Kulturbürger und Vereine, S. 96 f. Für weitere Auskünfte zu Wilhelm König danke ich Dr. Hans Pellmann, Magdeburg.

13 Die damalige Situation der Aufstellung und Zugänglichkeit der Vereinssammlungen wurde in der Denkschrift von 1884 dargelegt (vgl. StAM, A II M77, Bd. 1, Bl. 2r-4v). Zu der Bedeutung der Magdeburger Vereine, vor allem des Kunst- und des Kunstgewerbevereins, als Initiatoren und Vorläufer eines öffentlichen Museums vgl. Sombart: Zur Eröffnung des Kaiser Friedrich-Museums, S. 3–26. Vgl. auch Kärgling: „...ein vereintes Streben, Beraten, Wirken und Schaffen", S. 26–30; und Kärgling: Kulturbürger und Vereine, S. 87–89.

ganz anschaulichen Museums bilden würden, so daß die Gefahr ganz ausgeschlossen erscheint, ein neu erbautes und der Belehrung und dem Kunstgenuß gewidmetes Institut könnte auf viele Jahre hin öde und leer stehen bleiben".[14] Doch nicht die Aussicht auf ein gut gefülltes Museum und auch nicht den Handlungsdruck aufgrund der zum Teil prekären Unterbringung bereits bestehender Sammlungen stellten die Vereine in das Zentrum ihrer Denkschrift, sondern Patriotismus und Pflege von Kunst und Wissenschaft. Der Verzicht auf ein Museum wäre hinnehmbar, „wenn in der magdeburger Bürgerschaft weder der Sinn für das Schöne, die Begeisterung für die heimatliche Geschichte, das Streben nach höherer Ausbildung lebendig wären, noch irgendwelche Vorarbeiten und Materialien vorhanden wären, aus denen sich in Bälde ein Museum bilden ließe."[15] Aber „die Bürgerschaft Magdeburgs ist so patriotisch gesinnt, wie nur eine und hat im Grunde auch noch mehr Ursache dazu, als manch andere, und in ihr sind, wie die Thätigkeitserfolge verschiedener ihrer Vereine beweisen, alle Elemente vorhanden, welche eine ersprießliche Pflege von Kunst und Wissenschaft garantieren können."[16]

Die Magdeburger Museumsbewegung entspricht demnach voll und ganz dem liberalen bürgerlichen Weltbild, das vor allem der Historiker Wolfgang Mommsen herausgearbeitet hat: ein Weltbild, in dem Nationalsinn als Fundament des eigenen wissenschaftlichen und künstlerischen Tuns aufgefasst wurde.[17] Auch in Magdeburg waren die Träger der Museumsbewegung mit den Akteuren der städtischen Selbstverwaltung bestens vernetzt, wenn nicht gar identisch. Der Vorsitzende des federführenden Kunstgewerbevereins, der Ofenfabrikant Otto Duvigneau, war zum Beispiel bereits seit mehr als zwei Jahrzehnten selbst Stadtverordneter und wurde im Jahr der Festschrift unbezahlter Stadtrat, was der Funktion eines heutigen Dezernenten oder Beigeordneten entspricht. Und auch die übrigen Unterzeichner der Denkschrift verfügten aufgrund ihrer Positionen über herausragende gesellschaftliche und politische Kontakte in der Stadtgesellschaft. Man wird daher davon ausgehen dürfen, dass die Einreichung der Denkschrift für ein städtisches Museum beim Magistrat und der Stadtverordnetenversammlung zu Pfingsten 1884 bestens vorbereitet worden war und nicht zuletzt deshalb auch positiv beschieden wurde.

14 StAM, A II M77, Bd. 1, Bl. 3r.
15 Ebd.
16 Ebd.
17 Vgl. Mommsen: Bürgerliche Kultur, bes. S. 11–41 u. S. 60.

Kontroversen um Sinn und Unsinn eines Museums

Vier Jahre später nahmen die Planungen für ein städtisches Museum durch eine großzügige Schenkung Fahrt auf und gingen in die heiße Phase. Im Januar 1888 konnte der Oberbürgermeister Friedrich Böttcher (1826–1895) der vier Jahre zuvor gegründeten Museumskommission eröffnen, dass der Magdeburger Großindustrielle Hermann Gruson (1821–1895) der Stadt 100.000 Mark „für Museumszwecke“ offeriert habe.[18] Man sei der Frage der Errichtung eines Museums nun bedeutend näher gerückt, so die Einschätzung des Oberbürgermeisters. Nachdem er über stockende Verhandlungen zur Übernahme bereits bestehender Räumlichkeiten und die Unmöglichkeit der Erweiterung der Kunstgewerbeschule zu einem Sammlungsgebäude referiert hatte, sprach sich die Kommission mehrheitlich für die Errichtung eines Neubaus aus und beauftragte den Stadtbaurat Otto Peters (1850–1927), der selbst der Kommission angehörte, mit der Erstellung eines Raumprogramms. Mit dem Oranienplatz, einer Platzanlage über der zur ehemaligen Stadtbefestigung gehörenden, aufgegebenen Bastion Heydeck, war auch bereits der Bauplatz in den Blick genommen, auf dem später tatsächlich das Kaiser Friedrich Museum der Stadt Magdeburg errichtet wurde (Abb. 3).

Abb. 3: Der unbebaute Oranienplatz, um 1900. © Stadtarchiv Magdeburg, Rep. A II, M 77 spec.11.

18 StAM, A II M77, Bd. 1, Bl. 90r-91v. Zu der Schenkung Hermann Grusons vgl. Köster: Hermann Grusons Engagement für ein Magdeburger Museum.

Die Initiative zu einem städtischen Bauprojekt dieser Größe konnte nicht unbemerkt bleiben und wurde in der lokalen Zeitung äußerst kontrovers diskutiert. Im Zeitraum zwischen dem 19. April und dem 1. Mai 1888 erschienen sechs anonyme Leserbriefe in der Rubrik „Sprechsaal" der *Magdeburgischen Zeitung* zum Museumsneubau, von denen nur einer dem Projekt positiv gegenüberstand.[19] Gegen den Museumsbau wurden vor allem wirtschaftliche Gründe angeführt, an erster Stelle die Baukosten in Höhe von mehreren Millionen Mark, aber auch die jährlichen Unterhaltskosten von geschätzt 300.000 bis 400.000 Mark sowie der Wegfall der Möglichkeit, das Baugrundstück anderweitig zu verwenden oder zu vermarkten.[20]

Die Diskussion um Baukosten und Bauunterhalt im Verhältnis zum allgemeinen Gebot des sparsamen Umgangs mit öffentlichen Mitteln oder im Verhältnis zu einer situativ angespannten Haushaltslage begleitet wohl bis heute jedes größere öffentliche Bauprojekt. Die Frage des Baugrundes stellte sich jedoch in Magdeburg Ende des 19. Jahrhunderts in besonderer Weise. Als preußische Festungsstadt war die Altstadt von Magdeburg durch Jahrhunderte in ihrer Entwicklung eng beschränkt gewesen und gehörte in einigen Stadtteilen zu den eng bewohntesten Gebieten Europas. Der Mangel an Baugrund hatte sogar dazu geführt, dass Magdeburg 1815 zwar nominell die Hauptstadt der neu gegründeten preußischen Provinz Sachsen und Sitz des Oberpräsidenten geworden war, aber der Provinziallandtag hatte in Magdeburg keinen Platz gefunden und tagte stattdessen in Merseburg und das Oberlandesgericht wurde in Naumburg eingerichtet.[21]

Weitere Argumente gegen das Museum ergaben sich aus der unterschiedlichen Einschätzung des Stellenwerts von Museumsbesuchen in der allgemein üblichen Lebensführung. So erschien einem Leserbriefschreiber die Erreichbarkeit der Berliner Museen in nur wenigen Stunden Grund genug, in Magdeburg auf ein eigenes Museum zu verzichten, das sich mit den Berliner Sammlungen sowieso nicht messen könne.[22] Ein anderer meinte, man werde mit einem Museumsneubau wohl noch einige Jahrzehnte warten können, „nachdem wir so lan-

19 Vgl. Beilage zum „Stadt-Anzeiger" der *Magdeburgischen Zeitung*: in Nr. 200 vom Donnerstag, den 19. April 1888, in Nr. 202 vom Freitag, den 20. April 1888, in Nr. 206 vom Sonntag, den 22. April 1888, in Nr. 214 vom Freitag, den 27. April 1888 und in Nr. 221 vom Dienstag, den 1. Mai. 1888. Der das Projekt unterstützende Leserbrief ist der erste der beiden, die am 22. April 1888 erschienen.

20 Vgl. bes. Leserbrief vom 19. April 1888 (Magdeburgische Zeitung, Nr. 200).

21 Vgl. Tullner: Preußische Provinzhauptstadt, S. 551–618, bes. S. 591–596; Asmus: 1200 Jahre Magdeburg, Bd. 3, S. 218–251.

22 Vgl. Leserbrief vom 19. April 1888 (Magdeburgische Zeitung, Nr. 200).

ge ohne Museum recht gut ausgekommen sind!“[23], und ein weiterer führte an, dass das Leben die Menschen viel zu sehr in Anspruch nähme, als dass sie oft ins Museum gingen. Der Menge genüge ein einmaliges Anschauen und dadurch stünden die Museen verhältnismäßig leer.[24]

Außerdem stand das Museumsprojekt in Konkurrenz zu anderen Anliegen. So forderte ein Leserbriefschreiber, dass eher eine weitere höhere Töchterschule gegründet werden müsse.[25] Ein weiterer führte die Notwendigkeit der Bereitstellung von Rieselfeldern an, für die bereits 4,5 Millionen Mark in die Hand genommen werden müssten. Daher warnte er vor dem Zusammenbruch des städtischen Haushalts und bezichtigte diejenigen, die jetzt schon ein teures Museum bauen wollten, des Größenwahns und erteilte den Rat: „aufgeschoben sei nicht aufgehoben“, das Reichstagsgebäude habe auch ca. 23 Jahre zu seiner Verwirklichung benötigt.[26] Kompromissbereiter zeigte sich ein dritter Leserbriefschreiber, der vorschlug, das Museum als Modulbau zu errichten, bei dem auf dem Grundstück zunächst Räume für das Kunstgewerbe und später erst für die anderen Sammlungen gebaut würden.[27]

Auch in diesen Argumenten lassen sich zahlreiche Parallelen zu der Diskussion von Kulturprojekten in heutigen Zeiten finden. Diejenigen, die sie vortrugen, gehörten vermutlich ebenso zu den 5 bis 15 % des Bürgertums innerhalb der städtischen Einwohnerschaft wie die Mitglieder der Vereine, die die Museumsidee vorantrieben. Auch wenn sie anonym bleiben, so zeugt doch ihre Argumentation von Vertrautheit mit Kostenkalkulationen sowie mit dem städtischen Haushalt und lässt an manchen Stellen den persönlichen Erfahrungshorizont wohlsituierten bürgerlichen Lebens aufscheinen. Dass die in diesen Leserbriefen ihren Ausdruck findende Opposition gegen das Museumsprojekt durchaus ernst zu nehmen war und möglicherweise gar seine Umsetzung gefährdete, zeigt der Umstand, dass der Gründungsdirektor des Museums, Dr. Theodor Volbehr, noch 1918, das heißt drei Jahrzehnte später, auf diese Kontroverse Bezug nahm.[28]

---

23 Leserbrief vom 20. April 1888 (Magdeburgische Zeitung, Nr. 202).

24 Vgl. den ersten der beiden Leserbriefe vom 22. April 1888 (Magdeburgische Zeitung, Nr. 214).

25 Vgl. ebd.

26 Leserbrief vom 27. April 1888 (Magdeburgische Zeitung, Nr. 214).

27 Vgl. Leserbrief vom 1. Mai 1888 (Magdeburgische Zeitung, Nr. 221).

28 Vgl. Volbehr: 25 Jahre städtisches Museum für Kunst und Kunstgewerbe, S. 3.

Engagement und Partizipation: Wer macht mit? Wer nicht?

Bereits im 1993 eröffneten städtischen Museum am Domplatz sollten diejenigen gewürdigt werden, die sich für dieses Museum engagiert hatten. Da die Errichtung und die reiche Ausstattung des städtischen Museums nur dadurch möglich gewesen sei, dass eine Anzahl hiesiger Einwohner in hochherziger Weise ansehnliche Zuwendungen hierfür gemacht haben, wurde Ende April 1894 von der Stadtverordnetenversammlung beschlossen, „unsere Dankbarkeit auch äußerlich dadurch zu besthätigen, daß wir ihren Namen im Museum in ehrender Weise anbringen, damit die Besucher des Museums auch in künftigen Zeiten derer gedenken, denen sie das Museum und seinen reichen Inhalt zum Theil mit verdanken.“[29] Der mit der Planung der Ehrentafel befasste Verwaltungsausschuss des städtischen Museums hatte bereits im Februar eine Liste von Namen erstellt, die von dem Großindustriellen und Ehrenbürger der Stadt, Hermann Gruson, angeführt wurde, der 1888 die beträchtliche Summe von 100.000 Mark „für Museumszwecke“ gestiftet hatte. Auf Wunsch der Kommission hatte Stadtbaurat Otto Peters eine Entwurfszeichnung gefertigt (Abb. 4).[30] Doch auf einer Liste, die am 16. Mai im Verwaltungsausschuss beschlossen wurde, stand nun an erster Stelle der Maurermeister Otto Brandt, der dem Kunstgewerbeverein 1884 seine umfangreiche Kunstsammlung vermacht hatte.[31]

Der Erblasser, der mehr als zwanzig Jahre als Agent der Deutschen Feuerversicherungs-Aktiengesellschaft tätig gewesen war, und seine Ehefrau hatten es offenbar zu bescheidenem Wohlstand gebracht, denn nachdem sie kinderlos verstarben, wurde in ihrem Namen auch eine Stiftung für Waisenkinder mit einem Grundkapital in Höhe von 30.000 Mark eingerichtet.[32] Die Sammlung des

---

29 Die am 26. April 1894 beschlossene Beschlussvorlage vom 6. April 1894 wurde vom Oberbürgermeister Bötticher und dem Vorsitzenden der Stadtverordnetenversammlung Dr. Oehler eingebracht: „Drucksache Nr. 147. Der Magistrat der Stadt Magdeburg, Journ.-Nr. 551/4. Betrifft Aufstellung einer Ehrentafel im städtischen Museum“, eingebunden in: „Die Aufstellung einer Ehrentafel im städtischen Museum... (1894–1912)“ (StAM, A II, M77 spec. 15 [= 59.4u], bezeichnet als fol. 3).

30 Im Maßstab 1:20, datiert auf den 31. März 1894 (vgl. StAM, A II, M77 spec. 15 [= 59.4u], fol. 16r).

31 Vgl. StAM, A II, M77 spec. 15 (= 59.4u), fol. 10r; außerdem steht er auf einer weiteren, unmittelbar davor eingebundenen, undatierten Liste an erster Stelle (vgl. StAM, A II, M77 spec. 15 [= 59.4u], fol. 9r).

32 Vgl. Miehe/ Volkmar (Hrsg.): Magdeburger Stiftungsbuch, S. 306.

Abb. 4: Entwurf für eine Ehrentafel der Stifter im städtischen Museum am Domplatz. © Stadtarchiv Magdeburg, Rep. A II, M 77 spec. 15, Fol. 16r.

kunsthistorisch belesenen und im Vereinsleben äußerst engagierten Mitglieds des Kunstgewerbevereins umfasste etwa zweihundert Objekte, darunter Gemälde, historische Möbel, Waffen, Glasmalerei, Fayencen, Porzellan, Metallarbeiten, Textilien, historische Dokumente und gedruckte Bücher des 16. bis 18. Jahrhunderts, die bereits vor der Einrichtung des städtischen Museums auf einem

Podest im Bibliothekszimmer des Vereins ausgestellt wurden.[33] Der Wert seiner Kunstsammlung wurde jedoch offenbar nach seinem Tode in Frage gestellt. Im ersten gedruckten Verzeichnis der Sammlung des Kunstgewerbevereins von 1890 heißt es, der Gesamtwert der Sammlung habe sich um 11.000 Mark verringert, da nicht mehr die von Otto Brandt selbst vorgenommene Schätzung seiner Sammlung als Grundlage verwendet werden konnte.[34] In dem vom Autor des gedruckten Verzeichnisses angelegten Inventar der Sammlung wurde der Wert der Sammlung dennoch auf knapp mehr als 10.000 Mark geschätzt und überstieg somit die Wertgrenze, ab der Stifter auf die Stiftertafel aufgenommen werden sollten.[35] Auch wenn die ausgeführte Stiftertafel im ersten städtischen Museum sich nicht erhalten hat und auch nicht fotografisch dokumentiert ist, zeigt der Fortgang der Geschehnisse, dass Maurermeister Brandt offenbar tatsächlich auf die Ehrentafel aufgenommen wurde.

Denn einige Jahre später wiederholte sich der Vorgang beim Einzug in den Museumsneubau. Am 8. Februar 1912 stellte der Neffe des Maurermeisters, der Stadtverordnete Dr. med. Gustav Adolph Brandt, den Antrag, die alten Stiftertafeln aus dem Museum am Domplatz im neuen Museum aufzustellen.[36] Wie aus der Stellungnahme von Museumsdirektor Volbehr zu diesem Antrag hervorgeht, war der Name des Maurermeisters auf die neuen Stiftertafeln im Museumsneubau nicht übernommen worden. Erneut wurde die Wertgrenze von 10.000 Mark

33 Dem Vereins-Periodicum „Pallas. Zeitschrift des Kunstgewerbevereins zu Magdeburg“, 1880–1893 (vgl. Sombart: Zur Eröffnung des Kaiser Friedrich-Museums, S. 22), lässt sich entnehmen, dass Otto Brandt durch Vorträge und Schenkungen von Büchern das Vereinsleben aktiv mitgestaltete. So schenkte er der Bibliothek des Kunstgewerbevereins 1881 eine Publikation zu Peter Vischers d. Ä. Grabmal von Erzbischof Ernst von Sachsen im Magdeburger Dom, hielt am 14. Januar 1881 einen von den Anwesenden sehr gut aufgenommenen Vortrag zur Symbolik der Stäbe, hatte am 18. Februar desselben Jahres das Manuskript „zu einem seiner beliebten Vorträge“ vergessen, hielt am 25. Februar jedoch einen Vortrag zu Bausagen und sprach am 22. April zu Veit Stoß. Außerdem veröffentlichte er in „Pallas“ einen Artikel zu Adam Krafft (vgl. Pallas. Zeitschrift des Kunstgewerbevereins zu Magdeburg 2, 2, vom 1. Feb. 1881, S. 9 f.; 2, 3, vom 1. März 1881, S. 18; 2, 4, vom 1. April 1881, S. 26; 2, 5, vom 1. Mai 1881, S. 34, S. 36–39; 2, 6, vom 1. Juni 1881, S. 44 f.; alle vorhanden in StAM, A II 35 78n). Zur Sammlung vgl. „Verzeichnis der zur Stiftung Otto Brandt gehörigen Sammlungs-Gegenstände, dem Kunst-Gewerbe-Verein zu Magdeburg am 4. März 1885 von Frau Doris Brandt, geb. Rummel übergeben. Revidierte Abschrift von Ludwig Clericus“ (KHM, Inventare Kunstsammlungen, o. Nr.). Zur Aufstellung der Sammlung in den Vereinsräumen vgl. Clericus: Verzeichnis der kunstgewerblichen Sammlungen, S. 6.

34 Clericus: Verzeichnis der kunstgewerblichen Sammlungen, S. 7.

35 Dem Inventar der Sammlung zufolge betrug der Wert 10.382 Mark, wobei allerdings der Hauptanteil der Schätzsumme in Höhe von 6.000 Mark akkumulativ auf elf Glasfenster entfiel (vgl. KHM, Inventare Kunstsammlungen, o. Nr.).

36 Vgl. StAM, A II, M77 spec. 15 (= 59.4u), fol. 39r.

als Grund für den Ausschluss angegeben.[37] Es kam zu einer Aussprache zwischen Volbehr und dem Neffen Brandt, in der der Neffe konzedierte, dass eine Aufstellung der alten Tafeln im neuen Museum nicht zweckmäßig sei, aber darauf hinwies, dass sein Onkel eigentlich der erste Stifter für Magdeburger Museumswerke gewesen sei, und dass er daher darauf drängte, den Namen auf die neuen Tafeln aufzunehmen. Der Verwaltungsausschuss des Museums beschloss, diesem Wunsch nachzukommen. Die alte Stiftertafel wurden endgültig dem Museum für Naturkunde überlassen.[38] Wäre 1910 Gustav Adolph Brandt nicht als Generaloberarzt und Divisionsarzt der in Magdeburg stationierten 7. Division in gehobener Stellung in seine Geburtsstadt zurückgekehrt und hätte er sich nicht zudem als Stadtverordneter in der Stadt bestens gesellschaftlich etabliert, so wäre der Name seines Onkels, des Maurermeisters Otto Brandt, wohl dem Vergessen anheimgefallen.[39] Den ersten Platz auf der Stiftertafel des Museumsneubaus hatte Otto Brandt jedoch zugunsten von Hermann Gruson verloren.

Die Vorgänge lassen vermuten, dass für den Eintrag auf der Stiftertafel nicht allein die Intensität des Engagements für das Museum eine Rolle spielte, sondern auch Rang und gesellschaftliche Stellung des Schenkenden. Die Diskrepanz in wirtschaftlicher Potenz und sozialem Status zwischen dem erfolgreichen Handwerker und dem Großindustriellen Gruson, der zum Ehrenbürger der Stadt ernannt worden war, ist offensichtlich. Es steht daher zu vermuten, dass bei den Bestrebungen, Brandt bei der Ehrung zu übergehen, der zweite Zweck der Stiftertafel den Ausschlag gab. Denn diese sollte auch als Anreiz für weitere „ansehnliche Zuwendungen“ und „größere Stiftungen“ dienen.[40] Für die Namen dieser zukünftigen Stifter war noch ausreichend Platz auf der Tafel vorhanden. Die gewünschte Zielgruppe ließ sich mit einer Liste, die von Gruson angeführt wurde, mit Sicherheit besser ansprechen, als mit einer, an deren erster Stelle Maurermeister Brandt genannt wurde.

---

37 Vgl. StAM, A II, M77 spec. 15 (= 59.4u), fol. 39v-40r.

38 Vgl. StAM, A II, M77 spec. 15 (= 59.4u), fol. 41r.

39 Dr. med Gustav Adolph Brandt (geboren 1859 in Magdeburg, gestorben nach 1912) war der Sohn von Otto Brandts Bruder, Dr. phil. Julius Adolph Brandt (1827–1896), der zunächst Lehrer am Domgymnasium und schließlich Rektor der höheren Gewerbe- und Handelsschule war. Vgl. Gemmag. Genealogische Miszellen für Magdeburg, von Norbert Emmerich, Heidelberg, Nr. 5674 und Nr. 5706, https://gemmag.dynv6.net/2009/06/ofb3k5674.html (13.01.2024) und https://gemmag.dynv6.net/2009/06/ofb3k5706.html (13.01.2024).

40 StAM, A II, M77 spec. 15 (= 59.4u), bezeichnet als fol. 3: Drucksache Nr. 147: Der Magistrat der Stadt Magdeburg, Journ.-Nr. 551/4, Betrifft Aufstellung einer Ehrentafel im städtischen Museum.

Die zunehmende Fokussierung auf das Großbürgertum bei der Suche nach Museumsförderern entsprach der museumspolitischen Strategie auch andernorts. An vielen Orten lösten Museumsvereine die früheren Kunst- und Kunstgewerbevereine ab. Und sie waren durch hohe Beitragsforderungen in der Regel weit elitärer als diese, die auch das mittlere und kleinere Bürgertum eingeschlossen hatten.[41] Dieser Weg wurde in Magdeburg zwar nicht beschritten. Kunst- und Kunstgewerbeverein existierten fort und wurden als korporative Stifter auf den neuen Stiftertafeln genannt; aber die Nennung derjenigen, die sich in besonderem Maße um das Museum und den Museumsneubau verdient gemacht hatten, in der Festschrift zur Eröffnung des Kaiser Friedrich Museums Magdeburg 1906 zeigt, dass die Ansprache des Großbürgertums auch in Magdeburg in hohem Maße erfolgreich war (Abb. 5). Das Museum wurde nicht zuletzt zu einer Bühne, die es dieser Wirtschaftselite ermöglichte, ihren gesellschaftlichen Status öffentlich zu zeigen.[42]

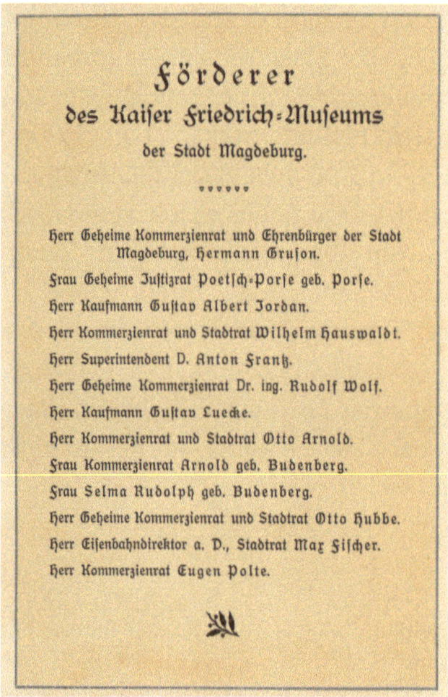

Förderer
des Kaiser Friedrich-Museums
der Stadt Magdeburg.

Herr Geheime Kommerzienrat und Ehrenbürger der Stadt Magdeburg, Hermann Gruson.
Frau Geheime Justizrat Poetsch-Porse geb. Porse.
Herr Kaufmann Gustav Albert Jordan.
Herr Kommerzienrat und Stadtrat Wilhelm Hauswaldt.
Herr Superintendent D. Anton Frantz.
Herr Geheime Kommerzienrat Dr. ing. Rudolf Wolf.
Herr Kaufmann Gustav Luecke.
Herr Kommerzienrat und Stadtrat Otto Arnold.
Frau Kommerzienrat Arnold geb. Budenberg.
Frau Selma Rudolph geb. Budenberg.
Herr Geheime Kommerzienrat und Stadtrat Otto Hubbe.
Herr Eisenbahndirektor a. D., Stadtrat Max Fischer.
Herr Kommerzienrat Eugen Polte.

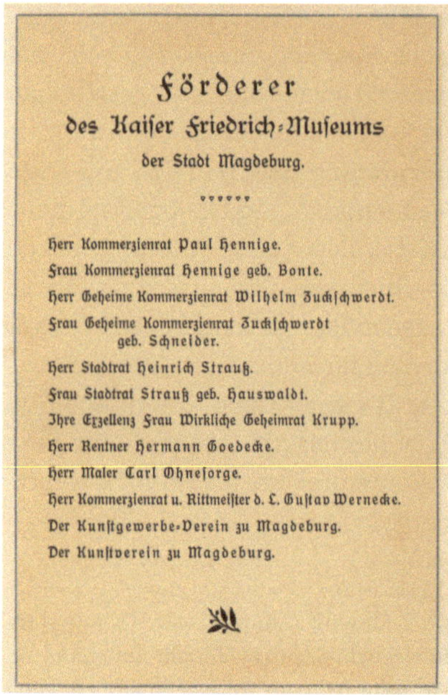

Förderer
des Kaiser Friedrich-Museums
der Stadt Magdeburg.

Herr Kommerzienrat Paul Hennige.
Frau Kommerzienrat Hennige geb. Bonte.
Herr Geheime Kommerzienrat Wilhelm Zuckschwerdt.
Frau Geheime Kommerzienrat Zuckschwerdt geb. Schneider.
Herr Stadtrat Heinrich Strauß.
Frau Stadtrat Strauß geb. Hauswaldt.
Ihre Exzellenz Frau Wirkliche Geheimrat Krupp.
Herr Rentner Hermann Goedecke.
Herr Maler Carl Ohnesorge.
Herr Kommerzienrat u. Rittmeister d. L. Gustav Wernecke.
Der Kunstgewerbe-Verein zu Magdeburg.
Der Kunstverein zu Magdeburg.

Abb. 5: Stiftertafeln aus C. M. Sombart: Zur Eröffnung des Kaiser Friedrich-Museums der Stadt Magdeburg am 16. Dezember 1906. © Kulturhistorisches Museum Magdeburg. Foto: Charlen Christoph.

41 Vgl. Mommsen: Bürgerliche Kultur, S. 64 f.
42 Vgl. ebd., S. 65.

In einer Festschrift zum 25-jährigen Bestehen eines städtischen Museums erläuterte der Gründungsdirektor Theodor Volbehr rückblickend seine Strategie zur Einwerbung bürgerschaftlichen Engagements. Er konstatierte, dass vor allem zahlreiche große und kleinere Stiftungen für ein schnelles Wachstum der Sammlungen gesorgt hätten, und führte aus, dass es erfreulich gewesen sei, dass die meisten Stifter sich gerne dazu bereitgefunden hätten, ihr Mäzenatentum einem in sich geschlossenen Gebiet zuzuwenden. Als Beispiele nannte er den Direktor und Miteigentümer der Armaturenfabrik Schaeffer & Budenberg, Otto Arnold, der sein „tätiges Interesse" Medaillen, Plaketten und Terrakotten schenkte,[43] den Direktor und Eigentümer einer Waffen- und Munitionsfabrik, Eugen Polte, der figürliche Kleinplastiken in Gruppen und Statuetten sammelte,[44] sowie Selma Rudolph, die als Witwe die Maschinenfabrik und Eisengießerei Rudolph & Co selbst leitete und sich um den Erwerb von Gobelins für das Museum verdient machte.[45]

Diese elitäre Form musealen Engagements lässt sich wohl eher mit dem heutigen Werben von Museen um hochkarätige Privatsammlungen zeitgenössischer Kunst vergleichen als mit dem, was in unserer Zeit als zivilgesellschaftliches Engagement für Museen sowie als gesellschaftliche Teilhabe und Partizipation an Museen diskutiert wird.[46] Und doch konnte Museumsdirektor Volbehr mit der Unterscheidbarkeit und Individualisierung des Museums sowie der Verwobenheit mit der Stadtgesellschaft zwei Effekte seiner Strategie benennen, die nach wie vor aktuell sind. Er konstatierte: „Auf solche Weise muss sich die Gesamtheit der Museums-Sammlungen auf Magdeburg und auf den einzelnen Magdeburger beziehen und doch mehr sein als nur ein leidlich gut illustrierter Geschichtsunterricht."[47]

Es versteht sich von selbst, dass in der Zeit der DDR die Verdienste Zugehöriger des bürgerlichen Standes – seien es nun Klein- oder Großbürger – um das Museum und seine Entstehung nicht in Erinnerung gehalten wurden. Erst seit der Wiedervereinigung wird dieses frühe bürgerschaftliche Engagement wieder

---

43 Zu Otto Arnold und seinem Engagement für das Museum vgl. Heinicke: Arnold, Heinrich *Otto*; Kärgling: Münzen, Medaillen und Kostüme; Miehe/Volkmar (Hrsg.): Magdeburger Stiftungsbuch, S. 280 f.; Ullrich: Einleitung, S. 16–24, bes. S. 20 f.

44 Polte hatte als angestellter Oberingenieur bereits das Museumsmanifest von 1884 unterschrieben (s. o.). Zu Poltes Engagement für das Museum vgl. Kärgling: Kulturbürger und Vereine, S. 96 f.; Miehe/Volkmar (Hrsg.): Magdeburger Stiftungsbuch, S. 553 f.

45 Zu Selma Rudolph und ihrem Engagement für das Museum vgl. Tullner: Rudolph, Selma Mathilda, geb. Budenberg; Ullrich: Einleitung, S. 21.

46 Zu der grundsätzlichen Problematik der Schaffung von Ungleichheit durch Stiftungen an Museen vgl. Göschel: Kulturpolitik und Bürgergesellschaft. Zur Zielrichtung von Partizipation im Museum vgl. Simon: The Participatory Museum.

47 Volbehr: 25 Jahre städtisches Museum für Kunst und Kunstgewerbe, S. 6.

in den Blick genommen, nicht zuletzt auch als „ferner Spiegel“ – um die berühmte Metapher Barbara Tuchmans aufzugreifen – heutigen Handelns.[48]

Ein Museum für alle

Obwohl sich die Aufforderung zum Engagement für Bau und Ausstattung des Museums an das Bürgertum und vor allem das Großbürgertum richtete, sollte das Museum dennoch eine zentrale Funktion für die gesamte Einwohnerschaft der Stadt übernehmen. Bereits der einzige das Museumsprojekt verteidigende Leserbrief von 1888 hatte dieses Ziel formuliert:

> „Denn bei richtiger Würdigung der Bedeutung solcher Kunstinstitute kann kein Zweifel obwalten, daß dieselben eine eminent erziehliche Kraft auf die ganze Bevölkerung einer Stadt ausüben, daß sie berufen sind, alle Schichten derselben im gemeinschaftlichen Dienste des Idealen zu vereinigen und daher in einer auf höhere Ziele gerichteten Zeit nicht mehr zu entbehren sind – am wenigsten von denjenigen Klassen, denen die Mittel fehlen, um erst die Kunsttempel anderer Städte aufzusuchen.“[49]

Die Aufgabe, gesellschaftliche Kohäsion herzustellen, war groß. Die Einwohnerschaft der Stadt war binnen weniger Jahrzehnte von etwa 60.000 (1849) auf mehr als 200.000 (1890) angewachsen. Das wirtschaftliche und damit auch das soziale Gefälle waren immens. In Magdeburgs Innenstadt befand sich mit dem sogenannten Knattergebirge ein Elends-Wohngebiet, das zu den eng besiedelten in Europa zählte.[50] Die liberalen und kaisertreuen Honoratioren, die aufgrund des preußischen Dreiklassenwahlrechts unangefochten die Geschicke der Stadt lenkten, standen der mehr oder weniger offen in Parteien organisierten Opposition der Arbeiterbewegung gegenüber.[51] Auch die Weltanschauungen klafften auseinander. Die etablierte, streng lutherische Stadtgesellschaft musste sich mit zugewanderten Arbeiterinnen und Arbeitern katholischen Glaubens vor allem aus dem Eichsfeld und der Provinz Posen arrangieren. Die hiermit verbundenen Probleme sind in einer weitgehend säkularen Gesellschaft kaum

---

48 Vgl. Kärgling: „...ein vereintes Streben, Beraten, Wirken und Schaffen“; Kärgling: Patrone, Mäzene Förderer; Kärgling: Kulturbürger und Vereine; Köster: Hermann Grusons Engagement für ein Magdeburger Museum; Ullrich: Einleitung.

49 Einer der beiden Leserbriefe vom 22. April 1888 (Magdeburgische Zeitung, Nr. 214).

50 Vgl. Asmus: 1200 Jahre Magdeburg, Bd. 3, S. 244 f.; Tullner: Preußische Provinzhauptstadt, S. 591 f., 611.

51 Vgl. Tullner: Preußische Provinzhauptstadt, S. 589 f., 603–606; Asmus: 1200 Jahre Magdeburg, S. 98 f.

noch nachzuvollziehen, waren in der Zeit des preußischen Kulturkampfes jedoch tiefgreifend.[52]

Es ist verlockend, Parallelen der damaligen post-migrantischen Gesellschaft und der heutigen hervorzuheben und in der formulierten Zielsetzung des Museums einen Vorläufer heutiger Vorstellungen von Museen als Orten gesellschaftlicher Aushandlungsprozesse zu sehen. Doch die Formulierungen des Leserbriefschreibers, der die Erziehung sowie die Vereinigung aller Schichten zum „gemeinschaftlichen Dienste des Idealen“ zum Ziel erklärte, zeigen, dass das Ziel gesellschaftlicher Kohäsion in der Kaiserzeit vor dem Ersten Weltkrieg nicht mit demjenigen in einer offenen, demokratischen Gesellschaft gleichsetzen kann. Umso höher ist es Museumsdirektor Theodor Volbehr anzurechnen, dass er das Ziel im ersten Museumsführer des Kaiser Friedrich Museums der Stadt Magdeburg nicht aus der Perspektive staatlicher Autorität, sondern aus der Perspektive der Museumsbesucherin und des Museumsbesuchers darstellte und damit die aufklärerisch-emanzipatorische Funktion des Museums für diese betonte: „Das Kaiser Friedrich Museum will ein Haus sein, das jedem Bewohner der Stadt das Verstehen der Kulturwelt, in der er lebt, erleichtert und damit seine Freude am Dasein vertieft“.[53]

Bibliografie

Abkürzungen

StAM = Stadtarchiv Magdeburg.
KHM = Kulturhistorisches Museum Magdeburg.

---

52 Vgl. Asmus, 1200 Jahre Magdeburg, Bd. 3, S. 138 f.

53 Volbehr: Führer durch die Sammlungen des Kaiser Friedrich Museums, S. III; vgl. auch Volbehr: 25 Jahre städtisches Museum für Kunst und Kunstgewerbe, S. 6: „Und sollten denn wirklich die Museen, die von Kunst und Kultur berichten, nur den Künstlern und Kunsthandwerkern dienen? An die Stelle solcher Anschauungen muss die neue treten, daß man versuchen müsse, aus einem Museum eine Volksbildungsstätte zu machen.“ Zu Museen als Volksbildungsstätten vgl. Kuntz: Das Museum als Volksbildungsstätte, bes. S. 9–37; zum Begriff der Freude vgl. ebd., S. 115.

Ungedruckte Quellen

KHM, Inventare Kunstsammlungen, o. Nr.: „Verzeichnis der zur Stiftung Otto Brandt gehörigen Sammlungs-Gegenstände, dem Kunst-Gewerbe-Verein zu Magdeburg am 4. März 1885 von Frau Doris Brandt, geb. Rummel übergeben. Revidierte Abschrift von Ludwig Clericus".

StAM, A II 35 78n: enthält „Pallas. Zeitschrift des Kunstgewerbevereins zu Magdeburg", Jg. 1880/1881.

StAM, A II M77, Bd. 1: Acta des Magistrats der Stadt Magdeburg betreffend die Errichtung eines Museums 1884–1892.

StAM, A II, M77 spec. 15 (= 59.4u): Die Aufstellung einer Ehrentafel im städtischen Museum... (1894–1912).

Literatur

Asmus, Helmut: 1200 Jahre Magdeburg, 3 Bde., Magdeburg 2005.

Beckert, Manfred: Polte, Eugen, in: Guido Heinrich/Gunter Schandera (Hrsg.): Magdeburger Biographisches Lexikon. 19. und 20. Jahrhundert, Magdeburg 2002, S. 553 f.

Clericus, Ludwig: Verzeichnis der kunstgewerblichen Sammlungen des Kunstgewerbe-Vereins zu Magdeburg, Magdeburg 1890.

Göschel, Albrecht: Kulturpolitik und Bürgergesellschaft, in: Kulturpolitische Mitteilungen (2000), 3, S. 25–30.

Hartung, Olaf: Kleine deutsche Museumsgeschichte. Von der Aufklärung bis zum frühen 20. Jahrhundert, Köln/Weimar/Wien 2010.

Heinicke, Horst-Günther: Arnold, Heinrich *Otto*, in: Guido Heinrich/Gunter Schandera (Hrsg.): Magdeburger Biographisches Lexikon. 19. und 20. Jahrhundert, Magdeburg 2002, S. 16.

Heinrich, Guido/ Schandera, Gunter (Hrsg.): Magdeburger Biographisches Lexikon. 19. und 20. Jahrhundert, Magdeburg 2002.

Heinrich, Guido: Clericus, *Ludwig* August, in: ders./Gunter Schandera (Hrsg.): Magdeburger Biographisches Lexikon. 19. und 20. Jahrhundert, Magdeburg 2002, S. 110 f.

Hochreiter, Walter: Vom Musentempel zum Lernort: zur Sozialgeschichte deutscher Museen 1800–1914, Darmstadt 1994.

Kärgling, Karlheinz: Kulturbürger und Vereine im Dienst für das öffentliche Wohl. Ein historischer Brückenschlag, in: Helmut Hörold/Gabriele Köster (Hrsg.): Interesse, Sachkenntnis, Engagement. 25 Jahre Verein zur Förderung der Museen der Landeshauptstadt Magdeburg e. V./Magdeburger Museumsverein, Magdeburg 2017, S. 85–98.

Kärgling, Karlheinz: Münzen, Medaillen und Kostüme, in: Der Markt in Mitteldeutschland: Mitteilungen der Industrie- und Handelskammer Magdeburg (2016), 6, S. 26–28.

Kärgling, Karlheinz: Patrone, Mäzene Förderer, in: Der Markt in Mitteldeutschland: Mitteilungen der Industrie- und Handelskammer Magdeburg (2016), 2, S. 18–20; 3, S. 20–22; 4, S. 18–20; 5, S. 16–18; 6, S. 26–28; 7, S. 22 f.; 8, S. 24–26; 9, S. 24 f.; 10, S. 22 f.

Kärgling, Karlheinz: „...ein vereintes Streben, Beraten, Wirken und Schaffen", in: Matthias Puhle (Hrsg.): 100 Jahre Kulturhistorisches Museum Magdeburg (= Magdeburger Museumsschriften; 9), Magdeburg 2006, S. 23–45.

Klitzschmüller, Elke: Die Magdeburger Gesellschaft zur Zeit des Deutschen Kaiserreichs 1871 bis 1918 auf der Grundlage der bürgerlichen Vereine, Magdeburg 2008.
Kocka, Jürgen: Bürgertum und bürgerliche Gesellschaft im 19. Jahrhundert. Europäische Entwicklung und deutsche Eigenarten, in: ders. (Hrsg.): Bürgertum im 19. Jahrhundert, München 1988, S. 11–76.
Köster, Gabriele: Hermann Grusons Engagement für ein Magdeburger Museum, in: dies. u. a. (Hrsg.): Hermann Gruson. Industriekultur und Stadtkultur im 19. Jahrhundert (= Magdeburger Schriften; Bd. 12), Halle (Saale) 2023, S. 88–109.
Kuntz, Andreas: Das Museum als Volksbildungsstätte. Museumskonzeptionen in der deutschen Volksbildungsbewegung 1871–1918, Münster/New York 1996.
Magdeburgische Zeitung (1664–1944).
Mayrhofer, Wolfgang: Holzapfel, Carl Albert *Rudolph*, in: Guido Heinrich/Gunter Schandera (Hrsg.): Magdeburger Biographisches Lexikon. 19. und 20. Jahrhundert, Magdeburg 2002, S. 314.
Mayrhofer, Wolfgang: Paulsiek, *Carl* Heinrich Diedrich, in: Guido Heinrich/Gunter Schandera (Hrsg.): Magdeburger Biographisches Lexikon. 19. und 20. Jahrhundert, Magdeburg 2002, S. 534 f.
Miehe, Lutz/ Volkmar, Christoph (Hrsg.): Magdeburger Stiftungsbuch. Vom Entstehen, der Zerstörung und dem Wiederaufbau einer Stiftungslandschaft (Magdeburger Schriften; Bd. 11), Halle (Saale) 2022.
Mommsen, Wolfgang J.: Bürgerliche Kultur und politische Ordnung. Künstler, Schriftsteller und Intellektuelle in der deutschen Geschichte 1830–1933, Frankfurt a. M. 2000.
Neubecker, Ottfried: Clericus, Ludwig, in: Neue Deutsche Biographie, Bd. 3 (1957), S. 287 f.
Pallas. Zeitschrift des Kunstgewerbevereins zu Magdeburg (1880–1892).
Rüster, Brigitte: Geschichte des Museums von 1884 bis 1912, in: Jahresschrift für Mitteldeutsche Vorgeschichte 67 (1984), S. 72–86.
Simon, Nina: The Participatory Museum, Santa Cruz 2010.
Sombart, Carl Max: Zur Eröffnung des Kaiser Friedrich-Museums der Stadt Magdeburg am 16. Dezember 1906. Seine Vorgeschichte, Magdeburg 1906.
Tullner, Mathias: Preußische Provinzhauptstadt, Industriestadt und soziales Leben, in: Matthias Puhle/Peter Petsch (Hrsg.): Magdeburg. Die Geschichte der Stadt 805–2005, Dößel (Saalekreis) 2005, S. 551–618.
Tullner, Mathias: Rudolph, Selma Mathilda, geb. Budenberg, in: Eva Labouvie (Hrsg.): Frauen in Sachsen-Anhalt, 2 Bde., Bd. 2: Ein biographisch-bibliographisches Lexikon vom 19. Jahrhundert bis 1945, Wien/Köln/Weimar 2019, S. 389–392.
Ullrich, Sabine: Einleitung, in: Alwines Puppen. Kostümgeschichte *en miniature* (= Magdeburger Museumsschriften; 21), Ausst.Kat. Kulturhistorisches Museum Magdeburg 2023, Magdeburg 2023, S. 9–43.
Vogel, Kurt: Hochheim, Adolf, in: Neue Deutsche Biographie 9 (1972), S. 289.
Volbehr, Theodor: Führer durch die Sammlungen des Kaiser Friedrich Museums der Stadt Magdeburg, Magdeburg 1907.
Volbehr, Theodor: 25 Jahre städtisches Museum für Kunst und Kunstgewerbe, Magdeburg 1918.
Walter, Otto: Festschrift zur Feier des 25jährigen Stiftungstages des Naturwissenschaftlichen Vereins zu Magdeburg, Magdeburg 1894.
Wenzel, Otto (Hrsg.): Adressbuch und Warenverzeichnis der chemischen Industrie des Deutschen Reiches, 3. Ausgabe, Berlin 1892.

Willenius, Roswitha: „Duvigneau, Johann Joseph *Otto*“, in: Guido Heinrich/Gunter Schandera (Hrsg.): Magdeburger Biographisches Lexikon. 19. und 20. Jahrhundert, Magdeburg 2002, S. 149 f.

https://gemmag.dynv6.net/2009/06/ofb3k5674.html (13.01.2024).

https://gemmag.dynv6.net/2009/06/ofb3k5706.html (13.01.2024).

Kathrin Pieren

The Jewish Museum of Westphalia – An Institution Rooted in Civil Society

Westphalia is located in the north-eastern part of North Rhine-Westphalia and has a population of around 8.4 million. The largest cities are Dortmund, Bochum, Bielefeld, and Münster. Yet, the Jewish Museum of Westphalia is located in the town of Dorsten. Therefore, the first question is often: "Why is there a Jewish museum in this place?". The answer is that it was here that local citizens thought it important to have a place where Jewish religion and the Jewish history of Westphalia would be remembered and taught after the Holocaust. This personal concern is expressed in the preamble to the statutes of the later museum's supporting association, the Verein für Jüdische Geschichte und Religion e. V.: "As the descendants of those through whose fault Jewish life was extinguished, we feel responsible for securing and preserving the traces of Jewish life in Westphalia".[1]

A small but persistent group of committed citizens from Dorsten and the surrounding area concerned itself with Judaism, antisemitism, and Jewish history, first in the town and then in the region. The group gradually gained the support of the local administration and citizenry in order to establish a museum and gradually put it on a solid financial base. Over the next few pages, it will be seen how the museum came into being, how it has been developed and professionalised over the years, and why its roots in the community are still a great strength.

In 1982, the group "Dorsten unterm Hakenkreuz" ("Dorsten under the Swastika") emerged around the journalist Wolf Stegemann and the Social Democratic town councillor Dirk Hartwich. It was one of many grassroots history workshops at the time in which the children and grandchildren of the perpetrators and bystanders of the Holocaust set about analyzing the history of their locality.[2] The participants included teachers, journalists, politically inter-

1 Archive of the Jewish Museum Westphalia, Verein für jüdische Geschichte und Religion e. V., Satzung, 1996, 4 (translation KP).

2 Inka Bertz, "Jüdische Museen in der Bundesrepublik Deutschland", in: *"Ausgestopfte Juden?" Geschichte, Gegenwart und Zukunft Jüdischer Museen*, ed. Felicitas Heimann-Jelinek and Hannes Sulzenbacher (Göttingen 2022), 62–83. In November 1988, an eight-page special edition of the museum magazine *Schalom* was published in co-operation with various publishing houses. The magazine contained articles on the November pogroms of 1938 in the towns of the Recklinghausen district, 200,000 copies of which were enclosed with the newspapers in

https://doi.org/10.1515/9783111494616-016

ested lay, and, rarely, professional historians. Their initiative was part of the post-war generation's attempt at filling in the blanks in historiography that were left because of insufficient scrutiny of the history of the Nazi regime and the Holocaust by the generations before them.[3]

Fig. 1: Inauguration of a plaque to commemorate the destruction of the synagogue on November 9, 1938, at the Old Town Hall, Dorsten, November 9, 1983.

The individual group members had their own personal motives for participating as well. The co-founder and first honorary director of the museum was Johanna Eichmann, who was Jewish but had been baptized for her protection as a child in the 1930s and later became a nun. For her, this was "a departure and a homecoming at the same time: a departure to new insights and a homecoming to myself, to my own unknown history – via the history of local Jewish families and finally my own family too".[4] For another group member who still sits on the board today, the initial resistance of the population was a motivating factor because "if people don't want you to uncover something, then there must be

the region. Archive of the Jewish Museum Westphalia, Dokumentationszentrum für Jüdische Geschichte und Religion in der früheren Synagogenhauptgemeinde Dorsten im Kreis Recklinghausen, Tätigkeitsbericht 1987–1990, 18–19.

3 Norbert Reichling, "Nach 20 Jahren", *Schalom. Magazine of the Jewish Museum Westphalia*, 71 (2012): 2.

4 Johanna Eichmann, *Die Rote Johanna. Erinnerungen 1952–2012* (Klartext 2013), 126.

something behind it".[5] A second strong motivator for her even today is to help *emigrés* and their descendants to connect to their family history in the region. Another one of the five "hard core" members of the research group, which consisted of up to 30 people, was driven by her interest in history, which she was unable to pursue professionally as an accountant. She would have loved to become an archaeologist, she says.[6]

After just one year, the group published its first volume on the former Jewish community in Dorsten, followed by "Kirche zwischen Anpassung und Widerstand", "Der gleichgeschaltete Alltag", "1945–1950. Die Jahre danach", and "Die Krisenjahre der Weimarer Republik".[7] The most comprehensive volume was "Juden in Dorsten und in der Herrlichkeit Lembeck" ("Jews in Dorsten and in the Territory of Lembeck"), published in 1989. Through its research, the group "opened up a large can of worms", said the late chair of the board.[8] Fears among the population that they could be prosecuted for aryanized property, however, were unfounded, as the group had already resorted to self-censorship and only wrote "was acquired by a Dorsten family" or used abbreviations. Nevertheless, there were occasional anonymous phone calls and nasty mail, and group member Elisabeth Schulte-Huxel even received death threats.[9] Another person later heard she was described as writing "communist books". Others simply boycotted the enterprise.

The idea of establishing a "documentation center for Jewish history and religion in the former synagogue community of Dorsten in the district of Recklinghausen" was conceived early on, and in 1987 an association, which in its heyday would have 550 members, was founded to support the project. With the idea to create the documentation center, the focus had shifted to Jewish history. The goal was to have space for all the documents and photos that the group had collected to present in schools and local associations. Over the years, they had also built up a collection of Judaica. By 1989, the group owned 400 exhibits, including old books, engravings, prints, religious artefacts, and coins from ancient Israel.[10] By that time, the only regular income were the member-

---

5 Archive of the Jewish Museum Westphalia, Interview with Elisabeth Cosanne-Schulte-Huxel, co-founder of the Jewish Museum Westphalia, by Heidi Behrens, January 12, 2012, 6.

6 Interview with Christel Winkel, March 30, 2023. Both women assume that the group was so successful because everyone had their own speciality (and maybe also because the entire families were always involved).

7 "Church between Adaptation and Resistance", "The Synchronised Everyday", "1945–1950. The Years After", "The Crisis Years of the Weimar Republic".

8 Interview with Norbert Reichling, March 30, 2023, 2.

9 Interview with Elisabeth Cosanne-Schulte-Huxel, 5–6.

10 Wolf Stegemann, "Silberne Thorakrone ist eine Kostbarkeit", in: *Schalom*, 6 (1989): 3.

ship fees of the supporting organization, who had 171 members in 1990. However, the annual football tournaments and flea markets, fundraising campaigns as well as annually awarded public grants also generated money to build up the collection and for exhibitions.[11]

Fig. 2: Actor Cameron Mitchell visits the group in Dorsten, 1987–1990, Source: Dorstener Zeitung.

The request to use a dilapidated municipal property for this purpose went through the town council surprisingly quickly. Johanna Eichmann identified "two reasons for this, which are not to be found in enthusiasm for Judaism! On the one hand, our group had earned recognition through the work done in the previous five years", the second reason was the desire of many city fathers and politicians to "bring a 'highlight' to Dorsten".[12]

11 Archive of the Jewish Museum Westphalia, Dokumentationszentrum für Jüdische Geschichte und Religion, Tätigkeitsbericht 1987–1990, 15–16.

12 Archive of the Jewish Museum Westphalia, Johanna Eichmann, "Das Jüdische Museum Westfalen", typescript for a lecture at the Lions Club Gelsenkirchen, dated September 27, 1993 (translation KP), 1–2.

The fact that she, the headmistress of the prestigious St. Ursula grammar school with connections to town and church, stood at the group's helm certainly helped. Moreover, among the members of the supporting association were the Head of the Jewish community of Bochum-Herne-Recklinghausen, the Head of the District and the first SPD mayor of Dorsten.[13]

Soon the city, the state (North Rhine-Westphalia) and the Association of Local Councils of Westfalen Lippe (LWL) and its Museum Office contributed money for the renovation of the building. The Museum Office, a regional advisory institution, advised and suggested calling this institution the Jewish Museum Westphalia, broadening its focus from the locality to the region.[14] According to Norbert Reichling, the town mayor continued to be somewhat sceptical about the project, yet the tone had become more civilized and the grants for refurbishment and for the museum operation were never contested.[15] The fact that on June 28, 1992, the Prime Minister of North Rhine-Westphalia and later German President, Johannes Rau, himself opened "the only [Jewish museum] between Frankfurt and Amsterdam",[16] as the museum preferred to describe itself, and that the Israeli ambassador was present alongside other VIPs, certainly contributed to the institution's acceptance.

Once they had a building, they had to fill it, not least since the LWL Museum Office required the existence of a collection for its support.[17] Judaica, in particular, totalling DM 320,000 and paid for by the newly established NRW Foundation were subsequently purchased at auctions in London and Amsterdam. The Judaist and historian Dr. Michael Brocke was on hand to provide advice. Where these objects came from or why they were on the market does not seem to have been a major concern at the time.[18] In that period the museum did not have a written collecting policy, but an important focus lay on ritual objects.

13 Interview with Elisabeth Schulte-Huxel, 11–12; Tätigkeitsbericht, 6.

14 The creators were aware that the choice of the adjective "Jewish" for a museum established by a group of mostly non-Jews could be controversial. Johanna Eichmann, "Das Jüdische Museum Westfalen", 2.

15 Interview with Norbert Reichling, March 30, 2023, 2.

16 *Schalom* 19 (1992): 1.

17 As a condition for their support, the Museum Office required 1) sufficient original exhibits, 2) a didactic concept, 3) regular opening hours, 4) a museum director and 5) municipal co-sponsorship. See Wolf Stegemann, *Schalom* 3 (1988): 2.

18 Wolf Stegemann, "Hochwertige Qualität im Trend", *Schalom* 13 (1991): 8.

Fig. 3: Opening of the Jewish Museum Westphalia, June 28, 1982, in the presence of then Prime Minister of North Rhine-Westphalia Johannes Rau, Source: Dorstener Zeitung.

Parallel to the official remembrance policy, the connection between Jewish history and the history of persecution and the Holocaust was strong in the first permanent display.[19] It consisted of two main parts, one on religious traditions and one on Jew hatred and antisemitism. At that time, regional history was not yet as developed as it is today, in part because research into it had only just started and the group had hardly any exhibits on the subject.[20] The founding of the state of Israel was another focus.

At the time, Judaica were collected as illustrative objects ("specimen") for the explanation of Jewish religious and cultural practice, whereas their historical context initially played no role. The museum offered a program of lectures, panel discussions, readings, film, and music, which brought some dynamics to the rather static displays. It conceived itself as a "house of learning".[21] The list of exhibitions shows that a wide range of topics were addressed in the 1990s, including shows by Jewish artists, an exhibition on Cantor Salomon Sulzer, one on the synagogue, and one on Jerusalem. Yet, religion and Israel were quite strong foci of the events program.

19 Bertz, "Jüdische Museen", 76.

20 Helmut Knirim, "Lehrhaus und Begegnungsstätte ist für Juden und Nichtjuden offen", *Schalom* 18 (1992): 4–5.

21 Johanna Eichmann, "Das Jüdische Museum Westfalen", 5.

In 1991, for the first time, two research assistants were hired, one of them temporarily, the other was the curator who would remain in office until his retirement in 2023; at the beginning, he also delivered the learning program. Nevertheless, he thinks that even by then, the museum still presented itself as the project of an amateur group and the board took part in conferences and important meetings themselves.[22]

In 1994, the appointment of a qualified business economist as the museum's administrator was another step towards professionalization. Although she was unpaid, she worked nearly full-time and brought the financial administration up to the state of the art by switching everything to digital. Her involvement made it possible to set up the museum's own foundation in 1998 to put the organization on a more solid financial footing and to manage the funding administration for a new building and extension (2000–2004).[23]

That extension was a milestone and major achievement for a group still predominantly formed of volunteers. Yet, it also received the academic support of an advisory board assembling experts from the German and Dutch museum sector when developing its new permanent display. Moreover, after the renovation, the visitor services were professionalized. In the narrative of the new and extended permanent display, religion and the history of persecution were still closely linked visually, but regional history, illustrated through the use of exemplary biographies, occupied more space now.

From the curator's perspective, a landmark in the museum's recognition by specialists in the field was the subsequent study visit by the international Working Group on Jewish Collections ("Arbeitsgemeinschaft Jüdische Sammlungen").[24] Moreover, from 2004 onwards, the district of Recklinghausen delegated a former teacher to the museum to deliver the learning program. When he retired ten years later, a museum professional with experience in memorial sites and museums took over the position, which has continued to be financed by the district ever since.[25] At around that time, North Rhine-Westphalia through the Regional Agency for Civic Education started to become an active funder of memorial sites including the Jewish Museum Westphalia.

It was a stroke of luck that, in 2006, Dr. Norbert Reichling, an expert in historical political education, took over the role of museum director from founder Johanna Eichmann. For the next 12 years he would fulfil this honorary position

22 Interview with curator Thomas Ridder, March 21, 2023.

23 Anke Klapsing-Reich, "'Ich geh' ja nicht ganz'. Interview zum Abschied von Gisela Brückner", *Schalom* 70 (2012): 6–7.

24 Interview with curator Thomas Ridder, March 21, 2023.

25 Anke Klapsing-Reich, "Mareike Böke folgt Udo Reese" in: *Schalom* 74 (2014): 2, 5.

alongside his paid job. The third permanent display since the inauguration of the museum opened at the end of 2018. It was developed with the help of a project manager who was also a subject specialist and a streamlined advisory board. In the development phase, there were public workshops and consultations with schools, universities, and youth groups. Norbert Reichling played a leading role in fundraising as well as contributing substantially to the content of the new permanent display and the subsequent production of the museum's academic publications. He also initiated two large-scale research and exhibition projects that were realised in co-operation with external experts: "Angekommen!?" (2009–2010) on Jewish migration from the former Soviet Union to Germany at the turn of the 21st century and "Heimatkunde" about Jewish-non-Jewish relations in the 19th century (2010–2014). His example and the example of the administrator illustrate perfectly well that the separation between "professionals" and "volunteers" or "honorary workers" is not always helpful to describe the division of labor or the level of professionalism adopted by the people involved.

Since the foundation of the museum, German-Jewish demographics had changed significantly through the migration of Jews from the former Soviet Union. The Jewish communities were revitalized and Jewish life became more visible. Museology had also shifted and museums started to be more inclusive and interactive. An important message of the latest permanent display, entitled "L'Chaim! – Jewish in Westphalia" is therefore diversity within German Jewry, both culturally and religiously as well as relating to age, gender, and location. The narrative was expanded to include the recent immigration as part of a wider chapter on "migration and flight". Moreover, sections on Jewish ethics, language, and Kosher food aimed at identifying Jewishness with more than religion in the strict sense.[26] The display was also adapted to meet today's museum standards with visual, audio, and interactive stations for young and old, with more contemporary relevance and a family-friendly design.

A final step in the professionalization of the museum was achieved in 2020 when the Association of Local Councils from Westfalen Lippe (LWL) started to grant regular funding on the condition that the museum was professionally-led.[27] The first major task of the new director was to coordinate the development of the museum's first written strategy. The newly formulated mission statement reads as follows:

---

26 Cordula Lissner, "Auf dem Weg zu einer neuen Dauerausstellung in Dorsten", *Schalom* 80 (2017): 10; Anja Reichert, "Jüdische Geschichte(n) neu erzählt", *Schalom* 83 (2018): 8–9.
27 Norbert Reichling, "A pretty big step", *Schalom* 85 (2019): 2.

Fig. 4: Jewish Museum Westphalia with the original building now housing temporary exhibition spaces and offices on the left. On the right, the 2000 extension with rooms for the permanent display and lecture hall, 2023, ©JMW, Navina Verheyen.

> Through its research, collection, remembrance, exhibition and learning activities, the museum invites visitors to discover Jewish religion and culture in the past and present from a regional perspective. It arouses curiosity and helps to break down stereotypes and prejudices in the long term and combat antisemitism and other inhuman ideologies. Thus, it makes a lasting contribution to strengthening individual personality and civil courage as well as to social cohesion and democratic awareness.
>
> The Jewish Museum Westphalia is a meeting place that invites people of all generations and cultures to participate and interact. It strives to be a place that has something to offer for everyone and a regional institution that is recognised beyond the region.[28]

On one hand, this is a continuation of the originally intended purpose while corresponding with some public expectations.[29] On the other hand, the museum's task is now more specific and functional than in the past and it lacks the

---

28 Jewish Museum Westphalia, Strategy 2024, 3 (English translation KP), www.jmw-dorsten.de, accessed January 20, 2025.

29 Regarding the political expectations towards Jewish museums, see Barbara Staudinger, "Jüdische Museen als gesellschaftspolitischer Diskursraum. Neue Herausforderungen durch Antisemitismus, Fremdenhass und die Renaissance des Religiösen", in *Das umkämpfte Museum. Zeitgeschichte ausstellen zwischen Dekonstruktion und Sinnstiftung*. ed., Ljiljana Radonić and Heidemarie Uhl (transcript 2020), 201–211.

generation-specific perspective. Instead, it positions itself within a framework of historical political education. This corresponds somewhat to the second chair's assessment from 2012 that the focus had shifted from "remembrance" to "learning".[30] It aims at a high level of professionalism while opening up thematically and with regards to contemporary forms of inclusion and participation. In 2023, for example, a class from a local vocational college curated a substantial part of a temporary exhibition on Holocaust remembrance.[31] In 2024, interpretive material for the permanent display in the form of a brochure or audio recordings for children and adults with cognitive impairments have been developed by two relevant groups. Further projects to become a more inclusive museum are planned in the forthcoming years. In contrast to the civil society initiatives of the founding years, such activities are project-based and the lead is with the museum professionals, although this might shift in the future towards a stronger input by voluntary groups in the decision-making process.

The museum has been cooperating with various Jewish communities since its inception. With the help of one board member in particular, the museum has maintained intensive contact with descendants of Jewish families from Dorsten over the years. With descendants of the Eisendrath family, who emigrated from the town in the mid-19th century, the museum developed its own website, which combines family research by the Eisendraths themselves and by the museum.[32] Sixty family members met at a reunion in Dorsten in 2010. Two much smaller virtual family reunions followed in 2023 and one in 2024. Over the years, two streets in Dorsten were named after Jewish families who once lived here, on the initiative of the same board member. Such connections not only help both sides by exchanging knowledge about the respective family histories. More importantly, the museum seems to serve as a kind of anchor point in cases where family histories remain tragically incomplete. However, it is questionable whether such intensive personal contacts will be possible once the board member retires and a staff member takes over the contact.

There have always been links to, and joint projects with, the Jewish communities of the area. 2024 and 2025, several exhibitions are being realized in cooperation with Jewish communities and collectors with close ties to organized communities. The museum also maintains cooperation agreements with local schools and takes part in events such as the Dorsten Days of the Constitution, International Children's Day and various state and town-wide learning pro-

30 Interview with Elisabeth Cosanne-Schulte-Huxel, 19.

31 "Werde Zweitzeug*in" ("Become a secondary witness") by the association Zweitzeugen e. V.

32 www.eisendrath-stories.net, accessed January 20, 2025.

grams. It maintains contacts with integration councils and agencies and with the regional centers for teacher training. The museum has made a name for itself particularly with its learning program. In 2023, its offer was expanded to include workshops on antisemitism prevention for police officers. This is to be further developed for employees with the judiciary. Curatorial and learning staff present regularly as experts in workshops and conferences.

While the objects were initially collected to illustrate ideas, this has shifted in recent years as the museum was able to expand its collections through the donation of letters, photographs, and artefacts specific to the region. Today, regional provenance is a necessary condition for the acquisition of Judaica as well. It goes without saying that purchases and donations are viewed more critically with regards to their provenance today. In 2020 to 2021, a research project into the provenance of a number of Judaica and social history objects took place, over the course of which the museum restituted several items to communities and individuals. Today, the museum is a firm part of a network of professionals, including the Working Group of Jewish Collections, the European Association of Jewish Museums and the Museum's Association of North Rhine-Westphalia. For the near future, the development of a written collecting policy and the launch of a contemporary collecting project are planned.

The museum's work has long since arrived "in the centre of society" and become a flagship organization for local and regional politicians and an institution that the town prides itself with. In the meantime, a further 28 NS-memorial sites have been established in the region, to which the museum belongs as well, despite its different focus. This means that many other places offer learning programs on antisemitism prevention and historical political education. In addition, local and regional museums now also include Jewish history.

There has been strong continuity on the board of the museum, who are by now nearly the only volunteers still engaged with the museum. Between 1987 and 2012, the museum had only 11 different board members and in 2024, two members from 2012 are still on the board.[33] However, this is changing. As early as ten years ago, the question arose as to how the "generational project" can be handed over to a new board and museum's association membership base. It is no secret that associations with their rather old-fashioned rigid structures are no longer very popular. Initial soundings to recruit new board members in the

33 In 2012, the museum had 2.5 full-time employees (excluding the visitor service) and 33 volunteers. Today it has 3.7 employees and perhaps another 15 volunteers. See "Zahlen, Zahlen, Zahlen", *Schalom*, 71 (2012): 15.

Fig. 5: Impressions of the permanent display, 2019–2022, Pictures top, mid-left and bottom left ©NRW-Stiftung_Werner Stapelfeldt, picture mid-right ©JMW, picture bottom right ©Axel Baumgärtel.

museum's own circles were unsuccessful. Based on positive experiences in the UK, the museum therefore placed a job advert on relevant online platforms to look for volunteer board members – and found them. In fact, the ad met with a great deal of interest, and the museum was able to recruit four experts. In addition to a shared interest in the further development of the museum, individual personal motivations such as balancing or supplementing their main job or expanding their skills, continue to play a role. Most of them are not locals, but this does not seem a problem given that the museum has a regional remit. Rather they will enrich the museum with expertise in the areas of marketing/ PR, retail and collections management that are less strong among the permanent staff. Jointly we are establishing new ways to collaborate between professionals and volunteers.

The continuing support of a 400-strong museum's association is another sign of the museum's rootedness in civil society and a form of participation, albeit a weaker one and one that needs rejuvenating as well. In view of increasing right-wing extremist tendencies in German and European politics, it is good to know that the museum can retain a certain degree of independence. It goes without saying, though, that it would not be able to operate in its current way without public funding.

Bibliography

Archive of the Jewish Museum Westphalia, Verein für jüdische Geschichte und Religion e. V., Satzung, 1996.

Archive of the Jewish Museum Westphalia, Dokumentationszentrum für Jüdische Geschichte und Religion in der früheren Synagogenhauptgemeinde Dorsten im Kreis Recklinghausen, Tätigkeitsbericht 1987–1990.

Bertz, Inka. "Jüdische Museen in der Bundesrepublik Deutschland." In *"Ausgestopfte Juden?" Geschichte, Gegenwart und Zukunft Jüdischer Museen*, edited by Felicitas Heimann-Jelinek and Hannes Sulzenbacher. Wallstein Verlag 2022.

Eichmann, Johanna. *Die Rote Johanna. Erinnerungen 1952–2012*. Klartext 2013.

Eichmann, Johanna. "Das Jüdische Museum Westfalen." Typescript for a lecture at the Lions Club Gelsenkirchen. September 27, 1993.

Jewish Museum Westphalia, Strategy 2024, 3, www.jmw-dorsten.de.

Klapsing-Reich, Anke. "'Ich geh' ja nicht ganz.' Interview zum Abschied von Gisela Brückner." *Schalom. Magazine of the Jewish Museum Westphalia* 70 (2012): 6–7.

Klapsing-Reich, Anke, "Mareike Böke folgt Udo Reese" in: *Schalom* 74 (2014): 2, 5.

Knirim, Helmut. "Lehrhaus und Begegnungsstätte ist für Juden und Nichtjuden offen." in: *Schalom. Magazine of the Jewish Museum Westphalia* 18 (1992): 4–5.

Lissner, Cordula. "Auf dem Weg zu einer neuen Dauerausstellung in Dorsten." *Schalom* 80 (2017): 10.

Reichert, Anja. “Jüdische Geschichte(n) neu erzählt.” *Schalom. Magazine of the Jewish Museum Westphalia* 83 (2018): 8–9.
Reichling, Norbert. “Nach 20 Jahren.” *Schalom. Magazine of the Jewish Museum Westphalia* 71 (2012): 2.
Reichling, Norbert. “A pretty big step.” *Schalom. Magazine of the Jewish Museum Westphalia* 85 (2019): 2.
Schalom. Magazine of the Jewish Museum Westphalia 19 (1992): 1.
Staudinger, Barbara. “Jüdische Museen als gesellschaftspolitischer Diskursraum. Neue Herausforderungen durch Antisemitismus, Fremdenhass und die Renaissance des Religiösen.” In *Das umkämpfte Museum. Zeitgeschichte ausstellen zwischen Dekonstruktion und Sinnstiftung*, edited by Ljiljana Radonić and Heidemarie Uhl. Wallstein Verlag 2020.
Stegemann, Wolf, “Silberne Thorakrone ist eine Kostbarkeit”, in: *Schalom*, 6 (1989): 3.
Stegemann, Wolf, *Schalom. Magazine of the Jewish Museum Westphalia* 3 (1988): 2.
Stegemann, Wolf, “Hochwertige Qualität im Trend”, *Schalom. Magazine of the Jewish Museum Westphalia* 13 (1991): 8.
“Zahlen, Zahlen, Zahlen.” *Schalom. Magazine of the Jewish Museum Westphalia* 71 (2012): 15.

Jonathan Voges

Engagement und Erinnern. Die Gedenkstätte KZ-Außenlager Schillstraße und das Schill-Denkmal von 1837 bis heute

Einleitung: „Besorgniserregende Vorkommnisse" und die Grenzen der Partizipation

„In den letzten Monaten gab es einige besorgniserregende Vorkommnisse auf dem Gelände der Gedenkstätte Schillstraße." Zunächst wurde eine Gips-„Skulptur" auf dem Gelände gefunden, die mit antisemitischen Parolen beschriftet worden war. Wenige Tage später fanden sich Visitenkarten der rechten Gruppierung „Aktion Widerstand" auf dem Gelände. Wiederum einige Zeit danach wurde das Schill-Denkmal mit Parolen beschmiert, die „dem linken Spektrum zuzuordnen sind". In allen Fällen ermittelte die Polizei. Eine Ausweitung der Videoüberwachung wurde beschlossen.[1]

Mit der Aufzählung der unterschiedlichen Vorfälle geht es mir nicht darum, antisemitische und rechtsradikale Slogans auf der einen und sich – erneut – am Schill-Denkmal manifestierende linke Kritik am vermeintlichen Militarismus und an nationalsozialistischen Kontinuitäten auf der anderen Seite[2] auf die gleiche Stufe zu stellen. Vielmehr sind die Beispiele für mich wichtig, weil mit ihnen zweierlei deutlich gemacht werden kann: Erstens, dass Partizipation durchaus auch problematische Elemente enthalten kann, nämlich zum Beispiel dann, wenn bestimmte Gruppen meinen, ihre Slogans und politischen Ziele auf einen bestimmten Ort applizieren zu müssen – also sich aufgerufen fühlen, ihre eigenen Vorstellungen davon, wofür ein Denkmal oder eine Gedenkstätte stehen

1 O. A.: Antisemitischer Vorfall und Vandalismus an der Gedenkstätte.
2 So forderte schon 2020 Peter Rosenbaum von der Bürgerinitiative Braunschweig (BIBS) in der taz eine Abräumung des Denkmals: Vor Ort herrsche „eine erinnerungskulturelle Gemengelage, die schlechterdings nicht zu bewältigen ist. Rosenbaum sieht das Schill-Denkmal als nicht zu halten." (Vgl. Brosowsky: Peinliche Denkmäler).

Hinweis: Die Recherchen zu diesem Beitrag basieren auf einem vom Arbeitskreis Andere Geschichte e. V. in Auftrag gegebenen Forschungsprojekt.

https://doi.org/10.1515/9783111494616-017

sollte (und wofür eben nicht), direkt, unvermittelt, unaufgefordert und unabgesprochen vor Ort einzubringen. Zweitens, dass gerade die Gedenkstätte KZ-Außenlager Schillstraße und das sich auf dem Gelände befindliche Schill-Denkmal als tatsächlich besonders geschichtsträchtiger Ort sich für derartige symbolische Aktionen anzubieten scheinen. Hier überlagern sich unterschiedliche „Zeitschichten"[3], die zu jeweils unterschiedlichen Zwecken freigelegt werden können, um spezifische (geschichts-)politische Botschaften auszusenden. Und das nicht erst in der Gegenwart, sondern schon viel länger – konflikthaft zugespitzt dann vor allem seit den 1980er- und 1990er-Jahren.[4]

Worum es mir im Folgenden geht, ist deshalb ein Parforceritt durch knapp zweihundert Jahre Denkmals- und Gedenkstättengeschichte.[5] Denn nicht erst die Einrichtung der Gedenkstätte für das vor Ort befindliche Außenlager des Konzentrationslagers Neuengamme[6], sondern auch schon der Bau des Denkmals in den 1830er- sowie dessen Umnutzung seit den 1950er-Jahren waren von bürgerschaftlicher Beteiligung und zivilgesellschaftlichem Engagement[7] getragen; nur waren die Träger:Innengruppen zu den verschiedenen Zeiten immer sehr spezifische. Ich starte also mit der Denkmalssetzung in den 1830er-Jahren, konzentriere mich dann aber vorrangig auf die Zeit nach dem Zweiten Weltkrieg und insbesondere seit den 1980er-Jahren, in der sich das gegenwärtige Gedenk-Arrangement herauszubilden begann.[8]

---

3 Mit dem Begriff ging es Reinhart Koselleck darum, „verschiedene zeitliche Ebenen analytisch zu trennen, auf denen sich die Personen bewegen, Ereignisse abwickeln oder deren längerwährende Voraussetzungen erfragt werden." (Koselleck: Zeitschichten, S. 19.)

4 Dass es gerade in den 1980er-Jahren auch in Braunschweig erinnerungskulturell hoch her ging, ist nicht erstaunlich, sondern deckt sich mit den bundesrepublikanischen Entwicklungen. Vgl. Rürup: Der lange Schatten des Nationalsozialismus.

5 Reich bebildert auch bei Bein: Vom Schilldenkmal zur Gedenkstätte Schillstraße.

6 Für einen Überblick zur Geschichte des Außenlagers vgl. Liedke: Das KZ-Außenlager Schillstraße.

7 Es geht mir dabei nicht um einen emphatischen Begriff der Zivilgesellschaft, sondern um einen analytischen. Zivilgesellschaft verstehe ich dabei mit Jürgen Kocka als: 1. einen Handlungsmodus und 2. als „Bereich zwischen Wirtschaft, Staat und Privatsphäre". (Kocka: Zivilgesellschaft in historischer Perspektive, S. 32.)

8 Vgl. Vögel: Denkstätte Schillstraße.

„Das Vaterland ruft uns zur Feier“: Der Bau des Denkmals in den 1830er-Jahren

Legen wir also die erste Zeitschicht vor Ort frei; überall in Deutschland – so auch in Stadt und Land Braunschweig – waren die 1830er-Jahre die Zeit, in der man sich wieder an die sogenannten Befreiungskriege gut 20 Jahre vorher erinnerte.[9] Eine historische Figur, die in diesem Zuge wiederentdeckt wurde, war der Major Ferdinand von Schill, der es unternommen hatte, entgegen den Anweisungen des preußischen Königs gegen Napoleon und vor allem dessen Statthalter im Königreich Westphalen König Jérôme loszuschlagen. In Stralsund wurde sein Aufstand schließlich niedergeschlagen, zahlreiche seiner Soldaten gefangengenommen, er selbst wurde getötet, sein Kopf anschließend konserviert und als Beweis für seinen Tod nach Kassel geschickt – dem Verwaltungssitz des Königreichs Westphalens.[10] Auf dem Weg von Stralsund nach Frankreich kam der Zug der Gefangenen an Braunschweig vorbei, 14 Soldaten aus dem Königreich Westphalen wurden in Braunschweig füsiliert und vor Ort verscharrt.[11]

Ihre Gebeine wurden nun per Zufall in den 1830er-Jahren wieder geborgen. Und nun entwickelte sich eine Geschichte, die auch diesen Teil der Geschichte des Denkmals zum Gegenstand des Sammelbandes werden lässt: Denn es war in der Folge nicht die Stadt oder das Land, die sich um die Erinnerung bemühten, sondern ein rühriger nationaler Schriftsteller – Friedrich von Vechelde –, der sich als typischer Vertreter des von Hans-Ulrich Wehler ausgemachten „Intellektuellen- und Elitennationalismus“ zum „opinion leader“ vor Ort machte und zum Sachwalter Schills in Braunschweig wurde,[12] Reliquien versammelte und eine Sammlung von Schilliana aufbaute – und dann auch für die Errichtung des Denkmals Sorge trug. Sein Korrespondenznetzwerk trug weit, Spenden gingen aus allen deutschen Gebieten und darüber hinaus auch aus dem europäischen Ausland ein.[13]

Schon zu diesem frühen Zeitpunkt handelte es sich also um zivilgesellschaftliches Engagement; die Sammlung basierte ebenso wie der Bau des Denkmals selbst auf Partizipation. Prunkstück in der Sammlung wurde – neben dem roten Ledermäppchen, von dem es hieß, Königin Luise habe Schill hierin den heimlichen Befehl zum Losschlagen gegeben – der abgeschlagene und konser-

9 Vgl. im Überblick Hagemann: Occupation, Mobilization, and Politics.
10 Vgl. Burmeister (Hrsg.): König Jérôme und der Reformstaat Westphalen, S. 7–20.
11 Vgl. im Überblick Veltzke (Hrsg.): Für die Freiheit – gegen Napoleon.
12 Wehler: Nationalismus, S. 42.
13 Vgl. z. B. von Vecheldes Korrespondenzen, in: NLA WO, VI Hs 15 Nr. 41.

vierte Kopf Schills. Von Vecheldes Verdienst war so, dass es ihm gelang, den wahrscheinlich unwahrscheinlichsten Ort der infrage kommenden Plätze (Stralsund und eventuell gar Wesel wären sicher naheliegendere Alternativen gewesen) zu einem Wallfahrtsort der anziehenden Schillbegeisterung ab dem zweiten Drittel des 19. Jahrhunderts zu machen. Der Kopf wurde noch im Jahr der Denkmalseinweihung 1837 ebenfalls im Fundament des Denkmals beigesetzt.

Spannender als die zum Teil schaurigen Details der Beisetzung ist aber die Einbettung der Bestattung des Kopfes in den erinnerungskulturellen Kontext der Zeit; sie wurde geradezu zum nationalen Weihefest stilisiert, mit genau durchgeplanter Dramaturgie, an dessen Ende die Urnenbeisetzung zum umgedichteten Volkslied „Wer nur den lieben Gott lässt walten“ (nun mit der Titelzeile: „Das Vaterland ruft uns zur Feier“) stand.[14] Den eigens neu geschriebenen Text erhielt im Vorhinein jeder „unentgeltlich“.[15] Durch Gesang wurde das Publikum so zur Partizipation am Festakt aufgefordert.[16]

Ebenso wie der „Held“ Schill gefeiert wurde – über die Frage der Konstruktion eines Helden am Beispiel Schills könnte ich noch einiges sagen[17] –, feierten sich die Braunschweiger Verantwortlichen auch selbst. Er wurde zum „Helden“ gemacht und mit dieser Heldenkonstruktion gingen Verpflichtungen einher;[18] alljährlich zu Schills Todestag sollte diese Erinnerung durch das Läuten der Glocke im Invalidenhaus re-aktualisiert werden. All das unter großer Beteiligung der lokalen Bevölkerung.

„Es dankt, mahnt und warnt.“ Die Umwidmung des Denkmals in den 1950er-Jahren

Wir überspringen nun einige Zeitschichten – und nicht einmal unwichtige, so das Kaiserreich, in dem es vor Ort immer stärker nationalistisch eingefärbte Erinnerungsveranstaltungen gab, die ihrerseits sowohl in der Planung wie auch

14 Vgl. zum einen das Familien- und Firmenarchiv v. Vechelde, Stadtarchiv Braunschweig, G IX 18: 15, und zum anderen die Korrespondenz Friedrich von Vecheldes, in: NLA WO, VI Hs 15 Nr. 41.

15 Von Vechelde, Das Haupt Ferdinands von Schill, Braunschweig 1839, S. 10.

16 Vgl. Liedtextzettel, in: Nachlass Karl Brandes, Stadtarchiv Braunschweig, GIX Nr. 2d,e.

17 Mit der Heldentheorie Ulrich Bröcklings kann an Schill geradezu paradigmatisch die Konstruktion eines Helden nachvollzogen werden. Vgl. Bröckling: Postheroische Helden.

18 Denn der „Held“ und insbesondere der „Heldentod“ sollten die Nachgeborenen genau auf die Ziele verpflichten, die man wiederum aus der späteren Perspektive dem gestorbenen „Helden“ zuschrieb. Vgl. Bröckling: Postheroische Helden, S. 44.

in der Durchführung auf der Beteiligung der Bevölkerung und auf besonderes Engagement von Honoratioren (hier insbesondere von Lehrern) aufbauten,[19] und den Nationalsozialismus, der ebenfalls vom Schill-Mythos zu profitieren gedachte und sich dafür in Braunschweig selbst auch des Denkmals und des umgebenden Geländes bediente.[20]

In den 1950er-Jahren fand jedoch eine Entwicklung statt, die gerade unter der Perspektive zivilgesellschaftlicher Partizipation von Bedeutung ist – nämlich die Umwidmung des Denkmals. Insbesondere die Regimentskameradschaft des Infanterieregiments 17[21] hatte sich das Ziel gesetzt, „hier eine Gedenkstätte zu schaffen in Achtung vor der Überlieferung, mit dem Mut zu mahnen und in Verehrung für die teueren [sic!] Toten".

Bei der Eröffnungsfeierlichkeit bemühten sich der Oberbürgermeister Otto Bennemann und der Oberstadtdirektor Erich Walter Lotz (beide SPD) darum, nicht die Idee aufkommen zu lassen, dass man versuche, die Soldaten der Wehrmacht in die Kontinuität der Befreiungskriege zu stellen: Sie betonten vielmehr den Bruch: „Auf historischem Boden, auf dem vor Jahrzehnten 14 Soldaten im Freiheitskampf um ihr Land ihr Leben lassen mußten, entsteht neu ein Mahnmal, unser Schill-Denkmal." Die Spannung zwischen Denkmal auf der einen und Mahnmal auf der anderen Seite wird deutlich, die weiterhin ausschließlich positive Einordnung der „Freiheitskriege" (die hier mit viel Pathos beschworen wurden) ebenfalls. Immer wieder suchten Bennemann und Lotz nach Möglichkeiten, die Soldaten des Zweiten Weltkriegs zwar zu erinnern, sie aber nicht in eine Tradition mit den „Freiheitskriegen" des frühen 19. Jahrhunderts zu stellen: „Das alte Denkmal, das am 13. September 1840 seiner Bestimmung übergeben wurde, erhält nun eine neue Gestalt und einen neuen Begriff." Und sie forderten apodiktisch: „Es dankt, mahnt und warnt."[22] Den eigentlichen Inhalt des Gedenkens vor Ort bestimmte jedoch die Regimentskameradschaft, die in Kooperation mit bzw. als Delegation der örtlichen Sektion des Volksbunds für Kriegsgräberfürsorge hier alljährlich die Gedenkfeiern zum Volkstrauertag ausgestaltete.[23]

Was sich in der Umwidmung des Denkmals und der späteren Nutzung manifestierte, ist die Form des Erinnerns, die sich gleichzeitig auch in den Memoi-

---

19 Besonders eindrücklich hierfür die Feier zum hundertsten Todestag Schills 1909. Vgl. o. A.: Die hundertjährige Gedenkfeier am Schill-Denkmal.

20 Vgl. o. A.: Im Geiste Ferdinand von Schills.

21 Zu dieser Regimentskameradschaft entsteht derzeit eine Dissertation von Carina Pniok an der Leibniz Universität Hannover.

22 Bennemann/Lotz: Vermächtnis der Toten, S. 1.

23 Zur Geschichte des Volkstrauertags vgl. Hausen: Der Volkstrauertag, S. 303–329; zum Volksbund vgl. Bernd u. a.: Volksbund Deutsche Kriegsgräberfürsorge.

ren und kürzeren Beiträgen ehemaliger Militärs finden ließ, die seit den 1950er-Jahren in der Bundesrepublik ubiquitär verbreitet wurden: zum einen die Betonung, dass die Wehrmacht „heldenmütig“ gekämpft habe und die Soldaten am Ende die eigentlichen „Opfer des Krieges“ seien. Zum anderen pflegte man den „‚Mythos des Soldatischen‘ und die ‚Sekundärtugenden‘ des Kriegers“ und versuchte, diese „in der Gesellschaft [zu] reetablieren.“[24]

„Linke Krakeeler“ vs. „Trauer an alle Kriegstoten“. Die 1980er- und 1990er-Jahre

In den 2000er-Jahren schrieb der US-amerikanische Historiker Sam A. Mustafa eine breit angelegte Studie zum Schill-Gedenken in Deutschland. Ein Ort, den er bei seinen Recherchen aufsuchte, war Braunschweig, genauer: die Gedenkstätte KZ-Außenlager Schillstraße und das Schill-Denkmal – ein für Außenstehende verwirrender Ort der Erinnerung, werde doch nicht sofort deutlich, an was überhaupt gedacht werden solle.[25] Im Folgenden geht es nun darum zu beleuchten, wie es zu der von Mustafa beschriebenen (und kritisierten) Form des Erinnerns vor Ort kam.

Lange Zeit zeigten die Volkstrauertagsfeierlichkeiten vor Ort, dass auch (oder vielleicht gerade) an einem Ort vergessen (oder verdrängt) werden kann, an dem Jahr für Jahr intensiv erinnert wurde. Wie eng Erinnern und Vergessen Hand in Hand gehen konnten, zeigte die Nachkriegsgeschichte des Schill-Denkmals und seiner Nutzung, denn was seit 1955 am Denkmal vorrangig eine Rolle spielte, war das Gedenken an die gefallenen oder vermissten (deutschen) Soldaten des Zweiten Weltkriegs, mit der Zeit auch recht allgemein aller Opfer von Gewaltregimen (die DDR und die Sowjetunion eingeschlossen).[26] Was hingegen nicht vorkam, war die konkrete Geschichte des Ortes, der Umstand, dass man in unmittelbarer Nachbarschaft zu einem ehemaligen KZ-Außenlager den Volkstrauertag beging.[27]

Was sich am Schill-Denkmal beobachten ließ, war so eine sehr spezifische Form dessen, was Aleida Assmann als „selektives Vergessen“ klassifiziert; mit Maurice Halbwachs geht sie von der zentralen Bedeutung des „sozialen Rah-

24 Wrochem: Die Stunde der Memoiren, S. 116.

25 Vgl. Mustafa: The Long Ride of Major von Schill, S. 284.

26 Vgl. zur Kritik an dieser allgemeinen Gedächtnisformel auch Kruse: „Den Opfern von Krieg und Gewaltherrschaft“.

27 Das ist allerdings kein Braunschweigspezifikum; vgl. allgemein auch Knoch: Spurensuche, S. 194.

mens" aus, den sie als „Auswahlprinzip" versteht, das darüber entscheide, was erinnert – und was eben vergessen wird.[28] Am Schill-Denkmal war dies genau das – im wahrsten Sinne des Wortes – Naheliegendste. Und auch hier kann man sehen, dass das Assmann'sche Konzept des Vergessens ein dynamisches ist: ändern sich die „aktuellen Kommunikationsregeln" und damit der „soziale Rahmen", verschiebt sich auch die Erinnerung.[29]

Im November 1994 erschien in der *Braunschweiger Zeitung* ein Artikel, der deutlich machte, dass es mit der vermeintlichen Ruhe am Volkstrauertag vorbei war – und das im wahrsten Sinne des Wortes. Zeitgleich zur Veranstaltung am Schill-Denkmal hatten Gegendemonstrant:Innen eine parallele Kundgebung „zum Gedenken der Opfer von Faschismus und Militarismus" abgehalten und dabei Lautsprecher eingesetzt; mit diesen – so ein Polizeisprecher – wollten die 40 Teilnehmer:Innen „offensichtlich stören und provozieren". Was folgte, war ein Handgemenge zwischen Polizei und Demonstrant:Innen, bei der „ein Ratsherr eine Schädel- und Wirbelsäulenprellung" erlitt.

Der langjährige Vorsitzende der Regimentskameradschaft des Infanterieregiments 17 und damit Mitorganisator des örtlichen Volkstrauertagsgedenkens Ernst Mund vermerkte auf seinem eigenen Exemplar des Zeitungsausschnitts noch, dass das Denkmal mit „Deutschland verrecke" und „Hammer und Sichel" beschmiert worden sei; auch die Täterschaft war für ihn klar: „!Kommunisten!"[30] Mit dieser konfrontativen Reaktion auf die Störungen der Feierlichkeit 1994 war er nicht allein. Mund selbst verfasste einen empörten Leserbrief für die *Braunschweiger Zeitung*, in der er sich über die „brutale" und vermeintlich „spontane (???) Gewalt" während der Kranzniederlegung beschwerte, beklagte, dass man den Ratsherren nicht habe beschützen können, und seine Furcht vor den „auf uns wartenden ‚fortschrittlichen' Kräfte[n] des ehemaligen DDR-Regimes" ausdrückte. Er versuchte gegen die Kritik am Gedenkkonzept vor Ort auf das eigene Verständnis des in den 1950er-Jahren neu geweihten Schill-Denk-

---

28 Assmann: Formen des Vergessens, S. 47.

29 Schon 1990 berichtete die *Braunschweiger Zeitung* davon, dass es neben der eigentlichen Volkstrauertagsfestivität noch eine weitere „stille Demonstration" gegeben habe. In dieser „erinnerten Bürger an das einst auf dem Gelände der heutigen Hauptpost befindliche Lager für Juden. Auch Pastor Fay von der Magnigemeinde nahm daran teil." Im eigentlichen Text des Zeitungsberichts allerdings spielte diese „Demonstration" keine Rolle, immerhin aber war sie mit einem vergleichsweise großen Bild repräsentiert. Vgl. Schuster: Volkstrauertag in neuer Dimension.

30 Vgl. NLA WO, 175 N Nr. 42.

mals hinzuweisen (ohne freilich mit nur einem Wort auf die räumliche Nähe zum ehemaligen KZ-Außenlager Bezug zu nehmen).[31]

Was sich beobachten lässt, ist das Aufeinandertreffen zweier unterschiedlicher Formen des partizipativen Gedenkens: auf der einen Seite die entwickelte Gedenkroutine an die Gefallenen des Zweiten Weltkriegs, auf der anderen das Gedenken an die Opfer der Shoa. Und diese konflikthaft ausgetragene Erinnerungskonkurrenz setzte sich auch in den Folgejahren noch fort; auch 1995 blieb der Ort am Volkstrauertag umstritten. So hatte der Volksbund die Kranzniederlegung von 12:15 Uhr auf 9:00 Uhr morgens vorverlegen müssen, um Auseinandersetzungen zu vermeiden – den Ort aufgeben wollte man aber keineswegs. Außerdem versuchte man deutlich zu machen, dass die Erinnerung auch die Opfer des Nationalsozialismus miteinschloss:

> „Wir halten am Schilldenkmal fest und lassen uns nicht durch Worte und Taten davon abbringen, der Opfer in würdiger Form zu gedenken. Wir schließen alle Toten ein, auch die, die im Außenkommando Neuengamme an der Schillstraße gestorben sind."[32]

So ließ sich der Regierungspräsident Karl-Wilhelm Lange vernehmen, der zugleich auch Bezirksvorsitzender des Volksbunds war. Dass er damit nur noch einmal bekräftigte, was inzwischen Stein des Anstoßes geworden war (die Gleichsetzung aller Toten, also sowohl der Soldaten des Zweiten Weltkriegs wie auch der in den nationalsozialistischen Konzentrationslagern ermordeten Häftlinge), schien ihn dabei nicht anzufechten. Offener dagegen die Schüler:Innen der Christophorusschule, die die offizielle Gedenkveranstaltung mitgestalteten und ihre „Gedanken zum Volkstrauertag" mit einem Appell an die noch lebenden Soldaten des Zweiten Weltkriegs schlossen:

> „Erzählen Sie uns aber auch, woher dieses Regime kam, um uns zu zeigen, wie nah uns diese Zeit noch ist, wie sehr wir noch so denken wie die meisten damals, wie schnell es wieder passieren könnte, mit uns, in diesem Land, in einem anderen Land – wenn Sie uns nicht erinnern."[33]

Was die Schüler:Innen einforderten, waren keine weiteren Geschichten über den Zweiten Weltkrieg und das Leiden der Soldaten (Elemente, die ansonsten das Gedenken der Volkstrauertage prägte)[34], sondern von den ehemals Beteilig-

---

31 Brief Ernst Munds an die Lokalredaktion der Braunschweiger Zeitung, 15.11.1994, in: NLA WO, 175 N Nr. 42.

32 Zauner: Ein würdiger Rahmen für das Gedenken.

33 Ebd.

34 Und das war auch diesmal wieder präsent, so über das laute Verlesen von Feldpostbriefen deutscher Soldaten aus Stalingrad.

ten eine kritische Selbstbefragung ihres eigenen Beitrags am Aufstieg des Nationalsozialismus.[35]

Insgesamt zeigte die Veranstaltung von 1995, dass erinnerungskulturell auch in Braunschweig einiges in Bewegung geraten war. Das lag sicher auch daran, dass in den 1990er-Jahren allgemein eine Neubewertung der Rolle der Wehrmacht im Zweiten Weltkrieg erfolgte; die sogenannte Wehrmachtsausstellung wirkte hier als Katalysator, das Bild einer vermeintlich ‚sauberen' Wehrmacht empfindlich zu stören, in dem die ehemaligen Soldaten vor allem als Opfer von Strapazen, Verwundungen und Entbehrungen auftauchten.[36] Vor allem wurde nun auch in der städtischen Öffentlichkeit darüber debattiert, ob das Schill-Denkmal als einziger Erinnerungsanker an einem derart vielschichtigen Ort, an dem unterschiedliche Zeitschichten zugleich durchstoßen werden konnten, ausreiche:

> „Dem Gedenken war ein würdiger Rahmen gegeben worden, doch am Rande der Veranstaltung wurde auch Unverständnis laut. Beispielsweise darüber, daß die Stadt noch immer keine Gedenktafel für die Opfer des Arbeitslagers am Schilldenkmal angebracht und so einen Anlaß für die Gegenaktionen geliefert habe."

Was hier in der *Braunschweiger Zeitung* 1995 noch zaghaft angedeutet wurde, prägte die kommenden Jahre; die Debatte ging schon bald über eine reine Gedenktafel hinaus. Stattdessen wurde das Schill-Denkmal seit den späten 1990er-Jahren zum zentralen städtischen Symbol der „Wiederkehr des Verdrängten"[37] und damit zum Ort des „negativen Gedächtnisses".[38]

Schluss: Das „Offene Archiv"

„Das Offene Archiv ‚Braunschweig – eine Stadt in Deutschland erinnert sich' – ist nicht nur zu den Öffnungszeiten der Gedenkstätte für die Besuchenden einzusehen, es lädt sie auch zur Teilhabe ein." Nicht nur Verbänden, Parteien, Schulen und Gemeinden sei es möglich, sich aktiv in die Erinnerungsarbeit ein-

---

35 Zu diesen intergenerationellen Erinnerungskonflikten vgl. auch Welzer/Moller/Tschuggnall: „Opa war kein Nazi."

36 Vgl. Rürup: Lange Schatten, S. 187 ff. Die Ausstellung wurde im März 1995 in Hamburg eröffnet und sorgte für scharf geführte gesellschaftliche Debatten.

37 Uhl: Gedächtnis, Konstruktion kollektiver Vergangenheit im sozialen Raum, S. 141.

38 Ebd.

zubringen, sondern auch „einzelne Bürger*innen [...] wirken mit und bearbeiten eine Sammlungskassette.“[39]

Die künstlerische Lösung, die Sigrid Sugurdsson für die Erinnerungsarbeit gewählt hat, ist eine inhärent partizipative. Die Arbeit in der Gedenkstätte KZ-Außenlager Schillstraße basiert auf der Mitarbeit eines möglichst breiten Spektrums von Bürger:Innen. Somit wurde die Partizipation, die die Erinnerung vor Ort – wie gezeigt – von Beginn an prägte, institutionalisiert.

Das heißt aber zugleich auch, dass sich die in der Einleitung aufgeworfenen Fragen nur umso dringlicher stellen. Eine Einrichtung, deren Lebensnerv Beteiligung ist, muss nach Wegen suchen, unerwünschte Partizipation zu definieren und zu unterbinden. Wer darf partizipieren, wer darf eine Kassette bestücken, was kann sich in diesen befinden und was sollte nicht aufgenommen werden? Das sind die Probleme, die diskutiert werden müssen, zumal in Zeiten eines wahrnehmbaren politischen und gesellschaftlichen Rechtsrucks, der auch vor den Gedenkstätten und ihrer Arbeit nicht haltmacht.

Quellen

Niedersächsisches Landesarchiv, Abteilung Wolfenbüttel (NLA WO)
Stadtarchiv Braunschweig

Bibliografie

Assmann, Aleida: Formen des Vergessens (= Historische Geisteswissenschaften Frankfurter Vorträge; 9), Göttingen 2016.

Bein, Reinhard: Vom Schilldenkmal zur Gedenkstätte Schillstraße. 1837–2012. Eine Dokumentation, Braunschweig 2012.

Bennemann, Otto/Lotz, Erich Walter: Vermächtnis der Toten: Frieden, in: Gedächtnisstätte 1939–1945. Schilldenkmal. 4. September 1955 Braunschweig, Braunschweig 1955, S. 1.

Bernd, Ulrich u. a.: Volksbund Deutsche Kriegsgräberfürsorge. Entwicklungslinien und Probleme, Berlin 2019.

Bröckling, Ulrich: Postheroische Helden. Ein Zeitbild, Berlin 2020.

Brosowsky, Bettina Maria: Peinliche Denkmäler, in: taz, 14.07.2020. Online-Ausgabe: https://taz.de/Peinliche-Denkmaeler/!5694708/ (24.04.2025).

39 So die Selbstdarstellung der Gedenkstätte KZ-Außenlager Schillstraße, https://www.schillstrasse.de/offenes-archiv/ (29.06.2024).

Burmeister, Helmut (Hrsg.): König Jérôme und der Reformstaat Westphalen. Ein junger Monarch und seine Zeit im Spannungsfeld von Begeisterung und Ablehnung, Hofgeismar 2006.

Hagemann, Karen: Occupation, Mobilization, and Politics. The Ant-Napoleonic Wars in Prussian Experience, Memory, and Historiography, in: Central European History 39 (2006), S. 580–610.

Hausen, Karin: Der Volkstrauertag. Ein Tag des nationalen Gedenkens an die getöteten deutschen Soldaten, in: dies.: Geschlechtergeschichte als Gesellschaftsgeschichte, Göttingen 2012, S. 303–329.

Knoch, Habbo: Spurensuche. NS-Gedenkstätten als Orte der Zeitgeschichte, in: Frank Bösch/ Constantin Goschler (Hrsg.): Public History. Öffentliche Darstellungen des Nationalsozialismus jenseits der Geschichtswissenschaft, Frankfurt a. M. 2009, S. 190–218.

Kocka, Jürgen: Zivilgesellschaft in historischer Perspektive, in: Ralph Jessen/Sven Reichardt/ Ansgar Klein (Hrsg.): Zivilgesellschaft als Geschichte. Studien zum 19. und 20. Jahrhundert (= Bürgergesellschaft und Demokratie; 13), Wiesbaden 2004, S. 29–42.

Koselleck, Reinhart: Zeitschichten, in: ders.: Zeitschichten. Studien zur Historik, Frankfurt a. M. ^{4}2015, S. 19–26.

Kruse, Wolfgang: „Den Opfern von Krieg und Gewaltherrschaft." Geschichte und Problematik einer deutschen Gedenkformel, in: Zeitschrift für Geschichtswissenschaft 68 (2020), S. 899–921.

Liedke, Karl: Das KZ-Außenlager Schillstraße in Braunschweig 1944–1945, Braunschweig 2006.

Mustafa, Sam A.: The Long Ride of Major von Schill. A Journey through German History and Memory, Lanham u. a. 2008.

O. A.: Antisemitischer Vorfall und Vandalismus an der Gedenkstätte, in: Rundbrief des Arbeitskreises Andere Geschichte e. V. (2023), 1, S. 14 f.

O. A.: Die hundertjährige Gedenkfeier am Schill-Denkmal, in: Neueste Nachrichten, 20.07.1909.

O. A.: Im Geiste Ferdinand von Schills. Braunschweiger Erinnerungsstätte an deutsche Freiheitskämpfer, in: Der Sonntag. Braunschweiger Neueste Nachrichten, 16.07.1933.

Rürup, Reinhard: Der lange Schatten des Nationalsozialismus. Geschichte, Geschichtspolitik und Erinnerungskultur, Göttingen 2014.

Schuster, Claudia: Volkstrauertag in neuer Dimension, in: Braunschweiger Zeitung, 19.11.1990.

Uhl, Heidemarie: Gedächtnis, Konstruktion kollektiver Vergangenheit im sozialen Raum, in: Christina Lutter/Margit Szöllösi-Janze/Heidemarie Uhl (Hrsg.): Kulturgeschichte. Fragestellungen, Konzepte, Annäherungen (= Querschnitte; 4), Innsbruck 2004, S. 139–158.

Veltzke, Veit (Hrsg.): Für die Freiheit – gegen Napoleon. Ferdinand von Schill, Preußen und die deutsche Nation, Köln u. a. 2009.

Vögel, Bernhild: Denkstätte Schillstraße. Materialien für Schule und Bildungsarbeit, Braunschweig 1998.

Wehler, Hans-Ulrich: Nationalismus. Geschichte, Formen, Folgen, München 2001.

Welzer, Harald/Moller, Sabine/Tschuggnall, Karoline: „Opa war kein Nazi." Nationalsozialismus und Holocaust im Familiengedächtnis, Frankfurt a. M. ^{3}2002.

Wrochem, Oliver von: Die Stunde der Memoiren. Militärische Eliten als Stichwortgeber, in: Frank Bösch/Constantin Goschler (Hrsg.): Public History. Öffentliche Darstellungen des Nationalsozialismus jenseits der Geschichtswissenschaft, Frankfurt a. M. 2004, S. 105–129.

Zauner, Ernst-Johann: Ein würdiger Rahmen für das Gedenken, in: Braunschweiger Zeitung, 20.11.1995.

https://www.schillstrasse.de/offenes-archiv/ (29.06.2024).

Liste der Beiträger:innen

Dr. Christopher Galler, Historisches Museum der Stadt Aurich
Bettina Gierke, Braunschweigisches Landesmuseum
Nina Lucia Groß, Museum für Kunst und Gewerbe Hamburg
Prof. Dr. Eva Haverkamp-Rott, Ludwig-Maximilian-Universität München
Dr. Felicitas Heimann-Jelinek, Freie Wissenschaftlerin Wien
Dr. Gabriele Köster, Kulturhistorisches Museum Magdeburg
Dr. Tamar Lewinsky, Jüdisches Museum Berlin
Dr. Christina Ludwig, Stadtmuseum Dresden
Dr. Isobel Muir, Durham University, National Gallery London
Dr. Nadine Panteleon, Börde-Museum Burg Ummendorf
Dr. Kathrin Pieren, Jüdisches Museum Westfalen
Dr. Heike Pöppelmann, Braunschweigisches Landesmuseum
Dr. Hansjörg Pötzsch, Braunschweigisches Landesmuseum
Dr. Anika Reichwald, Jüdisches Museum Hohenems
Dr. Astrid Riedler-Pohlers, Ludwig-Maximilian-Universität München
Dr. Claudia Selheim, Germanisches Nationalmuseum Nürnberg
PD Dr. Jonathan Voges, Arbeitskreis Andere Geschichte, Gedenkstätte Schillstraße Braunschweig, Universität Hannover
Tilman Walther, Museum für Kunst und Gewerbe Hamburg
Susanne Weigand, Ludwig-Maximilian-Universität München

https://doi.org/10.1515/9783111494616-018

Personenregister

Albrecht V., von Bayern 55
Alexander, Isaak 55
Alma-Tadema, Lawrence 134
Angerstorfer, Andreas 54–56, 58–59, 64
Arnhold, Eduard 176
Arnold, Otto 199
Aufseß, Hans, Freiherr von und zu 172
Ballin, Oskar 32
Bartels, Otto 114
Bastiani, Lazzaro 131–132
Bayliss, Wyke 134
Beaury, Paul 117
Becker, Bernhard 111
Behrend, Friedrich 118
Bennemann, Otto 223, 228
Benson, Robin 130
Berlin, Max 176
Berolzheimer, Heinrich 174
Beyerle, Tulga 39
Bezold, Gustav von 172, 180
Bing, Ignaz 174
Blasius, Wilhelm 143
Bleichröder, James von 175
Boesch, Hans 172–173
Bohlmann, Robert 145, 150
Bomann, Wilhelm 8, 157–166, 168–169
Bonneß, Wilhelm 166–167
Böttcher, Friedrich 191
Brandt, Doris 196, 202
Brandt, Gustav Adolph 196–197
Brandt, Julius Adolph 197
Brandt, Otto 194, 196–197, 202
Brocke, Michael 59, 64, 209
Brunner, Carlo 98–99, 107
Buntrock, Dorothee 112
Büssing, Heinrich 143
Cassel, Ernest 134, 136
Chamberlain, Houston Stewart 151
Clericus, Ludwig 188, 196, 202–203
Cohn, Berthold Baruch 177–178, 184
Crawford and Balcarres, David Alexander Edward Lindsay (27th earl of) 127
Cumberland, Ernst August von 162
Davallon, Jean 18, 25, 60
Dawosky, Iwan 161, 169
Devonléde, Paul 135
Diana, Benedetto 132
Duveen, Joseph 136
Duvigneau, Otto 188, 190, 204
Eichmann, Johanna 206, 208–211, 217
Eiermann, Max 176
Einetter, Raphael 105, 107
Eisendrath, Familie 214
Essenwein, August von 172, 184
Flower, Constance (Lady Battersea, née Constance de Rothschild) 130–131
Frankenburger, Max 175, 183–184
Frauberger, Heinrich 174–175, 183
Frauenfeld, Moritz 178
Fry, Roger 132–133
Gaydar, Irina 63–64
Gerngros, Julie (von) 178
Gerngros, Ludwig (von) 178–180, 183
Gibson-Carmichael, Thomas 129–130
Giesecke, Fritz 114, 118–119, 122
Goetze, Sigismund 136
Goldschmidt, Moritz Benedict 175
Gonnermann, Erika 154
Gruson, Hermann 188, 191, 194, 197, 200, 203
Gütermann, William 173
Halbwachs, Maurice 224
Hallgarten, Charles L. 174
Hansen, Albert 111, 113–114, 122
Harrison, Rodney 61, 64
Hartwich, Dirk 205
Held, Otto 114
Herringham, Christiana 127–128, 130, 132, 135, 140
Heske, Immo 117
Hirsch, Emil Freiherr von 146, 155, 174–176
Hochheim, Adolf 188, 203
Hoffmann, Jochen-Alexander 117
Hollop, Paul 111, 114
Holzapfel, Rudolph 188
Hölzer, Hugo 114
Jaffé, John 134
Jamnitzer, Wenzel 175, 183

https://doi.org/10.1515/9783111494616-019

Joger, Ulrich 117
Jüdel, Max 143
Karavan, Dani 57
Karl IV., Heiliges Römisches Reich 171
Kasten, Emma 112
Kempin, Lely 165
Knoll, Michael 178
Kohn, Anton 173, 176
Kohn, Elias 173
Kohn, Ernst 173, 176
Kohn, Joseph 172
König, Wilhelm 188–189
Krafft, Adam 196
Krüger, Franz 161
Kutner, Sophie 6, 31–33, 35–36
Lago, Mary 129, 132, 140
Laking, Guy Francis 134
Landauer, Paul 180–181, 183
Lange, Karl-Wilhelm 224, 226–227
Levy, Max 149–150
Lilien, Ephraim Moses 150–151
Lilien, Helene 151–153
Löbbecke, Alfred 143, 147
Loesecke, Magnus von 159
Loewe, Isidor 175
Loewy, Hanno 94–96, 101, 105, 107
Loof, Emma 118
Lotz, Erich Walter 223, 228
Löwensohn, Max 174
Löwenstein, Julius 160, 164
Magnus, Otto 143, 152–153
Mann, Thomas 175
Marlow, Christian 117
Maushake, Otto 114
Maximilian I., Heiliges Römisches Reich, Kaiser 55, 172
Meier, Paul Jonas 143–144
Mendelssohn, Franz von 176
Merbt, Martin 114
Mettler, Yves 104
Meyer, Ernst 165, 168–169
Meyer, Wilhelm 114
Meyer-Rasch, Carla 165
Meyersfeld, Bernhard 143, 149
Moeriës, Gustav 188
Mond, Ludwig 136
Montefiore, Claude 138
Montefiore, Moses 133
Morgan, John Pierpont 130
Mosse, Rudolf 175–177
Mund, Ernst 225–226
Nathan, Alfred 176
Neukirch, Albert 164–166
Neumann, Hajo 117
Nowak, Heinz 115
Oppenheim, Albert Moritz Philipp Freiherr von 69, 176
Ottenstein, Max 175, 184
Otto, Albert von 143
Oved, Mosheh 128–129, 140
Paulsiek, Carl 188, 203
Phillips, Claude 131–133, 135
Polte, Eugen 188–189, 199, 202
Pramme, Stephan 83
Pringsheim, Alfred 175
Quare, Daniel 131, 133
Rau, Johannes 209–210
Read, Hercules 129
Regensburger, Norbert 149
Reichling, Norbert 206–207, 209, 211–212, 218
Reidemeister, Carl 188
Rhamm, Albert 142
Rheinhold, Sartorius 160, 163–164
Ricketts, Charles 131
Ristau, Daniel 73, 77, 79–80
Rosenheim, Max 128–129, 133–134
Rothschild, Alfred de 135
Rothschild, Aline de 129
Rothschild, Baron Wilhelm Carl von 175
Rudolph, Selma 199
Rülf, Gutman 149
Ruskin, John 132
Sack, Carl Wilhelm 146
Sack, Dorette 146
Sack, Margarethe 145–147, 153–154
Salomonsohn, Arthur 176
Sasse, Alfred 161–162, 169
Sassoon, Edward Albert 129
Scheyer, Leopold 150
Scheyer, Paul 150
Schiff, Hugo 150
Schill, Ferdinand von 221, 223, 229
Schiller, Klara 147

Schlöbcke, Eduard 161
Schnebel, Ignaz 180–181
Schnebel, Lilly 180–181
Schnebel, Michael 180
Schnebel, Rosine 181
Schwabe, Amalie 31, 150
Schwabe, Emil 35
Schwabe, Jenny 35
Schwabe, Sigmund 149
Sebag-Montefiore, Emily 133–134, 140
Seligmann, Moritz 176
Simon, James 175–177, 182
Speyer, Edgar 175–176
Speyer, Georg 175
Spielmann, Adam 133
Spielmann, Isidore 127–128, 131, 133–135, 138
Spielmann, Marion 131
Stegemann, Wolf 205, 207, 209, 218
Steinacker, Eduard 141–142
Steinacker, Ilse 141
Steinacker, Karl 3, 7–8, 32, 35, 141–143, 145–155
Stern, Herbert, Lord Michelham 136
Stern, Theodor 175
Stoß, Veit 196
Strombeck, Charlotte von 141, 143, 145
Sugurdsson, Sigrid 228
Sulzenbacher, Hannes 96, 99, 107, 205, 217
Sulzer, Salomon 210
Sutherland Gower, Ronald 136
Sutherland MacColl, Dugald 132
Sutro, Alfred 138
Telschow, Otto 167
Tepelmann-Vieweg, Helene 143
Tintoretto 134
Tuchman, Barbara 200
Tuchmann, Fritz 173, 176
Uhde, Waldemar 114
Ullstein, Leopold 176
Van den Bergh, Henry 138
Vechelde, Friedrich von 221–222
Velasquez, Diego 135–137
Verrio, Antonio 138–139
Vischer, Peter der Ältere 196
Vogel, Reinhold 111
Volbehr, Theodor 193, 196–197, 199, 201, 203
Wachholtz, Robert von 142
Walker, Frederick 132
Walser, Dietmar 98, 103, 106–107
Walter, Paul 142, 144, 153
Waterlow, Ernest 134
Weisbach, Valentin 175
Weisser, Jürgen 117
Wilhelm II., Deutschland 164
Winter, Ludwig 142
Witt, Robert 134–135
Wolff, Richard 150
Zadek, Ruth 86
Zimmermann, Ernst Heinrich 177
Zimmermann, Paul 142